免费

零元游 · 欧洲 ·

不用门票也能游遍欧洲

少花钱 × 多体验 × 不走寻常路

EUROPE

《亲历者》编辑部 编著

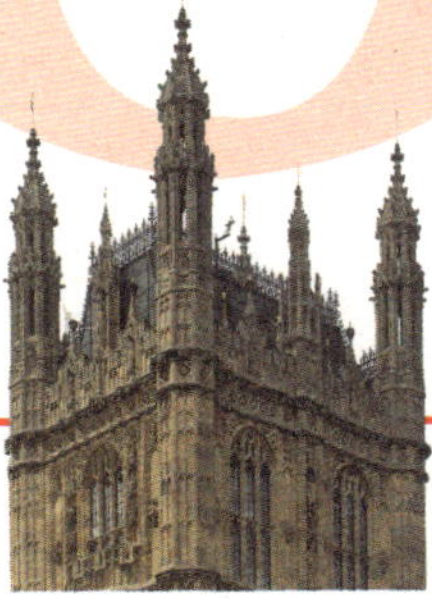

中国铁道出版社
CHINA RAILWAY PUBLISHING HOUSE

图书在版编目(CIP)数据

零元游欧洲／《亲历者》编辑部编著 .—北京：中国铁道出版社，2017.1

(零元游世界)

ISBN 978-7-113-22417-2

Ⅰ.①零… Ⅱ.①亲… Ⅲ.①旅游指南－欧洲 Ⅳ.①K950.9

中国版本图书馆CIP数据核字（2016）第241147号

书　　名：零元游欧洲

作　　者：《亲历者》编辑部　编著

策划编辑：聂浩智

责任编辑：孟智纯

编辑助理：杨　旭

版式设计：戴立志

责任印制：赵星辰

出版发行：中国铁道出版社（北京市西城区右安门西街8号　邮码：100054）

印　　刷：北京顶佳世纪印刷有限公司

版　　次：2017年1月第1版　2017年1月第1次印刷

开　　本：880mm×1230mm　1/32　印张：12.5　字数：500千

书　　号：ISBN 978-7-113-22417-2

定　　价：58.00元

前言

你想跳出现在的生活，寻找一种新鲜的体验吗？那就背上行囊去旅行吧！或许你有过说走就走的冲动，但却不知道去哪儿，犹豫不决，以致旅行的计划一直被搁浅……

那就去欧洲吧，那里能满足你的一切幻想；去欧洲吧，那里有你梦境中的景色；去欧洲吧，那里有数不尽的古堡；去欧洲吧，在那里哪怕是漫步街头，都能让你每个细胞沸腾……

本书中所追寻的是独自享受的意境，避开繁华，领略不加修饰的自然环境、最淳朴的民俗文化、最接近原貌的古建筑等。

踏上旅程，跟随我出发吧，在这里，你能感受到西班牙的热情、希腊爱琴海的浪漫、意大利威尼斯的水城柔美，还可伴随着大本钟笨重的钟声进入梦乡。或许，你可跟随我发现德国不再是传说中严肃而无趣的国度，奥地利维也纳金色大厅艺术圣殿也不再神秘，北欧纯天然的自然美景也不再遥不可及。

《零元游欧洲》正是汇集了欧洲各国各城大部分的免费景点，让不一样的你走不同寻常的路。

“零元”并非真的是不花一分钱，“零元”却又是不花一分钱就可以欣赏到别致的景点，只是来这里的交通、住宿、餐饮等费用需要你支付。

但是，你可以将省下的钱用到体验更多、更加真实的欧洲旅途上。在欧洲，除了北欧峡湾的美，你还可以去感受法国薰衣草的浪漫；除了英国、意大利的时尚购物中心，你还可以去瑞士小镇感受不同的风采；除了古堡游，你还可以将几个国家串起来一起玩，以最有效率和价值的顺序安排路线，全面、深入地了解欧洲。

本书除了对每个景点和相应的旅游城市作了简要的介绍外，还为各个景点配上了相应旅游资讯。包括景点的地址和交通路线，有的甚至是景点网址和电话，力求做到景点的免费信息准确。

看够了，玩累了，饿了吧，这本书还介绍了一些当地特色佳肴，以及比较有特点的餐厅信息，更有当地的酒店等信息。此外，还配备了出入欧洲各国的证件、交通等信息，可谓一应俱全，就等你拿起它飞去欧洲，感受那不同以往的体验。

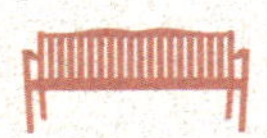

圣托里尼岛伊亚的落日

零元游·欧洲

目录

导读

·不用门票也能High·

Part 1

·西欧地区·

Part 2

·北欧地区·

Part 3

·中欧地区·

Part 4 ·南欧地区·

Part 5 · 东欧地区 ·

Part 6 ·欧洲旅行信息·

导读 不用门票也能High

·不要门票的地方到底有多好·

零元游欧洲 导读 1

有景点与无景点

随着人们生活质量的逐渐提高，对于精神层面的要求也会更高。说走就走的旅行，不仅只有最初的冲动，也是一种随性的生活状态。没有详细的攻略，没有万无一失的行程安排，跟随自己的心，走过脚下的路，真正地体验旅行的本身，也许这就是旅行的意义。大多数人对于旅行的意义定义不同，选择的目的地也不同，有景点与无景点的理解也不尽相同。

选择一个自己喜欢的国家，无论是自由行还是跟团游，大多都会去一些知名的、具有当地特色的标志性景观，不过这些地方大多都有着昂贵的门票，熙熙攘攘挤满了人，体验性较差。而旅游不仅只是象征性地去过、看过就可以了，迈出国门，肯定是在开阔视野的同时深入了解当地的特色和释放自我。

既然走出来，参观当地景观必不可少，只是在景点的选择上尤为重要。一般的景点分为 2 种类型，一种是收取门票的，一种是免费开放的。在这里我们主要介绍的是各地免费开放的景点，即“有景点”。选择免费开放的景点有 2 大好处，一是不用花钱就能体验当地特色，二是这类景点往往参观的人比较少，非常贴近当地人的生活、文化以及历史等，可以真正地体验到当地的风土人情，了解自己感兴趣的方方面面。欧洲范围很广，每个国家都有自己的文化特色，英国的英伦风、法国的浪漫风情、意大利的璀璨艺术以及北欧各国的纯天然美景等，无一不让人向往。

而所谓的“无景点”即隐藏在山谷、峡湾、原野、海岸边或是闹市中的某个村落、度假地、小巷甚至是溪流等，它们也许在热门景点中排不上名，但却是一处极其美丽、惬意、多彩的地方，你可以在这里独自免费享受属于自己的那份平静，完全不用担心被人打扰，自己喜欢的地方，即使是呼吸着当地的空气，都觉得是美好的。

既是穷游，也是奢华游

现在很多年轻人都会选择穷游，而穷游的真正目的是，花最少的钱走最多的地方，享受最多的快乐。奢华游指得不仅是体验与见识方面的“奢华性”，更在于这些地方会带给你特有的私人空间，就好比你独自拥有一个度假村、一片草场、一片海滩等。为什么说不要门票既是穷游也是奢华游，所谓不要门票指的就是穷游，没有门票的旅游可以节省一大笔开支。而不要门票的地方人比较少，可以独自享受属于自己的那份快乐，一个人在一个景点游玩，那是何等的“奢侈”。

我们所说的穷游和奢华游指的是一种意境，玩的是一种技巧，多贴近当地人的生活圈，走不同寻常的路，寻找属于自己的旅行风格，同样会玩得最开心，也彰显了奢侈。

越是免费的景点越自然

无论选择去哪游玩，你是否了解过，为什么有些景点要收费，有些景点不收费。比如一个自然景观非常好的景区，不需要政府投入多少资金维护，那么它就会被作为免费景点对外开放，如果景区内有教堂之类的建筑，其收费与否在于教堂的维护和保养者。欧洲国家的许多景点都是免费的，如英国的峰区国家公园、湖区国家公园等。著名的文化遗产会象征性地收取门票，但纵观欧洲各国，不收费的文化遗产比比皆是，如希腊的各个神庙等。

除此之外，还有一些人文景观是象征性地收取门票，大多为免费，而收取高昂门票的景点大多为商业娱乐性，如大型游乐园等。另外，欧洲各国的古堡、小镇、港口、码头等地都完全免费开放，你可以在这些地方真正地体验到当地的特色，从历史、文化、艺术等各方面提升自己的见识。

TOP 1 特拉法尔加广场

特拉法尔加广场是伦敦政治、文化活动的中心，同时被誉为世界上最出色的公共广场。广场处于伦敦的市中心，四周被优雅的建筑包围，从而成为游览伦敦的起点。每当节日期间，广场上就变得热闹非凡。

TOP 2 艾伯特广场

艾伯特广场上坐落着哥特式风格的曼彻斯特市政厅，非常惹人注目。广场作为市中心，周围被很多博物馆、艺术馆等建筑包围，是很多人游览曼彻斯特的起点，来到这里不妨在此出发，感受这座城市的与众不同。

TOP 3 协和广场

协和广场是法国著名的广场，也是世界上最美丽的广场之一。广场位于巴黎市中心，周围有两座美丽的喷泉，一个是河神喷泉，一个是海神喷泉。每当华灯初上，这里就格外热闹，吸引很多人来此漫步，感受繁华的巴黎夜景。

波茨坦广场是柏林市区最有魅力的地方，这里是柏林的商业中心，也是柏林的交通枢纽。周围建筑林立，各大奢侈品牌坐落于此，也是购物休闲的最佳场地。在这里找一家咖啡馆，临窗而坐，静静地发呆、看着外面的行人也是极好的。

西班牙广场因是《罗马假日》的拍摄地而声名大噪，广场正对面是著名的西班牙台阶，正是奥黛丽·赫本悠闲吃冰激凌的地方，那一幕令人难以忘怀。来到这里，不妨重温下当时的剧情，感受一下当时赫本开心愉快的心情。

威尼斯广场位于罗马市中心，每天都呈现出一派繁华景象。这个长方形的广场上人来人往，车水马龙，周围还有很多古建筑，正对面是维克多·埃曼纽尔二世纪念堂，左侧是文艺复兴时期的哥特式建筑—威尼斯宫，在这里什么都不做，看看这宏伟的建筑也是不错的选择。

纳沃纳广场是罗马最美丽的广场之一，无论是白天还是晚上，它犹如一块吸引人的天然磁铁，人来人往。来到这里，不妨花上个半小时让自己置身于咖啡馆中，观赏着街头的小摊、艺人，整个广场显得热闹而悠闲，非常富有生活和艺术气息。

TOP 8 圣马可广场

圣马可广场被拿破仑誉为“全欧洲最高雅的客厅”，可想这座广场是有多美。这里一直是威尼斯政治、宗教和传统节日的公共活动中心，周围还有很多著名建筑、精品店和咖啡厅。无论你站在广场的哪个角落，都能拍出精美的照片，怪不得受到很多摄影师的青睐。

TOP 9 太阳门广场

太阳门广场是马德里的市中心，从这里呈放射状向外延伸着10条街道，广场中央有一座花坛，上面还有一座棕熊青铜塑像，十分惹人注目。以这里为出发点，来游览马德里，无论选择哪一条路，都能感受到马德里人的热情。

TOP 10 马约尔广场

马约尔广场是马德里最繁华的市中心，四周被一系列回廊式古老建筑环绕，9个对外的拱门连接着外面的市区街道。这里是马德里人们休闲娱乐的绝佳场所，坐在露天餐厅的一角，观看街头千奇百怪的艺人表演，也不失为一种乐趣。

海德公园

海德公园是伦敦最好的风景区之一，这里空气清新，绿草如茵，每当天气晴好时，都能看到人们在此散步、游玩，是伦敦市民最喜爱的休闲场所。来到园内走一走，著名的演讲者之角也许让你印象深刻，坐在座椅上，你一定会被英国人悠闲的生活状态所感染。

凤凰公园

凤凰公园是爱尔兰最大的休闲公园。园内被树木所覆盖，主要有水柳、石灰、悬铃木等植被。此外，公园的标志物是阿瑟·韦尔斯利的纪念碑，来园中的人都会前往观看。公园里还生存着一些可爱的小动物，走在园中，不要被出没在脚下的它们吓到。

杜乐丽花园

杜乐丽花园是巴黎最令人着迷的花园，公园依傍塞纳河，风景优美。来到园中，坐在花园的大池塘边或是在露天咖啡厅喝杯咖啡，静静地感受巴黎式的悠闲生活。园中五彩缤纷的花朵、绿色的植被为园区增添了一丝静谧，而青铜雕塑则添加了一丝艺术气息。

普拉多海滩公园

普拉多海滩公园是观赏海景的绝佳之地，园中拥有细沙海滩、人工草坪、自行车道和儿童游乐场等设施。来到园中，你可以骑自行车沿着陡峭的大道游览，还可看到逐渐平缓的海岸线。每当节庆时分，这里会有烟火表演，更是不能错过。

喷泉花园

喷泉花园景致秀丽，沿途的走廊布满雕像，走在园中，看着一座座雕像，你能感受到它昔日的美丽面貌。这座偌大的花园中，还有浴场、剧场等历史遗迹，经过久远的时间，它们依然在这里，看着世事变迁，见证了罗马时代的辉煌。

冯德公园

冯德公园是一座英式花园，园内建有池塘、步道和大片的草坪。园中空气清新，令人心旷神怡的绿荫与可爱的小动物是人们来此游玩的动力。骑自行车来这里，在自行车道上驰骋，感受微风吹来，轻柔舒适。每到夏季，这里还有免费的音乐表演，热闹非凡。

维格兰雕塑公园

维格兰雕塑公园是奥斯陆著名的公园，园内繁华绿茵，小溪潺潺，到处都是造型优美、婀娜多姿的雕塑，公园的名字是以雕塑大师古斯塔夫·维格兰的名字命名。园中的雕像都是由铜、铁或花岗岩制成，每个雕塑都活灵活现、栩栩如生。

TOP 8 国王花园

国王花园是瑞典的一座街心花园，园中有一个长方形大水池，两边各有一个瑞典国王的雕像。园中绿草如茵，繁华锦簇，是人们休闲娱乐的最佳场地。广场中央的舞台，每当节假日，这里都会上演爵士、摇滚以及歌舞剧等表演。

TOP 9 西贝柳斯公园

西贝柳斯公园是为了纪念芬兰音乐家西贝柳斯而建，园中鲜花斗艳、绿草如茵，是市民休憩的好地方。园中最惹人注目的是西贝柳斯纪念碑，它是以铁管组合成的风琴造型，洋溢着浓厚的现代气息，十分奇特，令人产生无尽的遐想。

TOP 10 英国花园

英国花园景色秀美，草地开阔，湖中的野鸭嬉戏，呈现出一派祥和氛围，英国花园成为慕尼黑市民休闲生活的好地方。园中还有一座中国塔，建在山坡上，站在塔上，可将慕尼黑的美丽景色尽收眼底。

·零元游欧洲TOP榜·景色宜人的小镇

奥维小镇

奥维小镇是巴黎一个著名的艺术小镇，因为有印象派画家塞尚、莫奈、毕沙罗以及梵·高而举世闻名。小镇仍保存着中世纪面貌，很多人来此是为了追寻梵·高的脚步，根据其画作来寻找现实的存在，如奥维教堂、那片麦田等。

吉维尼小镇

吉维尼小镇充满了诗情画意，那白墙红顶的农舍、葱郁的树林、艳红的花朵、秀气的木桥等。小镇犹如一幅彩墨画卷，行走在街巷中，仿佛走进了美丽的画中。眼前的景色犹如画中的田园景观，每一个角落都充满了诗意，让人流连忘返。

达默小镇

达默小镇是比利时十分有名的小镇，这里犹如美丽的幻影。走在小镇的路上，让人有种时间旅行的错觉，路上的教堂和博物馆交错出现，既有古老的建筑又有现代化的建筑，让人仿佛置身在时光机中。

TOP 4 米伦小镇

米伦小镇是瑞士美丽的小镇之一，这里犹如被施了美丽的魔法一般，风景优美，空气清新，到处呈现出阿尔卑斯朴素的山村氛围。在这里不仅能眺望少女峰、僧侣峰、艾格峰等美景，还是雪朗峰的起点。

TOP 5 翁根小镇

翁根小镇和米伦小镇一样，拥有美丽的自然景观，在这里可尽情享受山里宁静的氛围。在这里，你可以享受没有污染的空气以及充足的阳光，独自感受一个属于自己的宁静假期。这里还是著名的滑雪胜地，每年的 1 月份会举办世界杯滑雪比赛，不妨在此游玩一番。

TOP 6 维克小镇

维克小镇是一个安静祥和的小镇，这里房屋简单精致，有着黑色的倾斜屋顶、红色的木头屋墙，在一片白雪覆盖的群山中显得分外美丽。小镇后面是一望无际的大海，海水蔚蓝，在夕阳西下时来这里，看着那海天一色的美景，感受这份独特的美。

松恩峡湾

松恩峡湾号称世界上最长、最深的峡湾，被称为“峡湾之冠”。峡湾的两岸山高谷深，谷底山坡陡峭，垂直向上。其实，松恩峡湾只是一个峡湾主干的名称，云集在峡湾周边还有许多的小峡湾，其中最窄处仅有250米的纳勒尔峡湾，以“世界上最狭窄的峡湾”而闻名。

峰区国家公园是一个有着丰富多样性的地区，被分为北部黑山区和南部白山区两部分。北部主要是沼泽和砂岩，南部拥有开阔的高地、美丽的河谷和如诗如画的村庄，是一片远离城市喧嚣的净土，同时也是徒步、远足、探险、攀岩的好去处，被誉为“英国户外运动的天堂”。

哈当厄峡湾是世界上第三长峡湾，也是挪威第二长峡湾。哈当厄峡湾始于大西洋畔，沿着东北方向蜿蜒，直到哈当厄高原。该峡湾最长的分支为南峡湾，最深处可超过800米，景色十分壮观，是来挪威不可错过的自然美景之一。

湖区国家公园被誉为英国最美丽的一角，既有灵秀清幽的自然风光，又不乏各种休闲娱乐设施。园中的美景都令人过目难忘，无论是湖泊、河谷、山峰还是瀑布，都精彩迷人。这里除了风景外，还有很多徒步旅行和攀登路线，一路上的美景定会让你流连忘返。

盖朗厄尔峡湾是挪威峡湾中最为美丽神秘的一处，其源头坐落着小村庄盖朗厄尔。狭长的峡湾拥有秀美原始的海湾景观，以瀑布众多而著称。这里有许多瀑布沿着陡峭的崖壁泻入该峡湾，如“新郎的面纱”“七姊妹”等。

卡朗格峡湾国家公园包括从马赛的近郊到小城近 20 公里的天然岩石峡湾群以及其间的森林和海洋组成的生态系统。公园保持着最原始的美，设有很多户外运动，如徒步、攀岩、潜水等，是领略地中海秀丽澄澈和热血激情的最佳地。

瓦特纳冰川国家公园位于冰岛南部，是冰岛面积最大的国家公园及自然保护区。公园集冰川、火山、峡谷、森林、瀑布为一体，景色十分壮观。在无边无际的冰川中行走，时间仿佛都被凝固了一般，世界纯净得只听得见自己的呼吸。

努克西奥国家公园

努克西奥国家公园是距离赫尔辛基最近的国家森林公园。这里在芬兰人眼中是一个徒步和野营的好地方，园中有着高大的杉树、松树、大量湿地和各种岩层。行走在园中，随处可见冰河时期所造成的沟壑、峡谷，可发现很多冰川的痕迹。

·零元游欧洲TOP榜·长知识的大本营

大英博物馆是世界上历史最悠久、规模最大、最著名的综合性博物馆之一。博物馆中藏品丰富、种类繁多，有埃及文物、希腊罗马文物、西亚文物以及欧洲中世纪文物和东方艺术文物等，是了解历史和增长见识的最佳地。

泰特现代艺术馆坐落在泰晤士河南岸，单凭建筑本身就非常吸引人，褐色的外表，由一座气势宏大的发电厂改建而成，高耸入云的尖塔最显眼。在这里可以看到很多艺术大师的作品，如毕加索、马蒂斯和达利等。

TOP 3 菲茨威廉博物馆

菲茨威廉博物馆是剑桥非常著名的博物馆之一，馆内展品丰富、种类繁多，主要由考古区、实用艺术区、硬币和纪念章、手稿和印刷书、手绘和印刷五部分组成。其中最主要的展品是来自波斯波利斯的浮雕。

TOP 4 曼彻斯特美术馆

曼彻斯特美术馆分为新馆和老馆，老馆内藏有很多艺术作品，新馆内主要藏有 20 世纪英国艺术品，总体来说，这里是收藏有众多英国及欧洲的艺术大师杰作的地方，是来英国不可错过的美术馆。

TOP 5 苏格兰国家博物馆

苏格兰国家博物馆是一个以苏格兰历史为主题的博物馆，收藏有关苏格兰各个领域的物品。单是博物馆建筑本身就十分吸引人，其建筑极具视觉冲击，让你不由自主地想走进去了解一番。走到馆顶向外眺望，还可将爱丁堡的美景尽收眼底。

国家美术馆

国家美术馆是英国首屈一指的美术馆，收藏了多达 2300 件的馆藏绘画作品。美术馆的所有作品都是按照年代顺序展出的，主要的绘画作品来自意大利、法国、西班牙等地。每月美术馆还会选出“当月之画”，非常有趣。

奥斯陆市博物馆

奥斯陆市博物馆是挪威最大的绘画藏品博物馆，里面的藏品详尽地展示出了 12 世纪到现在的奥斯陆文化和历史，是了解奥斯陆的最佳地。虽然博物馆属于历史文化类，但里面绘画展品最多，在欣赏艺术的同时也了解了历史文化知识，一举两得。

苏格兰国家美术馆

苏格兰国家美术馆收藏了从文艺复兴到后印象派时期的作品，也被称为世界上空间尺寸设计最好的美术馆之一。馆内的藏品都是经典之作，非常吸引人，来到这里，你可以深入地了解关于苏格兰美术方面的知识。

国家美术馆与特拉法加广场

Part 1 西欧地区

无需门票，体验英国"心"玩法

Part 1 西欧地区
英国

1·旅游信息咨询中心助你玩·

英国旅游信息咨询中心			
名称	地址	电话	网址
Visit Britain	Thames Tower/ Blacks Road,London	020-88469000	www.visitbritain.com
Cambridge Visitor Information Centre	The Guildhall Peas Hill,Cambridge	01223-791500	www.visitcambridge.org
Oxford Visitor Information Centre	15-16 Broad Street, Oxford	01865-686430	www.visitoxfordandox fordshire.com
Visit Brighton	Town Hall Barthol-omew Square, Brighton	—	www.visitbrighton.com
The Manchester Visitor Information Centre	One Piccadilly Gardens,Manchester	0871-2228223	www.visitmanchester. com
The University of Edinburgh Visitor Centre	2 Charles St Ln., Edinburgh	0131-6502252	www.giftshop.ed.ac.uk

2 · 遇上庆典别错过 ·

英国各城市每月都有很多不同的节日庆典，其中有全国性质的国家节日，也有各地特色的非官方庆典，每当庆典日时，总会有很多人参加，非常热闹，如果在庆典日时来到这里，千万不可错过，此时正是融入当地生活的好时机，可以体验不同地域的风土人情。

英国各地民俗节庆活动			
名称	时间	举办地点	简介
伦敦大游行	1 月	伦敦	伦敦大游行是全世界最大的游行庆典之一。你可以观赏到游行乐队、街头表演、老爷车、花车以及各式各样的沿街表演
莎士比亚戏剧节	4 月 23 日		在每年的莎士比亚戏剧节时，伦敦都会举行盛大的游行和庆祝活动，在这一天的晚上，伦敦的皇家莎士比亚剧院还会为莎士比亚演出“诞辰剧”，包含了《罗密欧与朱丽叶》《哈姆雷特》《威尼斯商人》等多部经典作品
五朔节	5 月 1 日	全国	牛津大学和剑桥大学的一些学院会例行的举办春游或者集体吟唱赞歌的活动，生活在乡村的人们则会手捧五颜六色的彩带在田地间载歌载舞
曼彻斯特国际文化节	7 月	曼彻斯特	曼彻斯特国际文化节也和世界各地的文化艺术团体进行合作，曾经应邀到美国的公园军械库、德国鲁尔艺术节、西班牙的皇家剧院和瑞士的巴塞尔艺术博览会上展演
爱丁堡艺术节	8 月至 9 月	爱丁堡	热爱艺术的人士纷纷聚集到这里，或投入到剧场与街头的各种形式的艺术表演中，或欣赏来自世界各国达人精彩绝伦的技艺
年度马术表演	10 月	全国	英国的一大室内马术活动，举办地在伯明翰附近的 NEC 体育场，届时将会有花式骑术、越障表演及其他各类马术节目
新年庆典	12 月	全国	12 月的最后一天，烟花与街头派对将席卷全国的城市广场。伦敦的特拉法尔加拉广场是全市最大规模迎新年的地点

Part 1 西欧地区
英国

3 · 不要门票怎样能玩 High ·

不花 1 分钱 游览伦敦景点线路

特拉法尔加广场： 伦敦著名的广场，市中心的交通枢纽，游览伦敦的起点

沿着大街向南步行约 9 分钟

唐宁街 10 号： 英国重要内阁官员的官邸，不能参观内部，可在此留影

步行约 4 分钟

大本钟： 英国议会大厦的报时钟，也是英国最大的钟

沿着泰晤士河步行约 1 小时

塔桥： 伦敦地标性建筑，可在桥上走走，观看伦敦美丽的景致

伦敦大本钟

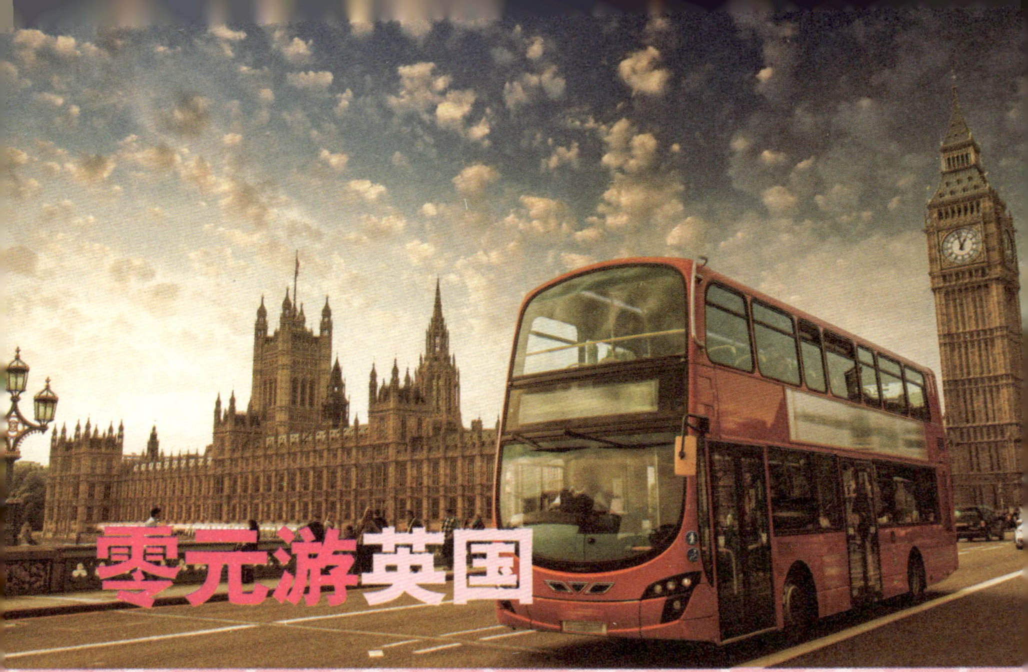

零元游英国

伦敦市区

大本钟（**Big Ben**）即如今的伊丽莎白塔（Elizabeth Tower），于2012年6月为庆祝伊丽莎白二世女王登基60周年而更名为伊丽莎白塔。它建于1859年，是英国国会会议厅附属的钟楼，高96米，四面装有4个镀金的大钟，最有名的即是大本钟，它是英格兰第三重的钟表，恰逢整点时分，钟楼方圆几百米内都可以听见大本钟那深沉的钟声在泰晤士河畔上悠扬激荡。

旅游资讯

Westminster, London

020-72194272

乘坐地铁环线、区域线、朱必利线至Westminster站下车，再步行约1分钟即到

@ www.parliament.uk

不要门票也能High

大本钟是伦敦的经典标志之一，每15分钟就会敲响一次，其悠扬的钟声在泰晤士河的上空游荡。每到夜晚，大本钟在灯光的照耀下静静地浮在夜空中，在泰晤士河对岸都能观望到它，更能感受到它的壮观。

塔桥（**Tower Bridge**）是泰晤士河上最著名、也是最壮观的桥梁。面朝泰晤士河出海口，凡是从海上回来进入伦敦的船只，首先都会看到塔桥的雄姿。塔桥完工于1894年，具有维多利亚时期的独特气质，现已成为游客到伦敦游玩时不可不到的景点。桥分为上、下两层，上层为塔桥博物馆，展示此桥的结构及伦敦市内各桥梁的历史，步行桥廊均是玻璃窗，可眺望伦敦美景。

Part1 西欧地区
英国
2
·塔桥·

旅游资讯

Tower Bridge Road, London

乘坐地铁环线或区域线至Tower Hill站；或轻轨DLR至Tower Gateway站下车即可

4～9月（夏季）10:00～18:00（最后进入时间为17:30），10月至次年3月（冬季）9:30～17:30（最后进入时间为17:00）

不要门票也能 High

来到塔桥，在此可一睹桥的优美身姿，更能感受到站在桥上看风景的意境。漫步于精心装饰的步行桥廊，看着美丽的伦敦街景，自是难得的惬意。

唐宁街10号（**10 Downing Street**）是一所乔治风格建筑物，传统上是第一财政大臣的官邸，但自从此职被首相兼领后，唐宁街10号就被认为是英国首相官邸。其朴实的黑色木门上缀有白色的阿拉伯数字“10”，成为了人所共知的标记。唐宁街10号象征英国政府的中枢，也是英国政治的权力核心之一。来此参观一般不能走到10号门口，只能在唐宁街两旁隔着铁栏杆参观。

Part1 西欧地区
英国
3
·康宁街10号·

旅游资讯

10 Downing Street, London

乘坐地铁银禧线、环城线、区域线在Wesrminster站下，也可以乘坐维多利亚线在Pimlico站下均可到

Part1 西欧地区

英国

4 •特拉法尔加广场•

旅游资讯

Trafalgar Square, Westminster, London

乘坐地铁贝克鲁线、北线到 Charing Cross 站下可到

特拉法尔加广场（**Trafalgar Square**）被誉为世界上最出色的公共广场。广场核心的地理位置，优雅的建筑使它成为大多数人来伦敦旅行的起点。特拉法尔加广场是伦敦政治、文化活动的中心，每当伦敦有各种节日，广场的夜晚就会变得热闹非凡。此外，因特拉法尔加广场上有很多鸽子，所以又叫作鸽子广场。在纳尔逊圆柱纪念碑四周，有很多鸽子，你可以拿一些谷类食物喂食它们。

Part1 西欧地区

英国

5 •格林尼治天文台•

旅游资讯

Blackheath Avenue, London

乘坐轻轨 DLR 至 Cutty Sark for Maritime Greenwich 站下可到

10:00～17:00

@ www.rmg.co.uk

格林尼治天文台（**Royal Observatory Greenwich**）位于伦敦东南郊的格林威治花园中，是英国国王查理二世于 1675 年在伦敦格林尼治建造的一个综合性天文台，附属于皇家海事博物馆。来格林威治的游客最喜欢做的就是双脚跨在子午馆内的零度经线上拍照留念，代表着同时脚踏东西两半球。天文台旧址于 1997 年被列为世界文化遗产。

泰特现代艺术馆（Tate Morden）坐落在泰晤士河南岸，与圣保罗大教堂之间有横跨泰晤士河的千禧大桥连接。它是泰特美术馆的分馆，外表呈褐色，由一座气势宏大的发电厂改建而成，高耸入云的大烟囱是其最显眼的标志。在这里能看到毕加索、马蒂斯、安迪瓦豪、蒙德里安、达利等艺术大师的作品。

Part1 西欧地区

英国

6

• 泰特现代艺术馆 •

旅游资讯

Bankside, London

乘坐地铁朱必利线在 Southwark 站下可到

周日至下周四 10:00～18:00，周五、周六 10:00～22:00

@ www.tate.org.uk

国家美术馆（The National Galley）是英国首屈一指的美术馆，现在是全球著名美术馆之一，馆内收集了从 13～19 世纪多达 2300 件的馆藏绘画作品。国家美术馆分为东南西北 4 个侧翼，所有作品按照年代顺序展出。其中，全盛时期有意大利及日耳曼的绘画；1600～1700 年有荷兰、意大利、法国、西班牙的绘画。由于其收藏属于英国公众，因此美术馆是以免费参观的方式向大众开放，但偶尔也有要收费的特展。此外，国家美术馆每个月还选出“当月之画”，作特别展出并详细解说。

Part1 西欧地区

英国

7

• 国家美术馆 •

旅游资讯

Trafalgar Square, London

乘坐地铁贝克鲁线在 Charing Cross、Leicester Square 站下可到；或乘坐公交车 24、29、176 等路直达

周一、周二、周四至周日 10:00～18:00；周三 10:00～19:00；1 月 1 日、12 月 24～26 日闭馆

Part1 西欧地区

英国

8 ·大英博物馆·

旅游资讯

Great Russell Street, London

乘坐地铁北线、中央线到 Tottenham Court Road 站或地铁皮卡迪里线、中央线到 Holborn 站下车可到

10:00 ~ 17:30（周五 10:00 ~ 20:30）

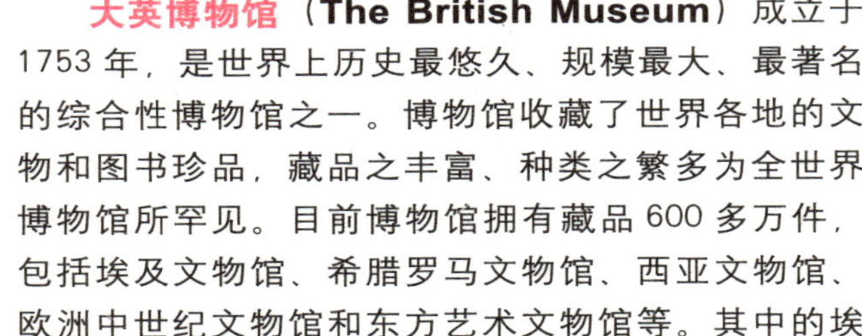

大英博物馆（The British Museum）成立于 1753 年，是世界上历史最悠久、规模最大、最著名的综合性博物馆之一。博物馆收藏了世界各地的文物和图书珍品，藏品之丰富、种类之繁多为全世界博物馆所罕见。目前博物馆拥有藏品 600 多万件，包括埃及文物馆、希腊罗马文物馆、西亚文物馆、欧洲中世纪文物馆和东方艺术文物馆等。其中的埃及文物馆、希腊罗马文物馆和东方艺术文物馆藏品最引人注目，所收藏的古罗马遗迹、古希腊雕像和埃及木乃伊最为出名。

Part1 西欧地区

英国

9 ·海德公园·

旅游资讯

Westminster, London

乘坐公交车 2、6、8、9、10、12、14、15、16、19、22、23 等路可到；或乘坐地铁皮卡迪里线在 Hyde Park Corner、Marble Arch 或 Lancaster Gate 站下可到

05:00 ~ 24:00

海德公园（Hyde Park）是伦敦最好的风景区之一，包括海德公园和肯辛顿花园两部分。公园里主要的名胜包括演说者之角、骑马道和戴安娜王妃纪念喷泉。在天气晴好的时候，海德公园是伦敦市民最喜爱的休闲场所，公园周围密布伦敦豪华的酒店餐厅。有机会去海德公园走一走，也许你不会遇到激进的演讲者，但一定会被英国人悠闲的生活状态所感染。

不要门票也能 High

1. 在海德公园，有一个名为“演讲者之角”的地方，之前是在白金汉宫前面石拱门的大理石宫门旁边，也称为“自由论坛”。从 19 世纪以来，每周日下午，便有人站在装肥皂的木箱上发表演说，因此有“肥皂箱上的民主”之说。

2. 每到夏季，这里就非常受欢迎，届时经常有一种叫“无座音乐会”的活动在这里举行。由于场地里没有座位，听众们可以一边散步一边聆听乐队的演奏，还可以跟着音乐的节拍跳舞。每当音乐会举行时，海德公园简直成了音乐的海洋。

伦敦周边

·伦敦→剑桥

剑桥（Cambridge）是座令人神往的传统大学城，这里不仅培育出了众多诺贝尔奖的获得者，而且优美的风光也是举世无双。剑桥被称为"城市中有大学"，尽管这里保存了许多中世纪的建筑，但就整个剑桥的外观而言仍是明快而且现代化的。剑桥大学根本就没有围墙，学校的分院散布在整个剑桥，因而可以说整个剑桥都是大学的校园。

前往剑桥

从伦敦前往剑桥的交通方式多种多样，其中乘火车从伦敦国王十字车站出发，大约每 30 分钟一班，最快只需 46 分钟就可到达剑桥，单程票价最便宜 15.9 英镑；或是乘坐长途汽车，从伦敦维多利亚长途汽车站到剑桥市中心站，只需 2.5 小时车程，单程票价最便宜 5 英镑。

剑河（River Cam）是剑桥的象征，美丽的河流从剑桥蜿蜒流过，为迷人的剑桥增添了些梦幻色彩。剑河分为两段，上游即剑桥市至格兰切斯特庄园的一段，这段河流曲折，岸边风景自然淳朴；下游则河面较为宽阔，水流平缓，岸边尽是剑桥大学校园的华丽建筑。来剑桥一定要撑篙游览，漂流于剑河之上饱览两岸风光。

Part1 西欧地区
英国

2

•冈维尔与凯斯学院•

旅游资讯

Trinity Street, Cambridge

01223–332400

09:00 ~ 14:00，4月下旬至6月中旬学生考试期间、圣诞节、复活节关闭

@ www.cai.cam.ac.uk

冈维尔与凯斯学院（Gonville and Caius College）是剑桥大学最古老而传统的学院之一，位于热闹的三一街上，背面则是三一学院。这个学院最出名的莫过于有着五个著名的庭院，即树木庭院、冈维尔庭院、凯斯庭院、圣迈克庭院和圣玛丽庭院，其中树木庭院由学院第二创始人凯斯亲自种植了很多树木，虽然未能成活，但庭院如今依然有很多的树木，这在剑桥的学院中并不多见，因而造就了这所学院的美丽风光。

Part1 西欧地区
英国

3

•菲茨威廉博物馆•

旅游资讯

Trumpington Street, Cambridge

01223–332900

乘坐巴士4路在博物馆门口下车

周二至周六 10:00 ~ 17:00；周日和银行假日 12:00 ~ 17:00；12月24日至26日和1月1日关闭

@ www.fitzmuseum.cam.ac.uk

菲茨威廉博物馆(Fitzwilliam Museum)是剑桥非常著名的博物馆之一。博物馆建于1816年，由考古区、实用艺术区、硬币和纪念章区、手稿和印刷书区、手绘和印刷区五部分组成。馆内的展品来自古埃及、苏丹、希腊和罗马等地，其中比较著名的展品有来自波斯波利斯的浮雕。这座博物馆同其他综合性博物馆一样，不仅展出艺术品，时而还会举行演讲、讲座、音乐会和艺术知识培训等活动。

圣玛利亚大教堂（**Great St Mary's Church**）是剑桥市内重要的教堂，气势恢宏，拱廊极高，建有垂直线条的窗户。这座高耸的建筑物，只有登上123级台阶的塔楼，才能感受到它真正的魅力。站在塔楼上，俯瞰学院，可将美丽壮观的景色一览而尽。

Senate House Hill，Cambridge

01223–741720

周一至周六 10:00～17:00

@ www.gsm.cam.ac.uk

·伦敦→牛津

牛津（**Oxford**）与牛津大学融为一体，它并没有高高的围墙，街道就从校园穿过。楼房的尖塔在烟雨蒙蒙中若隐若现，高高的石墙上爬满老藤，稀疏的绿叶中绽放着红红的花朵，让小城显得古朴素雅。小城的建筑古色古香，分属于不同历史年代的不同建筑流派。在牛津街道上散步，就像回到了历史之中，处处给人以历史的深邃感，难怪英国有一句民谚：“穿过牛津城，犹如进入历史”。

前往牛津

从伦敦前往牛津的交通方式很多，最方便的是在伦敦帕丁顿火车站乘坐火车前往，每隔半小时就有一班，行程约1小时，票价23英镑，十分方便；或是乘坐长途汽车前往，每隔15分钟一班。

Part1 西欧地区
英国

1 · 万灵学院 ·

旅游资讯

27 High Street, Oxford

01865-279379

周一至周六 14:00～16:00，节假日和学校放假期间会关闭

@ www.all-souls.ox.ac.uk

万灵学院（**All Souls College**）是牛津大学的一个非常著名的学院，由亨利六世于1438年建立。学院是牛津最为富有的学院之一，它没有学生，只有研究人员。每年，学院都有邀请牛津大学中最优秀的学生参加由其组织的一场考试，其中最出色的两名学生将会成为这里的新成员。因此，成为万灵学院的成员在英国被认为是最高的荣誉之一。

Part1 西欧地区
英国

2 · 博德利图书馆 ·

旅游资讯

Broad Street, Oxford

01865-277162

周一至周五 09:00～17:00；周六 09:00～16:30；周日 11:00～17:00

@ www.bodleian.ox.ac.uk

博德利图书馆（**Bodleian Library**）是世界上最古老的公共图书馆之一，也是英国第二大图书馆，众多的赞誉早已使它闻名遐迩。现在图书馆内的藏书大约800万册，藏书量居世界首位。其馆藏最早可以追溯到公元前6世纪，拥有很多珍贵的手稿等。这里曾经被用来拍摄《哈利·波特》中魔法学院的场景。

叹息桥（Hertford Bridge）是牛津大学的一大著名景点，从博德利图书馆门口就可看到。这座桥建于1914年，造型夸张，外观古朴，横架于两座楼之间。由于这座桥的外形类似威尼斯的叹息桥，更因为这里是学生进入考场的必经之地，故也称为叹息桥。叹息桥名气不小，但是它却躲藏在幽静的小道中，躲开了喧闹的人群，别有一番味道。地址：New College Ln，Oxford。

拉德克利夫楼（Radcliffe Camera）恐怕每个到过牛津的旅行者都曾用相机捕捉过它。它作为牛津的地标和象征，有广阔的穹顶，弧形的外观，宏伟的建筑，仅是外观就已极具观赏价值。但这座大楼是不对外开放的，想要进入这里，你只能参加博德利图书馆的扩展团队游。地址：Radcliffe Square，Oxford；电话：01865-277200。

Part1 西欧地区
英国
3
·阿什莫尔博物馆·

阿什莫尔博物馆（**Ashmolean Museum**）位于英国牛津市中心，被公认为英语世界中第一个成立的大学博物馆，也是第一个公众博物馆。这个博物馆的馆藏基本是由私人捐赠而来，其中有博物馆建立过程的展示，让我们了解到了17～18世纪西方博物馆形成的概念。其中重要的藏品有古埃及法老塔哈尔卡的陵墓遗迹、木乃伊和石棺，还有伊斯兰国家的瓷器，大量的绘画作品。

旅游资讯

Beaumont Street, Oxford

01865-278000

周二至周六 10:00～17:00；周日和节假日 14:00～17:00

@ www.ashmolean.rog

三一学院（**Trinity College**）是牛津大学的一个学院，建于1555年，替代解散修道院运动期间拆除的达勒姆学院。其中的礼拜堂在宽街旁的花园后面，里面装饰着格林林·吉本斯创作的《可爱小天使》和木雕作品。它的周围是铁栅栏而不是围墙，学院独特的蓝色大门，使其在外观上比牛津大学的其他学院更加开放和更方便游览。

旅游资讯

Trinity College, University Of Oxford, Broad Street,Oxford

01856-279900

10:30～12:00，14:00～16:00；圣诞节不开放

@ www.trinity.ox.ac.uk

·王后学院·

王后学院（**Queen's College**）是牛津大学的一个学院，同时也是为纪念菲利帕王后而设立的学院。学院的礼拜堂内保存了一幅詹姆斯·桑希尔创作的天顶壁画；北院后是著名的霍克斯莫尔图书馆。

旅游资讯

High Street, Oxford

01865-279120

需要预约或在导演陪同下才能参观

@ www.queens.ox.ac.uk

曼彻斯特市区

Part1 西欧地区
英国

1 · 艾伯特广场 ·

旅游资讯

Albert Square, Manchester

艾伯特广场（Albert Square）位于曼彻斯特的心脏地带，它以维多利亚女王的丈夫艾伯特命名。广场上坐落着一座非常有特色的哥特式建筑即曼彻斯特市政厅。这里作为曼彻斯特的市中心，附近有很多的博物馆、艺术中心等，都十分值得一看，同时这里也是很多人游览曼彻斯特的起点。你不妨也从这里开始感受这座城市的活力与激情吧。

Part1 西欧地区
英国

2 · 老特拉福德球场 ·

旅游资讯

Old Trafford, Sir Matt Busby Way, Stretford, Manchester

乘坐轻轨在老特拉福德下车即可

09:40～16:30

www.manutd.com

老特福拉德球场（Old Trafford Stadium）是任何一个爱运动尤其爱足球的人都无法拒绝的诱惑。或许有很多人都只是因为曼联足球队才知道了曼彻斯特这个城市。而走进老特拉福德球场，你将会了解到曼联的历史与成长，近距离接触这个让你疯狂的球队。这个闻名世界的球场享有“梦剧场”的美誉，举办过欧锦赛、欧洲冠军联赛决赛、奥运会足球比赛等各类重要比赛。球场内有一个曼联博物馆，介绍了曼联的历史，还展示有曼联的冠军奖杯，可以进去看看。

曼彻斯特大教堂（**Manchester Cathedral**）位于圣安纳广场和维多利亚火车站之间，始建于12世纪，多次被损毁，现在所见的建筑是后来重建的。这个重建的教堂是整个英国最大的教堂之一，保留了很多原始的中世纪建筑，教堂内遍布精美的雕刻，尤其是彩色玻璃窗很吸引人。自然光线透过彩色玻璃照入教堂内，营造出一种神秘华丽的气氛，恍如天国意境，与户外的光亮形成鲜明的对比，具有震慑人心的无形力量。

Part1 西欧地区 英国

3

·曼彻斯特大教堂·

旅游资讯

Manchester Cathedral, Victoria Street, Manchester

0161-8332220

周一至周六08:00～19:00，周六17:00就会关门；周日08:30～19:30

不要门票也能High

大教堂经常有管风琴表演，当管风琴响起的时候，宏大的声音就回荡在教堂里，让人感觉这是黄金般的宗教音乐。当然，这个教堂还有一个唱诗班，在英国也小有名气。

由于曼彻斯特的大教堂很有名气，因而时不时有名人到这里来举行婚礼，如曼联队长加里·内维尔就曾在这里举行婚礼。

曼彻斯特美术馆（**Manchester Art Gallery**）是一个收藏有众多英国及欧洲的艺术大师的杰作的地方。美术馆分为新馆和老馆，老馆内珍藏有37幅特纳的水彩画和前拉斐尔时代的艺术作品；新馆内主要收藏有20世纪英国艺术藏品，包括弗朗西斯·培根（Francis Bacon）和大卫·霍克尼（David Hockney）等人的作品。参观完这里，你将对英国艺术有一个全新的了解。

Part1 西欧地区 英国

4

·曼彻斯特美术馆·

旅游资讯

Mosley Street, Manchester

0161-2358888

周二至周日10:00～17:00

www.manchestergalleries.org

Part1 西欧地区 英国

5

·帝国战争博物馆·

帝国战争博物馆（**Imperial War Museum**）是曼彻斯特一个较为特殊的博物馆，这里介绍了战争及关于战争的一切。从远处看，博物馆宛如三片弧型碎片的组成物，两片躺于地上，一片竖起。而正是因为这鲜明的外表，独特的设计，再加上不同寻常的展览内容使得前来参观的人们总是兴趣盎然。

旅游资讯

Trafford Park, The Quays, Trafford Wharf Road

乘坐 Metrolink 有轨电车在 Harbour City 站下

10:00 ～ 17:00，最后进入时间为 16:30，12 月 24、25、26 日关闭

@ www.iwm.org.uk

不要门票也能 High

这里的特色展览是“大图”，每过 1 小时，博物馆内的灯光会变暗，所有的墙壁会投射出关于战争的图片、引文和播放重要事件的录音，在大厅造成回声。这个特色展览设计的目的是使观者完全体会“在战争中失去勇气的感觉”。

当然，这个博物馆的战斗机展览厅是一个很受孩子们欢迎的地方，在这，孩子们可以试一试战斗机里的弹射座椅，穿上飞行制服，背上降落伞包，当一把飞行员。

曼彻斯特周边

·曼彻斯特→峰区国家公园

峰区国家公园（**Peak District National Park**）是英国最大的国家公园，它分为北部黑山区和南部白山区两部分。其中，北部黑山区主要是沼泽和砂岩，南部白山区则主要是人口分布地区。这里不仅有幽深的河谷、恬静的村庄，也有适于运动的诸多场地、设施，被誉为“英国户外运动的天堂”。在这里你可尽情与大自然亲密接触，并享受各种游玩乐趣。

前往峰区国家公园

在曼彻斯特乘坐火车，到达峰区，在威利大桥站下车；也可在谢菲尔德乘坐火车前往峰区，在埃达尔下车；可在 www.nationalrail.uk 上了解具体的列车信息。

· 曼彻斯特→湖区国家公园

湖区国家公园（**Lake National Park**）被誉为英国的“后花园”，也是英格兰最美丽的一角。优美的自然风景令每一个到这里的人过目难忘，它似造物主精心布下的美丽一角，无论湖泊、河谷还是山峰、瀑布，都精彩迷人。那旖旎的风光，再加上众多的娱乐设施，一定会让你流连忘返。另外，这里还有英格兰最佳的徒步旅行和攀登路线。它用自己的热情期待着每一个旅行者前往。

前往湖区国家公园

从伦敦尤斯顿火车站乘坐火车，大约 3.5 小时即可抵达奥克森霍尔姆，然后换乘湖水线列车，大约 20 分钟就抵达湖区大门的温得米尔；若搭乘旅行巴士，则在伦敦维多利亚长途巴士站出发，需 7 ~ 8 小时。

· 曼彻斯特→利兹

利兹（Leeds）是一个文化、艺术和商业并存的城市，同时也是绿化最好的城市。在市内，随处都可见公园、高尔夫球场和绿化带。在周边不远处，是一片乡村开阔地和无数的小村镇，所有不同生活习惯的人都可在这里找到他们的理想住所。

前往利兹

从曼彻斯特至利兹可乘坐火车，在曼彻斯特皮卡迪利站上车，乘坐约40分钟可到利兹站，票价约需19.4英镑，详情可登录www.thetrainline.com查询。

• 皇家军械博物馆 •

旅游资讯

Armouries Dr., Leeds

0113-2201999

10:00 ~ 17:00

@ www.royalarmouries.org

皇家军械博物馆（Royal Armouries Museum）原是伦敦的英国皇家兵器博物馆，目前是欧洲最古老的公立博物馆，它不仅是英国的观光景点，更是史上重要的军械库。珍藏品包括自古以来的宝剑、军刀、枪支等兵器以及帽子的钢铁衬里、铠甲护手、大象盔甲等护具。

• 利兹市美术馆 •

旅游资讯

The Headrow, Leeds

0113-2478256

@ www.leeds.gov.uk

利兹市美术馆（Leeds Art Gallery）曾经被《泰晤士报》誉为“伦敦以外20世纪英国艺术最好的艺术馆”。而利兹的当代艺术和雕塑艺术非常有名，这和出生在这座城市的雕塑家亨利·摩尔和巴巴拉·赫沃斯等艺术家紧密地联系在一起。而在利兹美术馆，可以看到摩尔本人及其他艺术家的雕塑及装置艺术作品和油画作品。

· 曼彻斯特→利物浦

利物浦（Liverpool）位于英格兰的西北部，是莫西塞得郡的首府。现在这里是英国最佳旅游城市，每年都吸引数百万观光客来到海滨参观艾伯特码头。同时这里也是一个富于创新的城市，孕育了许多世界闻名的艺术家、表演者、喜剧演员、发明家和政界要人，其中的披头士乐队便是最受欢迎的组合。

前往利物浦

从曼彻斯特到利物浦坐火车只需要一个小时左右，而且两地火车之间来往非常频繁，可以直接在车上买票，一般情况下会有很多空位。如果你租车自驾只需要 40 多分钟的就可到达，但是你需要谨记英国交通规则，最好再租一个中文导航仪。巴士也是不错的选择，价格便宜，速度也还不错。

Part1 西欧地区 英国

1

· 艾伯特码头 ·

旅游资讯

22, Edward Pavilion, Liverpool

0151–9071057

@ www.albertdock.com

艾伯特码头（Albert Dock）是英国国家一级法令保护的文物建筑，曾被认为是英国最先进的码头之一，也是到利物浦旅行不得不去的地方。现在这里是一个集酒店、酒吧、餐厅、商店和文化设施于一体的休闲胜地，众多博物馆将带你感受利物浦这个文化之都的深厚文化内涵，所以感受利物浦就从这里开始吧！

Part1 西欧地区 英国

2

· 默西塞德海洋博物馆 ·

旅游资讯

Albert Dock, Liverpool

0151–4784499

10:00 ~ 17:00

@ www.merseysidemaritimemuseum.org.uk

默西塞德海洋博物馆（Merseyside Maritime Museum）于 1980 年开始对外开放，并展示了这个世界上最伟大的港口以及它的故事。博物馆展出的内容丰富，包括移民、奴隶贸易、二次大战和造船业历史的展品，还有著名的泰坦尼克号与路西塔尼亚号海难的展厅。看完了博物馆内的展品，别忘了登上博物馆的 4 楼，在这里可以看到利物浦的景色，其林立的高楼、宽阔的水面和忙碌的船只构成一幅美丽的风景画。

Part1 西欧地区 英国

3 ·泰特美术馆·

旅游资讯

Albert Dock, Liverpool Waterfront, Liverpool

10:00 ～ 17:50（9 月至次年 5 月的周一闭馆）

@ www.tate.org.uk

泰特美术馆（**Tate Liverpool**）是伦敦泰特美术馆的兄弟馆，馆内收藏了许多英国的现代艺术品，是继伦敦泰特美术馆后最大的近现代美术展览馆。美术馆内的藏品从 1900 年至今的照片、录像、绘画作品和雕塑等都可以见到，而二楼有些新人画家的个人展，也有很多作品值得看。

Part1 西欧地区 英国

4 ·利物浦大教堂·

旅游资讯

St James Mount, Liverpool

乘坐 82 路或 86 路巴士可到

08:00 ～ 18:00

@ www.liverpoolcathedral.org.uk

利物浦大教堂（**Liverpool Cathedral**）是圣公会利物浦教区的主教座堂，是全世界第 5 大主教座堂。该教堂位于市中心的圣詹姆斯山上，主要取自郊区的砂岩建造。它的钟楼是世界最大的钟楼，也是世界最高的钟楼之一，高达 101 米。教堂的 13 口大钟位于 67 米高处，重达 31 吨，堪称全世界最高和最重的。

Part1 西欧地区 英国

5 ·圣乔治厅·

旅游资讯

St. George's, Liverpool

0151–2256909

周二至周六 10:00 ～ 17:00，周日 13:00 ～ 17:00

圣乔治厅（**St George's Hall**）也叫圣乔治大堂，它位于利物浦来姆街火车站旁，是利物浦最大的建筑物之一，也是世界公认的最伟大的新古典风格建筑之一。建筑物外表看似希腊大庙宇，而里面的拱顶大厅和地砖却是罗马风格。这座建筑非常奢华，仅一楼大厅的地板就耗费了 2 万片瓷砖，而且是价值连城的明特式地砖。从南面的入口进去，可以参观到维多利亚时期的监狱以及极负盛名的皇室法院。

爱丁堡

皇家英里大道（**Royal Mile**）是爱丁堡老城的中心大道，这条大道始于爱丁堡城堡，终于圣十字架宫，是世界上最富有吸引力的街道之一。街道两边分布有各式古老建筑、酒吧、餐厅、博物馆，圆石铺就的道路、交错的小巷让整条街道格外具有吸引力。有趣的是，在这里你会发现身穿苏格兰裙的艺人在街头吹奏风笛。

1

·皇家英里大道·

旅游资讯

127 High Street, Edinburgh

从爱丁堡威弗利火车站向南沿着 North Bridge 步行 10 分钟内可到达

1. 在皇家英里大道上，有很多气氛很好的餐厅或者酒吧，你可以在这里的餐厅或者酒吧坐坐，也可以挑选苏格兰的土特产。此外，这里每天下午都有身着苏格兰裙的街头艺人吹奏风笛，一下子就把你带入了浓浓的苏格兰风情中。

2. 在皇家英里大道上，还有很多的著名建筑，如格莱斯顿之家，非常值得细细去观看。因而建议花上大半天时间好好游览这条大街，会给你很多惊喜。

Part1 西欧地区
英国

2 ·王子街·

旅游资讯

Princes Street, Edinburgh

0131-5297921（王子街花园）

3月、4月、9月和10月07:00～19:00；5～6月07:00～20:00；7～8月07:00～22:00；11月至次年2月07:00～17:00（王子街花园）

www.edinburgh.gov.uk（王子街花园）

王子街（**Princes Street**）素有“全球景色最佳的马路”之称，它把爱丁堡分为新旧二城，北面分为新城，南面为旧城。新、旧两城之间有一座长条山丘，天然壁垒分明。这条街道全长不过500米，但有许多华丽摩登的商店汇聚在此条马路旁，南侧有一片青翠的绿地，东端尽头是王子街花园，里面屹立着苏格兰著名文学家司各特的纪念塔。

王子街花园（Princes Street Garden）是一个风景如画的美丽之地。它建立于19世纪20年代，原址是爱丁堡北湖的湖床。湖水排干后被改建成花园。花园内环境清幽干净，拥有各种花草树木，是当地人喜欢的休闲场所，当地的各种演出也经常在此举办。

Part1 西欧地区
英国

3 ·爱丁堡大学·

旅游资讯

Old College, South Bridge, Edinburgh

0131-6501000

ed.ac.uk

爱丁堡大学（**University of Edinburgh**）成立于1583年，其悠久的历史和庞大的规模，使其成为全球20强顶尖名校。爱丁堡大学产生过23位诺贝尔奖得主、3位英国首相、4位总统和2位总理。爱丁堡大学图书馆藏书十分丰富，其规模堪称苏格兰之最。

Part1 西欧地区
英国

4

• 苏格兰国家博物馆 •

旅游资讯

Chambers Street, Edinburgh

乘坐23、27、35、41、42等路公交车到George IV Bridge与Chamber Street路口下车可到；或从皇家英里大道步行10分钟即可到

10:00～17:00

@www.nms.ac.uk

苏格兰国家博物馆（National Museum of Scotland）是一个以苏格兰历史为主题的博物馆，从开始有文字资料时代到现代和与中世纪教会宝物等有关的苏格兰各个领域的物品。博物馆的建筑极具视觉冲击，你会被它那极具吸引力的外表所诱惑。这座维多利亚时期的建筑被爱丁堡的旧城环抱，与周围的美景相得益彰。而其内部则收藏有许多杰出的装饰艺术作品，及自然科学史料。从馆顶的花园向外眺望，可欣赏到整个爱丁堡的美景。

Part1 西欧地区
英国

5

• 苏格兰国家美术馆 •

旅游资讯

The Mound, Edinburgh

0131-6246200

10:00～17:00，周四延长到19:00，8月爱丁堡艺术节期间延长开放时间，1月1日12:00～17:00，12月25日、26日关闭

@www.nationalgalleries.org

苏格兰国家美术馆（National Gallery of Scotland）位于爱丁堡市中心，在旧城和乔治亚新城之间。它是苏格兰收藏从文艺复兴到后印象派时期作品最大的美术馆，也是世界上空间尺寸设计最好的美术馆之一。美术馆的从文艺复兴到后印象派时期的作品都是经典，很吸引人。在这里你将了解到关于苏格兰美术的一些东西，其中尤以一些油画为难得一见的珍品。

Part1 西欧地区
英国

6

• 苏格兰国会大厦 •

旅游资讯

The Scottish Parliament, Edinburgh

乘坐35、36路公交车至Scottish Parliament站下车可到

开放时间复杂，4～9月前往，最好10:00～17:30去参观，10月至次年3月前往，11:00～16:00去参观

@www.scottish.parliament.uk

苏格兰国会大厦（Scottish Parliament Building）就坐落在皇家英里大道老街尽头的圣十字宫对面，是西班牙著名建筑师恩瑞克·米拉莱斯的作品，它那另类的个性外表也让它在这个维多利亚风格的城市里独树一帜。

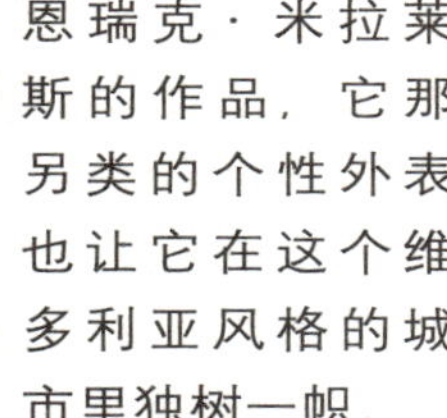

英国·旅游资讯

交通

飞机

希思罗机场

希思罗机场（Heathrow Airport，LHR）位于伦敦西部，距离伦敦市中心 24 公里，是全英国乃至全世界最繁忙的机场之一。希思罗机场是英国航空和维珍航空的枢纽机场，也是英伦航空的主要机场。目前国内飞往伦敦都是从北京、上海、广州或深圳等城市出发的。主要的航空公司有中国国际航空、中国东方航空、中国南方航空、英国航空、维珍航空等。

希思罗机场到市区的交通	
地铁	机场在地铁 6 区，可乘地铁皮卡迪利线（Piccadilly Line）约 1 小时到市区，票价 4.5 英镑；地铁运行时间为周一至周六 05:02 ~ 23:40，周日 05:46 ~ 23:15
机场快线列车	15 分钟一班，从 5 航站楼乘车 15 分钟可到帕丁顿（Paddington）火车站，从 1、2、3、4 航站楼乘坐时必须到希思罗中央站（Heathrow Central）乘车，普通票 18 英镑
火车	30 分钟一班，从希思罗机场的 4 航站楼发车，其他航站楼必须到思罗中央站换乘，单程票 7.9 英镑；火车的运行时间为周一至周六 05:07 ~ 24:06，周日 05:03 ~ 23:48
机场巴士	运行时间为 05:35 ~ 21:40，每 25 分钟一班，可从各航站楼乘坐。到维多利亚汽车站，票价 5 英镑，约 35 ~ 60 分钟
出租车	到帕丁顿火车站约 40 ~ 75 英镑，35 分钟

爱丁堡国际机场

爱丁堡国际机场（Edinburgh International Airport）位于爱丁堡西部约13公里处，有飞往英国其他地区、欧洲主要城市和北美主要城市的普通、廉价航班。中国每天都有航班飞往英国，但是还没有直达爱丁堡的航班，从国内飞往爱丁堡主要是在英国伦敦、法国巴黎、荷兰阿姆斯特丹、德国法兰克福中转。

爱丁堡国际机场到市区的交通	
机场巴士	1. 乘坐巴士 Airlink 100 到达靠近爱丁堡火车站（Edinburgh Waverley Railway Station）的 Waverley Bridge，途中巴士还会停靠在爱丁堡干草市火车站（Edinburgh Haymarket Railway Station）、爱丁堡动物园（Edinburgh Zoo）等站 2. 巴士可在机场出口的公交站牌处乘坐，单程 3.5 英镑，往返 6 英镑，每 10 分钟一班，行驶时间约 30 分钟 3. 车票在机场 Information Desk 购买，或者上车后在司机处买票
夜间巴士	N22 路巴士往返于机场和市中心之间，运行时间为 01:00 ~ 04:00，无限次乘坐价格为 3 英镑
出租车	机场到达大厅外停靠有出租车，开往市中心大约需要 15 英镑，行驶约 20 分钟

曼彻斯特机场

曼彻斯特机场（Manchester Airport，MAN）位于曼彻斯特南部，是英国的主要机场之一。这里每天都有飞往英国的17个城市及欧洲大陆的航班。目前，中国没有飞往曼彻斯特的直达航班，游客可从伦敦或欧洲的其他城市（如德国的法兰克福）等地转机。

曼彻斯特机场至市区的交通	
火车	可在机场火车站乘坐火车，可到市内的皮卡迪里火车站，全程 15 ~ 25 分钟，票价约 3.6 英镑
机场巴士	乘坐机场巴士可到市内很多地方，可从机场闻询台获取具体信息
出租车	可在机场到港大厅的外面乘坐

火车

伦敦主要火车站信息			
名称	地址	交通	备注
国王十字车站（King's Cross Station）	Kings Cross Euston Road, London	乘地铁维多利亚线、北线、皮卡迪里线、环线、大都会等线路到 King's Cross Street Pancras 站下	伦敦前往剑桥、爱丁堡、约克及苏格兰的列车从国王十字车站出发。另外，国王十字车站还是《哈利·波特》中“9¾站台”的所在地
帕丁顿火车站（Paddington Station）	Praed Street,London	乘地铁贝克鲁线、汉默史密斯及城市线、环线等到 Paddington 站下	伦敦前往牛津、温莎、巴斯、普利茅斯等地的列车由此出发
圣潘克拉斯火车站（St. Pancras International Station）	Euston Road,London	乘地铁维多利亚线、北线、皮卡迪里线、环线、大都会等线路到 King's Cross Street Pancras 站下	与国王十字车站毗邻，开往巴黎及其他欧洲大陆国家的欧洲之星列车这里出发
尤斯顿火车站（Euston Station）	Euston Road,London	乘地铁北线、维多利亚线到 Euston 站下	伦敦前往苏格兰、爱丁堡、格拉斯哥的列车由此出发
维多利亚火车站（Victoria Station）	西敏市伦敦 SW1V	乘地铁维多利亚线、区域线、环线到 Victoria 站下	前往海滨城市 Brighto、多佛、普利茅斯等地的列车从这里出发
利物浦街火车站（Liverpool Street Station）	Liverpool Street, Bishopsgate, London	乘地铁中央线、环线、大都会等线路到 Liverpool Street 站下	伦敦前往剑桥、英格兰东部与北部的列车由此出发
滑铁卢火车站（Waterloo Station）	York Road,London	乘地铁朱必利线、北线、贝克鲁线到 Waterloo 站下	伦敦前往温莎、伦敦西南附近地区的列车由此出发
斯特拉特福火车站（Stratford Station）	纽汉区	乘地铁中央线、朱必利线到 Stratford 站下	离奥运村最近的火车站
查令十字火车站（Charing Cross）	Northumberland Avenue,London	乘地铁贝克鲁线、北线到查令十字站下	以短途列车和通勤车为主，主要开往英格兰东南部福克斯顿、哈斯丁等地

欧洲之星列车的信息				
线路	班次	首末班时间	所需时间	票价
伦敦→巴黎	每天 15 班车	首 班 06:29，末班 20:45	2 小时 15 分钟到 2 小时 40 分钟	154.5 英镑
伦敦→布鲁塞尔	每天 8 班	首 班 06:59，末班 19:32	1 小时 50 分到 2 小时 20 分	最低 26.5 英镑

曼彻斯特到英国部分城市的列车信息			
路线	班次	票价	所需时间
曼彻斯特→伦敦	每天 7 班	115 英镑	3 小时到达
曼彻斯特→利物浦	每 30 分钟一班	8.8 英镑	45 分钟到达
曼彻斯特→纽卡斯尔	每天 6 班	约 42 英镑	3 小时到达
曼彻斯特→约克	每天 30 班	普通车厢票价 20.1 英镑，某些车次有 10 英镑的优惠票；头等车厢票价 27.8 英镑	1 小时 25 分钟到 2 小时不等
注：伦敦到曼彻斯特的火车在尤斯顿火车站发车，平均每 20 ~ 30 分钟一班。不同车型、时间、等级的票价各不相同，一般情况下，普通座席 64 ~ 91 英镑，头等车厢 135 ~ 180 英镑			

爱丁堡主要火车站信息		
名称	地址	交通
爱丁堡火车站	Edinburgh Waverley,18 North Bridge,Edinburgh	乘 坐 10、11、12、15A、36、100 等路公交车可到
爱丁堡干草市火车站	Haymarket Terrace,Edinburgh	乘 坐 2、3、4、X12、33、100 等路公交车可到

伦敦长途汽车信息介绍			
名称	地址	交通	备注
维多利亚汽车站	164 Buckingham Palace Road, Victoria, London	乘地铁维多利亚线、区域线、环线到 Victoria 站下，出站后需步行约 300 米可到	在维多利亚火车站旁边，是伦敦的主要长途汽车站，从这里出发的长途汽车开往英国各地。主要运营商为 National Express、Eurolines、Megabus
绿线汽车站	Buckingham Palace Road, London	乘坐 712、748、758、768、797 等路巴士到绿线汽车站下即可	在维多利亚汽车站旁边，主要运营商为 Greyhound、Green Line（www.greenline.co.uk）

伦敦到英国主要城市的汽车信息			
路线	票价	所需时间	运行时间
伦敦→牛津	单程票价 14.5 英镑	1 小时 40 分钟	24 小时，平均每 20 ～ 30 分钟一班
伦敦→剑桥	单程票价 11.3 英镑	2 ～ 2.5 小时	08:30 ～ 23:30，约 1 ～ 1.5 小时一班
伦敦→约克	单程票价 25.6 英镑	5 ～ 6 小时	09:30 ～ 23:30，每 1.5 ～ 2 小时一班
伦敦→巴斯	单程票价 22.1 英镑	约 4 小时	07:00 ～ 23:00，每 1 ～ 1.5 小时一班
伦敦→爱丁堡	单程票价 34 英镑	8 ～ 9 小时	每天 5 班，发车时间为 09:30、10:00、19:00、23:00、23:59，其中第一班和第四班为直达，其他都需要中途在利兹换车
伦敦→格拉斯哥	单程票价 34 英镑	8 ～ 9 小时	每天 6 班，发车时间为 07:00、09:00、10:00、19:00、22:30、23:00，其中第 1、3、4 班在伯明翰换车，另外三班直达

伦敦

伦敦的轨道交通网络非常发达，主要包括地铁和轻轨。伦敦的地铁被伦敦人亲切地称为“The Tube”，轻轨全称 Dockland Light Railway，简称 DLR，连接伦敦金融城和位于东部的多克兰码头区，为地铁系统构成补充。其中地铁遍布伦敦市内各区，共有 14 条线，地铁站点设置的非常密集。在地铁图上，白色为 1 区，绿色为 2 区，明黄色为 3 区，橘色为 4 区，紫罗兰色为 5 区，粉色为 6 区。第 1、2 区为市中心，第 6 区是较偏远的地区，不过大多数的旅游景点都集中在 1 区和 2 区。地铁的各条线路的首末班时间不同，一般为 05:00 左右到午夜前后，但是周日地铁开始运行的时间会比较晚。具体请查询官网或留意站台上的信息栏。伦敦地铁官方网站：www.tfl.gov.uk。注意，乘坐 DLR 进出站时务必记得刷卡，否则可能会被扣除路线内的最高票价。如果确实忘了，可于当日前往售票窗口要求退款。不要逃票，如果被查出逃票会遭到重罚。

伦敦有三条有轨电车线路：克罗伊登（伦敦南部）至埃尔默斯恩德（伦敦东南部）；克罗伊登（伦敦南部）至贝肯汉姆路口（伦敦东南部）；温布尔登（伦

敦西南部）至纽阿丁顿（伦敦东南部）。

有轨电车没有直接通往伦敦市中心的路线，但大部分路线在温布尔登设有车站，所以你可以从那里方便地搭乘地铁或巴士去往目的地。要查看线路图，请浏览官网 www.TfL's tram routes。

曼彻斯特

曼彻斯特市内的轨道交通主要包括地铁和电车，其中地铁主要穿行在维多利亚火车站、皮卡迪利火车站和 G-Mex 展览活动中心之间，也有远至索尔福德（Salford）码头。

电车横穿市区，连接维多利亚火车站、皮卡迪利火车站和凯瑟菲尔德，途经莫斯利街，然后开往郊区的阿尔琴查姆（Altrincham）和贝利（Bury）等地；电车是无人售票，也无人检票，需要自己在站台上的售票机买票。

公交车

伦敦

伦敦拥有世界上规模最大的城区公共交通网络，公交车是一种便利的出行方式，也为乘客提供了大量的观光机会。不要错过 2 条古迹游览路线（9 号及 15 号线）。这两条路线使用经典的双层巴士运营，途径多处伦敦最著名地标。可以使用 TfL website 在线计划你的行程。

如果你是从某外围分区去往伦敦的另一地区（非伦敦市中心），你可能需要搭乘 2 次巴士，分别驶入、驶出伦敦市中心。有些巴士路线只在日间运营，时间为 06:00 ~ 23:00。不过，许多路线都提供 24 小时服务。

夜间巴士的编号前均带有字母 N（如：N24）。这些巴士站夜间运营，是地铁和出租车之外另一种很好的出行方式，地铁站零点左右停止运行，而乘出租车的价格则较为昂贵。有些夜间巴士的路线与日间运营巴士的路线相同，而另一些则采用完全不同的路线或是在地面上沿地铁线路运行。伦敦的夜间巴士系统堪称世界一流，服务覆盖伦敦多处地区。

在巴士快要到达车站时，你需要举手示意让巴士停靠。你可以使用处于有效期内的任何交通卡搭乘巴士。有关现金购票信息，请访问 www.Transport for London。

曼彻斯特

巴士是曼彻斯特市内主要的交通工具，由 First 或 Stagecoach 公司运营。很多巴士的起点都在皮卡迪利花园（Piccadilly Garden）。游客可乘坐免费的 4 路巴士，环绕曼彻斯特市中心游览，会经过市内主要的旅游景点，途中还可随意下车。曼彻斯特还有一种乘巴士观光的“曼彻斯特摇滚之旅”，可带游客感受曼彻斯特的音乐历史，活动可在圣彼得广场的旅游中心预订。

爱丁堡

爱丁堡的公交车线路非常多，覆盖了爱丁堡市内和周边的地区。公交车通常以 09:30 为界划分成两个时间段，09:30 以前为 Peak Time（高峰时段），09:30 以后为 Off Time（非高峰时段），Peak Time 的票价要比 Off Time 的票价贵一些。单程票价 1.5 英镑，儿童 0.7 英镑。若购买 DAY Ticket，成人 3.5 英镑，儿童 2 英镑，可以在一天内无限次乘车。车票在车上司机处购买，须自备零钱。

水运

泰晤士河航线	
航线 1	普特尼—切尔西港口—卡多根—路堤—黑衣修士
航线 2	多克兰希尔顿至金丝雀码头班船
航线 3	萨沃伊—金丝雀码头—桅室平台—格林尼治—沃尔维奇阿森纳

自行车

骑自行车游览爱丁堡是一个不错的选择，爱丁堡有很多适合骑行的道路，其中爱丁堡东面的 East Lothian 有很多蜿蜒的乡间小路，非常适合骑行。在 11—13 Lochrin Pl 的 Biketrax 可以租到自行车。

美食

伦敦餐厅推荐

中国禅宗

County Hall, Riverside Buildings, Westminster Bridge Road, London

020—72611196

@ zenchina.co.uk

中国禅宗（Zen China Restaurant）是一家主打北京菜的餐厅，重点是传统的中国北方地区菜肴，招牌菜是正宗的北京烤鸭。经典菜色是麻辣小龙虾和麻辣香锅等。

餐厅位于泰晤士河的南岸，紧邻滑铁卢、威斯敏斯特宫和伦敦眼，坐落于伦敦的心脏位置。这是伦敦眼附近唯一一个可以边享受地道的中国大餐，边欣赏泰晤士河风光的餐馆。

Bishopsgate Kitchen

4 Brushfield Street, Spitalfields, London

020—72473802

在 Liverpool Street 火车站出口不远处

周一至周五 07:30 ~ 23:00，周六 10:00 ~ 23:00，周日 10:00 ~ 17:00

Bishopsgate Kitchen 位于伦敦的中心地带，最受客人欢迎的是他们家的早餐，非常美味。食材主要使用鸭蛋和全肉肠，这里的饮料除了有特调的咖啡和茶外，还有经典的红酒和啤酒。

曼彻斯特餐厅推荐

Damson

Orange Building, Media City UK, Salford, Manchester

0161—6603615

乘有轨电车至 Media CityUK 站下，步行即可到

Damson 是曼彻斯特市内第一家高档的独立餐厅，曾被好食品指南杂志形容为“绝对的美味”。餐厅的食物和酒水丰富，价格实惠，夜晚在此用餐还能欣赏到美轮美奂的夜景。

63 Degrees

20 Church Street, Manchester
0161—8325438
乘车至 Church Street The Unicorn 站下，步行即可到
11:00 ~ 21:00

63 Degrees 是一家地道的法国美食餐厅，采用当地优质食材，将现代法国美食用个人独特的方式表达出来，既享受到了新的味觉体验，又不过于拘谨与正式。餐厅的菜肴均采用低温缓慢打造鲜嫩无比的口感，十分受当地人欢迎。

爱丁堡餐厅推荐

女巫餐厅

352 Castlehill, Edinburgh
0131—2255613
12:00 ~ 23:00
www.thewitchery.com

女巫餐厅（The Witchery）位于皇家英里大道的起点，地理位置极佳。来到这家餐厅，可以在秘密的花园中享受安静的用餐环境，是难得的绝妙体验。餐厅的食物味道上乘，无论肉类还是海鲜，用料都十分考究。除此之外，在餐厅的酒水方面，你千万不可错过精挑细选的红酒和威士忌。

水仙餐厅

2 George IV Bridge, Edinburgh
0131—2261888
乘坐公交车23、27、29、41、42、67等路至 Opp Victoria Street 下车，过马路即可到
12:00 ~ 15:00，17:30 ~ 22:00
www.ondinerestaurant.co.uk

水仙餐厅（Ondine Restaurant）是爱丁堡最受当地人喜爱的餐厅之一。餐厅位于二楼，用餐环境高贵典雅，除了普通座位外，还有吧台可供选择。这家餐厅最值得品尝的是龙虾料理，还有其他海鲜，如海鲜拼盘、海鲜汤等。

住宿

伦敦住宿地推荐				
名称	地址	电话	网址	参考价格
Citadines Barbican London	7-21 Goswell Road,London	020-75668000	www.citadines.com	180 英镑起
Luna Simone Hotel	47-49 Belgrave Road,London	020-78345897	www.plus.google.com	65 ~ 85 英镑
BEST WE-STERN Mor-nington Hotel	12 Lancaster Gate,London	0844-3876043	www.bestwestern.co.uk	46 英镑
Hyde Park Inn	48-50 Inverness Terrace,London	020-72290000	www.smarthostels.com	45 英镑
YHA London Oxford Street	14 Noel Street, London	0845-3719133	www.yha.org.uk	25 英镑

曼彻斯特住宿地推荐				
名称	地址	电话	网址	参考价格
Great John Street Hotel	Great John Street, Manchester	0161-8313211	www.eclectichotels.co.uk	150 英镑
Hotel Gotham	100 King Street, Manchester	0161-4130000	www.hotelgotham.co.uk	100 英镑
Hilton Manchester Deansgate	303 Deansgate, Manchester	0161-8701600	www.hilton.com	80 英镑
Arora Hotel Manchester	18-24 Princess Street, Manchester	0161-2368999	www.manchester.arorahotels.com	70 英镑
The Mitre Hotel	1-3 Cathedral Approach, Manchester	0161-8344128	www.mitrehotel.co.uk	65 英镑

爱丁堡住宿地推荐				
名称	地址	电话	网址	参考价格
Hotel Indigo Edinburgh	51－59 York Pl., Edinburgh	0131－5565577	www.hiedinburgh.co.uk	150 英镑
Holiday Inn Express Edinburgh City Centre	Picardy Pl., Edinburgh	0131－5582300	www.ihg.com	90 英镑
Hilton Edinburgh Grosvenor	Grosvenor Street, Edinburgh	0131－2266001	www.hilton.com	78 英镑
Royal British Hotel	20 Princes Street, Edinburgh	0131－5564901	www.royalbritishhotel.com	65 英镑
Old Waverley Hotel	43 Princes Street, Edinburgh	0131－5564648	www.oldwaverley.co.uk	48 英镑

购物

伦敦购物地推荐		
名称	简介	临近地铁站
牛津大街	约有 300 家商铺、知名的百货商店以及名牌连锁店	Oxford Circus 站
新庞德街	奢华的名牌零售店云集之地，是最高档的时尚购物区之一	Bond Street 站
摄政街和哲卖街	绅士淑女品牌店云集，尤其是定制衬衫的裁缝店声名远扬	Piccadilly Circus 站
卡尔纳比街	在 20 世纪 60 年代是时尚文化的发源地，也是诸多时尚设计天才的诞生地	Oxford Circus 或 Piccadilly Circus 站
英皇大道	商店和咖啡店云集，还有品种丰富的大众货摊和前卫时尚的市内设计店	Sloane Square 站

曼彻斯特购物地推荐				
名称	地址	交通	网址	营业时间
阿戴尔购物中心	Arndale Centre, Manchester	可从 Victoria Station 步行到达	www.manchesterarndale.com	周一至周五 09:00～20:00，周六 09:00～19:00，周日 11:30～17:30
特拉福德中心	Intu Trafford Centre, Manchester	乘坐公交车 X5、18、22、23 等路都可到达	www.intu.co.uk	周一至周五 10:00～22:00，周六 10:00～20:00，周日 12:00～20:00
Harvey Nichols	21 New Cathedral Street, Manchester	乘坐公交到 Deansgate/A56 站下	www.harveynichols.com	周一至周五 10:00～20:00，周六 09:00～19:00，周日 11:30～17:30

续表

名称	地址	交通	网址	营业时间
Vivienne Westwood	47 Spr-ing Gardens, Kings Road, Manchester	乘坐公交至Fountain下车可到	www.viviennewestwood.com	周一至周六10:00～18:00，周日12:00～17:00
Burberry	New Cath-edral Street, Manchester	乘坐公交到Deansgate/A56站下	www.uk.burberry.com	周一至周六10:00～19:00，周日11:00～17:00

爱丁堡购物地推荐			
名称	地址	网址	营业时间
Harvey Nichols	30-34 St. Andrew Square,Edinburgh	www.harveynichols.com	周一至周三10:00～18:00，周四10:00～20:00，周五、周六10:00～19:00，周日11:00～18:00
Marks and Spencer	54 Princes Street, Edinburgh	www.marksandspencer.com	周一至周六09:00～19:00（周四至20:00），周日11:00～18:00
Jenners – Edinburgh	48 Princes Street, Edinburgh	www.houseoffraser.co.uk	周一至周三10:00～19:00，周四10:00～20:00，周五09:30～19:00，周六09:00～19:00，周日11:00～18:30
Harvey Nichols Edinburgh	30-34 St Andrew Square,Edinburgh	www.harveynichols.com	周日至下周三10:00～18:00，周四10:00～20:00，周五、周六10:00～19:00

娱  乐

伦敦娱乐地推荐			
名称	简介	地址	网址
女王剧院	主要上演音乐剧，以《悲惨世界》改编	51 Shaftesbury Avenue, London	www.delfontmackintosh.co.uk
陛下剧院	剧院是音乐剧《剧院魅影》的主要演出场所	57 Haymarket,London	www.thephantomoftheopera.com
Amber Bar	拉丁美洲风格	Citypoint,1 Ropemaker Street,London	www.amber-bar.co.uk
考文特花园鸡尾酒吧	充满英伦自由气氛，主要提供特制鸡尾酒	6-7 Great Newport Street,London	www.coventgardencocktailclub.co.uk
斯凯龙酒吧	位于泰晤士河南岸，拥有美丽的泰晤士河美景	Royal Festival Hall, London	www.skylon-restaurant.co.uk

曼彻斯特娱乐地推荐			
名称	**简介**	**地址**	**网址**
Contact Theatre	主打现代戏剧的剧院。演出包括戏剧、音乐、木偶剧等	Oxford Road,Manchester	www.contactmcr.com
伊蒂哈德球场	曼城队的主场球场，也是英国最新、最豪华的足球场	City of Manchester Stadium, Ashton New Road,Manchester	www.mcfc.com
足球之家	深受球迷欢迎的地方，展示着当地摄影师斯图尔特·克拉克 (Stuart Clarke)20 多年来收集的关于足球的照片	National Football Museum, Urbis Building, Cathedral Gardens, Manchester	www.homesoffootball.co.uk
Lockin Real Escape	曼彻斯特市内的一家密室逃脱游戏中心，店内有各种不同主题的房间提供，每一间都非常有趣	19–21 George Street|2nd Floor, Above Hunan restaurant,Manchester	www.lockinescape.co.uk

爱丁堡娱乐地推荐			
名称	**简介**	**地址**	**网址**
国王剧院	主要以芭蕾、歌剧和舞台剧为主	2 Leven Street, Edinburgh	www.edtheatres.com
Teviot 酒吧	风格迥异，可以根据自己的喜好选择安静或是吵闹氛围	13 Bristo Square, Edinburgh	www.eusa.ed.ac.uk
Bar Missoni	在时尚品牌 Missoni 开的精品酒店内，装潢绚丽，每晚都座无虚席	1 George IV Bridge, Edinburgh	www.quorvuscollection.com
Captains Bar	有苏格兰的民间音乐，唱着传统而古老的民歌和当代的歌，有小提琴、吉他、长笛和风笛的演奏	4 South College Street|Midlothian, Edinburgh	www.captainsedinburgh.webs.com
牛津酒吧	爱丁堡的文学中心，著名苏格兰作家 Ian Rankin 经常光顾于此	The Oxford Bar, 8 Young Street, Edinburgh	www.oxfordbar.co.uk

零元游英国周边

· 英国→爱尔兰

爱尔兰（**Ireland**）拥有摄人心魄的自然美景，曲折沧桑的历史，以及现代化的热闹气氛，从斗志激昂的大河之舞到充满现代气息的流行音乐，都使整个岛屿弥漫着浓郁的艺术气息。都柏林是爱尔兰的首都，也是爱尔兰最大的城市和港口。都柏林是一座文化之都，大学、科学院、美术馆为数众多，有上百年历史的老房子随处可见，各种美丽的门窗种满花草，城市里洋溢着一种浓浓的田园气息。行走其间，穿透现代建筑走进历史光阴的隧道，可以感受到这个古老的民族历史的脉搏。如果想在旅行中寻找历史和文化，都柏林会给你许多惊喜。

前往爱尔兰

英国伦敦盖维特克机场、希思罗机场、爱丁堡机场和曼彻斯特机场都有飞机直飞都柏林机场。从都柏林机场到达市区交通有 4 种选择：

1. 机场大巴，在都柏林机场 1 号和 2 号航站楼外有机场大巴和长途车停靠点，1000 多趟班车通往都柏林各处和爱尔兰的各个城市和小镇。抵达市中心单程票 6 欧元，往返票 10 欧元；

2. 机场快线，乘坐机场快线 747，30 分钟可到达市中心，乘车地点在 Aircoach 附近，可以看到一个 Airlink 的标志。747 高峰期 10 分钟一班，单程 6 欧元，往返 10 欧元；

3. 公交车，乘坐 16 路或 41 路公交车，两路公交车乘车地方在 Aircoach 站的左侧，需要绕行约 100 米，票价均为 2.65 欧元；

4. 出租车，1 号和 2 号航站楼外有大量出租车，运行时间 08:00 ~ 20:00，起步价 4.1 欧元，20:00 至次日 08:00、周日和公共假日起步价 4.45 欧元，一般乘出租车到市区票价 20 ~ 40 欧元。

Part1 西欧地区 英国周边

1 · 凤凰公园 ·

凤凰公园（Phoenix Park）是爱尔兰最大的休闲公园之一，起初是由爱尔兰最杰出的总督——詹姆斯巴特勒奥蒙德公爵所建。公园的标志物之一是阿瑟·韦尔斯利的纪念碑，这位爱尔兰将军曾率领英国军队在滑铁卢战役中打败了拿破仑，被授予了“威灵顿公爵”头衔。目前的凤凰公园内有 30% 的区域被树木所覆盖，主要有水曲柳、石灰、悬铃木等植物。此外，园中还有众多哺乳动物、鸟类以及野生动物。

旅游资讯

Phoenix Park, Dublin

乘坐公交车 25、26、46A、66、66A、66B、67、69 等路到 Phoenix Park 站下即可到

@ www.phoenixpark.ie

国家美术馆（**National Gallery**）内展示有众多爱尔兰艺术品以及欧洲大师的作品，初建时，美术馆馆藏作品的数量仅有100多件，现在拥有大约13000件藏品。有油画、水彩画、素描、肖像、印刷品、雕塑和文物，还包括14～20世纪欧洲大陆各画派的画作，如法国画派洛可可、新古典主义与印象派等画家的画作，著名画家莫奈、毕加索的部分作品也在这里展示。

Part1 西欧地区 英国周边

2 ·国家美术馆·

旅游资讯

Cearnóg Mhuir-fean Thiar，Dublin

乘坐公交车5、7、7A、10等路至Holles Street站下车可到

周二至周六10:00～17:00，周日14:00～17:00

梅瑞恩广场（**Merrion Square**）坐落于南都柏林市中心，是都柏林最大、最漂亮的乔治风格的广场之一，也是欧洲爱尔兰的著名风景名胜之一。中央公园十分漂亮，有着许多色彩斑斓的花朵和沁人心脾的草坪，还有躺在石头上的王尔德铜像。

Part1 西欧地区 英国周边

3 ·梅瑞恩广场·

旅游资讯

Merrion Square，Dublin

圣殿酒吧区（Temple Bar）是都柏林的文化中心。无数的街头艺人、露天集市和展会营造了一种狂欢的气氛。在这里可以看场电影、闲逛画廊或市场、参加演唱会，或静静地坐在咖啡厅内，看外面人来人往、车水马龙。圣殿酒吧区的酒吧密集度居都柏林市榜首，因此想喝几杯绝对不愁找不到地方。纵酒狂欢者流转在各个酒吧之间，而街头艺人将自己的心声深藏在乐声里。爱尔兰传统音乐的美妙韵律或许会让你忍不住喝上一杯、跳上一曲。

Part1 西欧地区 英国周边

4 ·圣殿酒吧区·

旅游资讯

Temple Bar，Dublin

Part 1 西欧地区
法国

1·旅游信息咨询中心助你玩·

法国旅游信息咨询中心			
名称	地址	电话	网址
Office du Tourisme et des Congrès de Paris	25 Rue des Pyramides, 75001 Paris	01-49524263	www.parisinfo.com
Office National Marocain du Tourisme	161 Rue Saint Honoré ,75001 Paris	01-42606350	www.visitmorocco.com
Office de Tourisme	41 Cours Jean Jaurès, 84000 Avignon	04-32743274	www.avignon-tourisme.com
Office du Tourisme et des Congrès	5 Prom. des Anglais, 06302 Nice	0892-707407	www.nicetourisme.com
Office de Tourisme et des Congrès	11 La Canebière, 13211 Marseille	0826-500500	www.marseille-tourisme.com

2·遇上庆典别错过·

法国各城市都有各自独特的节庆活动，每当活动日，都会举办隆重的庆典，吸引了很多国内外游客参加。其中戛纳电影节最知名，每年都会有很多明星前往走红毯，场面十分壮观，如果在此时前往，说不定还能邂逅你的偶像呢。

法国各地民俗节庆活动

名称	时间	举办地点	简介
主显节	1月6日	巴黎	主显节是一个宗教节日，这天，糕饼店和超市都会卖国王饼，并内藏着各种小瓷人，十分可爱
金合欢节	2月	戛纳	金合欢是戛纳当地盛产的经济类花卉，代表着信赖，每年的2月份，戛纳都会举办金合欢节，会有各种各样的团体进行表演，十分盛大
巴黎狂欢节	2月份的第二个周日	巴黎各大街道	巴黎狂欢节时，人们都穿上节庆服饰在广场上载歌载舞，十分热闹
尼斯狂欢节	2月13日至3月1日	尼斯	尼斯狂欢节整整两周时间，鲜花车队和狂欢彩车会让游客应接不暇，来自世界各地的舞蹈演员及街头表演团体会带来精彩的表演
戛纳国际电影节	每年5月中下旬	戛纳	戛纳国际电影节是当今世界最具影响力、最顶尖的国际电影节，最高奖是“金棕榈奖”
国庆节	7月14日	凯旋门	国庆日时，各地都会举行隆重的庆典活动，尤其是香榭丽舍大街上举行的阅兵式不得忽视。直到夜晚，巴黎都沉浸在焰火不断、欢呼不断当中

Part 1 西欧地区
法国

3·不要门票怎样能玩 High·

不花 1 分钱 游览巴黎美景

凯旋门： 著名的“雄狮凯旋门”是游览巴黎的起点

沿着大街向东步行约 11 分钟

香榭丽舍大街： 正对着凯旋门，是巴黎最美丽的街道之一，也是全球世界名牌的集中地

沿着大街步行约 18 分钟

协和广场： 巴黎最美丽的广场之一，在此悠闲地漫步十分惬意

步行约 9 分钟

杜乐丽花园： 位于协和广场附近，有露天博物馆之称，是感受巴黎式悠闲的最佳场所

零元游法国

巴黎市区

埃菲尔铁塔（**Eiffel Tower**）是巴黎的标志性建筑物之一，被法国人称为“铁娘子”。它和纽约的帝国大厦、东京的电视塔并称为世界三大著名建筑。其建筑师是居斯塔夫·埃菲尔，铁塔也因他而得名。埃菲尔铁塔分为 3 个楼层，分别在 57.6 米、115.7 米和 276.1 米的高度处。一楼与二楼有餐厅，三楼有观景台。现今这座铁塔已经有 120 多年的历史，它经历了无数风雨，当仁不让地成为了法国人民心中的骄傲。

不要门票也能 High

埃菲尔铁塔周围没有高的建筑物，在巴黎的任何地方，抬头都可以看到它。在巴黎关于这座铁塔有一句美丽的情话即“无论何地，无论何时，只要你一回头就能看到我，我一直在守候”。

旅游资讯

Avenue Anatole France, Paris

乘坐地铁 6 号线至 Bir Hakeim 站或 RER C 线至 Champde Mars 站下可到

免费，乘地铁至观景台需收费

电梯 09:00 ～ 23:45（顶楼 22:30）；楼梯 09:30 ～ 18:30（最晚进入时间 18:00）

@ www.tour-eiffel.fr

Part 1 西欧地区
法国
2
·巴黎圣母院·

巴黎圣母院（Cathedrale Notre-Dame de Paris）位于巴黎市中心，是一座哥特式风格的天主教堂，也是古老巴黎的象征。圣母院全部采用石材建造，风格独特，结构严谨，看上去雄伟庄严。巴黎圣母院以其祭坛、回廊、门窗等处的雕刻和绘画艺术，以及内部所藏的 13 ～ 17 世纪的大量艺术珍品而闻名于世。它的地位、历史价值无与伦比，是历史上最为辉煌的建筑之一。

旅游资讯

6 Parvis Notre-Dame-Pl.Jean-Paul II,Paris

乘坐地铁 4 号线到 Cite 站或乘坐 RERB、C 线到 Saint-Michel-Notre-Dame 站下车可到

内部参观免费，塔楼8.5欧元，优惠价5.5欧元，11 月 1 日至次年 3 月 31 日之间每月第一个周日免费

周一至周五 08:00 ～ 18:45，周六至周日 08:00 ～ 19:45

www.tour-eiffel.fr

不要门票也能 High

参观巴黎圣母院是不需要门票的，但需尊重当地宗教礼仪，注意着装，保持安静。若是要去寻找雨果笔下的钟楼怪人，可以在教堂左侧购票参观，由于是单线排队参观，有时候等待时间较久，旺季时候可能需要两小时以上。所谓的钟楼怪人也许源自圣母院飞檐上的那些怪兽，中世纪教堂上的这些怪兽是为了辟邪。

Part 1 西欧地区
法国
3
·凯旋门·

凯旋门（Arc de triomphe de l Et）是为纪念奥斯特利茨战争的胜利而建。它高 48.8 米，宽 44.5 米，厚 22 米，是巴黎四大代表建筑之一。同时它也是欧洲 100 多座凯旋门中最大的一座，正面有《马赛曲》《胜利》《抵抗》《和平》四幅浮雕。广场的周围还有 12 条放射形林荫大道，不管什么时候，广场上总是车水马龙，你可以登上凯旋门一览巴黎的风姿。

旅游资讯

Place Charles-de-Gaulle,Paris

乘坐地铁 1 号线到 Charles de Gaulle Etoile 站下车可到

下面参观免费，进入内部全价票 12 欧元，优惠票 9 欧元

4 月 1 日至 9 月 30 日 10:00 ～ 23:00；10 月 1 日至次年 3 月 31 日 10:00 ～ 22:30

Part1 西欧地区 法国

4 ·协和广场·

协和广场（**Place de la Concorde**）位于巴黎的市中心，是法国最著名的广场，也是世界上最美丽的广场之一。广场上有两个喷泉，北边是河神喷泉，南边是海神喷泉。广场正中心有一座高23米，有3400多年历史的埃及方尖碑，它在经历了大约3年的海上航行后，最终在1836年10月运抵法国。广场左边是国民议会大厦波旁宫，右边是玛德兰大教堂。

旅游资讯

Place de la Concorde,Paris

乘坐地铁M1、8、12号线在Concorde站下车可到

不要门票也能 High

这里曾是好莱坞电影的拍摄取景地，广场上的喷泉水池上有6个精美的青铜雕美人鱼，手中各抱一条鱼，从鱼嘴中喷出来几米高的水柱，水花飞溅，是驻足拍照的好地方。

Part1 西欧地区 法国

5 ·圣心大教堂·

圣心大教堂（**Basllique du Sacre Coeur**）位于蒙马特高地的制高点上，是一座罗马－拜占庭式风格建筑，同时也是巴黎次于埃菲尔铁塔的最高点。这座献给耶稣基督的教堂在当时是很特殊的，因为当时兴建的大多是献给圣母玛利亚的教堂。从教堂正门最上方能看见耶稣基督的雕像，入口处的浮雕主要描述耶稣生平。教堂前方阶梯的广场上有许多街头艺人在此表演、唱歌或跳舞，是周末休闲的最佳去处。

旅游资讯

35 Rue du Chevalier de la Barre, Paris

乘坐地铁2号线到Anvers站下车可到

教堂大殿内免费，圆顶6.5欧元

06:00～22:30（教堂大殿）；圆顶5～9月08:30～20:00，10月至次年4月09:00～17:00

@ www.sacre-coeur-montmartre.com

不要门票也能 High

天气好的时候，不妨来这里度过温暖的午后时光，坐在大教堂前的台阶上，眺望远处的风景，晒晒天阳，欣赏有意思的街头艺人表演，相信他们肯定会带给你一段愉快的时光。

Part1 西欧地区
法国

6

• 亚历山大三世桥 •

旅游资讯

Quai d'Orsay, Cours la Reine, Paris

乘坐地铁 8 号线在 Invalides 站下可到

亚历山大三世桥（Pont Alexandre III）建于19世纪，被称为世界上最美丽的桥之一。这座桥位于塞纳河上，它将香榭丽舍大街与荣军院广场完美的连接起来。桥的装饰极其华美精致，桥身上刻有许多精美的雕刻，桥两端的立柱上有青铜骑士雕像，形象生动。桥周围的景色非常美丽，尤其是在夜幕降临时，桥身会亮起黄色的灯光。

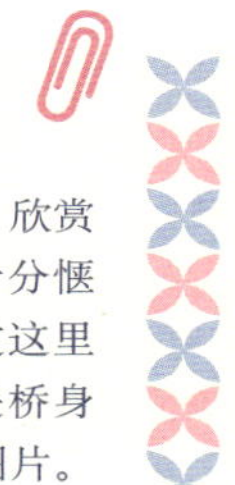

不要门票也能 High

没有明确的安排时，不妨来这座桥上漫步，欣赏塞纳河两岸美景，远眺埃菲尔铁塔，是一件十分惬意的事。如果你是摄影爱好者，千万不可错过这里不同的景色，不论是桥头、桥尾的雕塑，还是桥身白色、金色的搭配，都将化作你镜头下美丽的图片。

Part1 西欧地区
法国

7

• 杜乐丽花园 •

旅游资讯

Place de la Concorde, Paris

乘坐地铁 1、8、12 号线在 Concorde 站下车可到

杜乐丽花园（Jardin des Tuileries）是巴黎最令人着迷的花园，坐落于卢浮宫和协和广场之间，一边依傍塞纳河，风景优美。如果想更浪漫一点，可以坐在花园的大池塘边或在露天咖啡座喝杯咖啡，感受巴黎式的悠闲生活。而在这个花园内，有栗树、莱姆树以及五彩缤纷的花朵，为杜乐丽花园带来静谧。此外，这里的青铜雕塑作品则添加些庄严的气氛。

不要门票也能 High

来花园漫步，千万不要忘了去花园中央的八角形池塘边坐坐，可以研究一下周围 12 尊以古代神话、寓言为主题的雕塑。或是在周边的椅子上晒太阳，喂鸽子，感受一下法国人悠闲、恬淡的生活。

巴黎市政厅 (Hôtel de Ville de Paris) 位于塞纳河畔，曾是一座文艺复兴风格的华丽建筑，而后经过整修，现为新文艺复兴风格。市政厅的主楼使用了108件雕塑装饰，代表著名的巴黎人，30个雕塑代表了法国其他城市。在中央钟塔上的雕塑分别代表了塞纳河、巴黎城、劳动和教育等。市政厅的内部装饰豪华，巨大楼梯、长长的大厅、绘满壁画的天花板和墙壁、彩色玻璃窗和众多的灯饰都让人目眩神迷。

Part1 西欧地区 法国

8

·巴黎市政厅·

旅游资讯

Place de l'Hôtel de Ville,Paris

乘坐地铁1、11号线 在Hôtel-de-Ville站下车即可

周一至周五 09:00～17:00

香榭丽舍大街（les Champs-É）是巴黎一条著名的大道，被称为“巴黎最美丽的街道”。它东起协和广场，西至凯旋门，以圆点广场为界分成两部分：东段是林荫大道，以自然风光为主，是闹市中的清幽之处；西段是约1200米长的高级商业区，一流的服装店、香水店等集中在这里。香榭丽舍大街已经成为法国和世界接轨的橱窗，而如今，它更成为了国际知名品牌的汇集之地。沿街两旁有奢侈品商店、高级时装店、高级轿车展示中心等。

Part1 西欧地区 法国

9

·香榭丽舍大街·

旅游资讯

Avenue des Champs-Élysées, Paris

乘坐地铁1、2、6线 至Charles-de-Gaulle-Etoile站；区间快线RER A线至Charles-de-Gaulle-Etoile站下车可到

Part1 西欧地区
法国

10 ·爱丽舍宫·

旅游资讯

Rue du Faubourg Saint-Honor é ,Paris

乘坐地铁 1、13 号线到 Champs-Elysées Clémen-ceau 站或乘坐地铁 9、13 号线到 Miromesnil 站下车可到

爱丽舍宫（**Palais de l'Élysée**）是法国的总统府，也是法国最高权力的象征，在世界上与美国的白宫、英国的白金汉宫以及俄罗斯的克里姆林宫同样闻名遐迩。它位于香榭丽舍大街的东端，虽然在闹市区，但后面一个 2 万多平方米的大花园足够让这里变得清静。爱丽舍宫的整体建筑典雅庄重，两翼为对称的两座两层高的石建筑，中间是一个宽敞的矩形庭院。宫内共有 369 间大小不等的厅室。

Part1 西欧地区
法国

11 ·雨果故居·

旅游资讯

6 Place des Vosges,Paris

乘坐地铁 1、5、8 号线到 Bastille 站下车可到

周二至周日 10:00 ~ 18:00

雨果故居（**Victor Hugo's Mansion**）是当年维多克 · 雨果和他的夫人居住的地方。这里没有奢华的装饰，但体现了大文豪雨果的气质。如今的故居作为市立博物馆对外开放，这里仍保留了当年的样子，展出了雨果的生平，以及他自己的印象派素描和肖像画。走进去，故居的客厅极富中国特色，证明了雨果也是一个中国迷，对中国有着不解情结。

巴黎周边

·巴黎→奥维小镇

奥维小镇（**Auvers-sur-oise**）位于巴黎西北部，是一个著名的艺术小镇。很多人来这里是为了追逐梵·高的脚步，如梵·高画中的奥维尔教堂、麦田、加歇医生故居，还有梵·高当年住过的旅舍和梵·高常喝的苦艾酒。小镇里还有 26 幅梵·高的画作可以原景对照，例如梵·高著名的《在亚尔的卧室》《麦田群鸦》《奥维教堂》等。

前往奥维小镇

乘坐 H 线火车至 Auvers-sur-Oise 站下车，即到小镇

·巴黎→凡尔赛

凡尔赛（**Versailles**）位于巴黎西南 15 公里处，被称为艺术之城。城内的凡尔赛宫是法兰西艺术的明珠，宫殿、花园壮观精美，内部陈设和装饰极富艺术性，底层为艺术博物馆。这里是法国领导人会见外国元首和使节的地方，来到这里，不妨在外面参观凡尔赛宫一番，还可多凡尔赛宫花园游玩。

前往凡尔赛

从巴黎市区乘坐 RER C 线到 Chateau de Versailles 下车，步行至凡尔赛 10 分钟。

Part 1 西欧地区
法国

1

· 凡尔赛宫花园 ·

旅游资讯

Place d'Armes, Versailles

乘坐 RER C5 线至 Versaliie-River Gauche 站下车可到

4 ~ 10 月 08:00 ~ 20:30, 11 月至次年 3 月 08:00 ~ 18:00

@ www.chateauversailles.fr

凡尔赛宫是凡尔赛最著名的景点，其不仅是一座伟大的皇家宫殿，更是一座美丽的皇家园林，其中花园（Gardens of Versailles）是凡尔赛宫的参观重点之一，主要是不收费。凡尔赛宫的花园中绿草如茵、鲜花姹紫嫣红，一排排树林被修整得十分工整、美观，更让人惊喜的是大大小小的喷泉随处可见，雕塑也遍及全园。

· 巴黎→枫丹白露

枫丹白露（**Fontainebleau**）位于巴黎市东南约 60 公里处，它是巴黎最大的市镇，从区域划分来说，枫丹白露属于塞纳 – 马恩省的枫丹白露区。它曾是法国国王狩猎的行宫，现在作为枫丹白露博物馆对外开放。枫丹白露作为法国美丽的森林之一，橡树、白桦等层层叠叠，每到夏季，远远望去，这片森林很像是一片面积宽广的绿色地毯。而到了秋季，这里又变成了金黄色的海洋。虽然只看名字就能令人神往，但是这还远远不足以描述真正的枫丹白露。这里堪称是法国历史的缩影，因为这里的美景，经常有人来此度周末。

前往枫丹白露

从巴黎里昂车站搭乘前往 Montargis Sens、Montereau 或 Laroche-Migennes 的列车，在 Fontainebleau-Avon 站下车后，转乘开往 Les Lilas 方向的 A 线公交车，在 Château 站下车可到。

巴尔比宗是一座离枫丹白露很近的村庄，这里主要是米勒等巴尔比宗画派人的居住地。这个村庄非常安静，随处可见石头房子，大多用宽木条装饰，家家户户的阳台上都挂着花篮，处处流露着艺术气息。在这里可以看到原汁原味的乡村风光。来到枫丹白露不妨到这里走走，既可欣赏卢梭、迪亚斯等人的作品，还可参观下米勒的画室。

·巴黎→吉维尼小镇

吉维尼小镇（**Giverny**）位于巴黎以西 70 公里处，在塞纳河谷的一个小山坡上，是法国最受喜爱的小镇之一。小镇有白墙红顶的农舍、葱郁的树林、绽放的花朵、秀气的小木桥，充满了诗情画意。这个小镇因莫奈而知名，据说当年莫奈乘火车经过的时候，被这个宁静而又梦幻的小镇所吸引，就此定居下来，并度过了 43 年岁月。吉维尼小镇中的风景，反复地出现在莫奈的画作中，他在不同的季节或一天中不同的时刻下全神贯注地描绘同一景色，用他的画笔记录下光影与自然界的变化。

前往吉维尼小镇

从巴黎萨拉扎尔车站（Gare St-Lazare）乘坐火车前往 Vernon，每小时一班。Vernon 火车站旁就有穿梭巴士往返吉维尼小镇，巴士来回票价 4 欧元，上巴士时记得保留车票回程用。巴士的到达时间也几乎同回巴黎的火车时间接近，非常方便。

·巴黎→卢瓦尔河谷

有句话是这样说的："要完整领略法国风情，只需要去两个地方，一是巴黎，一是卢瓦尔河谷。"如果说巴黎代表法国浪漫而前卫的一面，那么卢瓦尔河谷则是法国恬静、古典的后花园。卢瓦尔河是法国第一大河，其中最美的一段便是中游河谷。河流两岸有许多精致的小山丘，古老的城堡掩映在绿树丛中。卢瓦尔河谷的美给人感觉是不真实的。神秘幽静的古堡、郁郁葱葱的葡萄庄园，在落日的氤氲下就像是一幅印象派大师莫奈的作品。卢瓦尔地区有着最纯粹的法国悠闲风情。

前往卢瓦尔河谷

从巴黎乘坐 TGV 列车前往图尔，然后参加一日游团前往卢瓦尔河谷，然后再乘 TGV 返回巴黎，从蒙巴萨火车站出发，大约需 1 小时 15 分钟。

马赛

马赛旧港（**Vieux Port**）是马赛的重心和精华，同时也是马赛的起源地，在这里可将纯粹的马赛风情一览无余。来到这一片繁忙的港口，可以坐上码头渡轮聆听大海的气息；也可以到附近的餐厅和咖啡馆品尝最新鲜的海鲜大餐和醇美的现磨咖啡；或者去港口两侧精美的纪念品商店逛逛，相信这里众多好玩好看的东西一定会让你流连忘返的。

Part 1 西欧地区 法国

1

·马赛旧港·

旅游资讯

Vieux-Port, Marseille

乘坐地铁1号线在Vieux Port站下可到

不要门票也能 High

这里是马赛游玩的最佳地，可以在周边的餐厅大快朵颐，也可以在附近的工艺品店小逛，或是租一根钓竿，坐在海边静静地享受钓鱼的乐趣。

隆尚宫（**Le Palais Longchamp**）建于1862年，是拿破仑三世的行宫，从外形看上去犹如一座弧形建筑。这座宫殿集巴洛克、罗马及东方风格为一体，非常具有观赏价值，除了精美的雕塑与喷泉，隆尚宫回廊的尽头各有一座博物馆，即马赛美术博物馆和历史博物馆。

Part 1 西欧地区 法国

2

·隆尚宫·

旅游资讯

Parc Longchamp, Marseille

乘地铁1号线、81路公交车或2路电车在Avenues Longchamp站下车可到

10:00～17:00，周一休息

Part1 西欧地区
法国

3 ·法罗宫·

法罗宫（**Palais du Pharo**）位于马赛西海岸，原皇家府邸，由拿破仑三世下令建造。这座皇家宫殿内部目前不对外开放，但欣赏它的外观也是一件惬意无比的事。这个宫殿典雅的伫立着，俯视大海，在繁华的老港中坐拥一片草地，安静端庄。漫步于法罗宫中，可以欣赏到马赛旧港壮美的风景。

58 Boulevard Charles Livon, Marseille

乘坐公交车在Autocar Marseille站下车，步行约10分钟即可

08:00～20:00

玛卓大教堂（**Cathedrale La Major**）是一座罗马式建筑，建于12世纪。整座教堂庄严宏伟，华丽典雅。现在的建筑是后来重建的，内部仍收藏有1122年意大利艺术家Luca della Robbia所造的一个祭坛和15世纪一座献给Lazarus（圣经人物，撒拉路）的祭坛。教堂里还有一座令人尊敬的主教之墓，他的名字叫Xavier de Belsunce，在18世纪瘟疫大流行时，曾经因坚持与信徒共度灾难而牺牲。

Part1 西欧地区
法国

4 ·玛卓大教堂·

Place de la Major, Marseille

夏季09:00～18:30；冬季09:00～12:00，14:30～17:30；周一休息

普拉多海滩公园（**Le parc balnéaire du Prado**）绵延 2 公里，拥有细沙海滩、人工草坪、自行车道、儿童游乐场、沐浴设施以及特色餐厅等，是观赏海景的绝妙之地。公园经过陡峭的沿海大道，可见海岸线逐渐平缓，一尊高耸的大卫雕像标志着你到达了普拉多海滩公园。每当节庆时分，这里会有焰火表演，躺在草坪上看焰火，是不可错过的全新体验。这里每当落日时，公园景色宏伟壮阔，是摄影爱好者的天堂。

旅游资讯

Avenue Pierre Mend è s,Marseille

乘坐公交车 19、83 路到 La Plage 站下车可到

不要门票也能 High

如果夏季来到马赛，千万不可错过这里。公园没有大门，没有收费处，每个人都可以放松自己，或躺在草坪上晒太阳，或踢足球，抑或是在海边的岩石上相依相偎，都十分惬意。

卡朗格峡湾国家公园（**Parc national des Calanques**）是法国第十个国家公园，园区包括从马赛的近郊到小城近 20 公里的天然岩石峡湾群以及其间的森林和海洋组成的生态系统。公园有着严格的保护措施和限制规范，所有带引擎的交通工具全部禁止进入。游玩峡湾国家公园最好的方式就是徒步。每年都吸引着全球各地的无数户外爱好者来此徒步、攀岩、潜水、玩皮划艇等户外运动。

旅游资讯

Les Calanques, Marseille

乘坐公交 19 路转 20 路至终点站即可到

@ www.calanques-parcnational.fr

马赛周边

·马赛→阿维尼翁

阿维尼翁（**Avigon**）是世界历史文化名城，也是普罗旺斯地区的心脏。阿维尼翁被古城墙所包围，景点都集中在城墙内，步行或是乘坐小火车来游览是最好不过的了。漫步街头，不同肤色、种族，打扮各异的游客和本地人成了一道亮丽的风景。街头的人群来来往往，街角又是一番宁静祥和的气息。每年 7 月，这里就成了戏剧爱好者的圣地，因为世界著名的阿维尼翁戏剧节在此举办。

前往阿维尼翁

从马赛普罗旺斯机场乘坐火车可直达阿维尼翁中心车站，每天有 14 班，大约 53 ～ 88 分钟一班，票价为 16.7 欧元。

阿维尼翁城墙（**City Walls**）建于 14 世纪，长达 5 公里，由很多的大块方石砌成。曾是罗马教皇的住所，围绕阿维尼翁所建的阿维尼翁城墙是保护这座城的坚固城墙。如今，这座城墙依然保存完好，城垛、城塔和城门都还保持着当时的样子，只是经过了岁月的流变，这里充满着历史的沧桑。城墙于 1995 年以阿维尼翁历史城区之名被列入世界历史遗产。

教皇宫广场（**Place du Palais**）建于15世纪，当时是把建于14世纪的一些房屋和蜿蜒的街道夷为平地而建的。只来阿维尼翁的人都会来这里参观，所以广场显得非常热闹。广场很多时候会有街头艺人表演，看起来十分有趣。周围的小店不要错过，有众多便宜的美食可以品尝。

Part1 西欧地区 法国

2 ·教皇宫广场·

旅游资讯

Place du Palais, Avignon

圣母大教堂（**Cathedral of Notre-Dame-des-Doms**）建于12世纪，是阿维尼翁最古老的宗教性建筑，也是阿维尼翁最大的教堂。教堂是一座罗马式风格建筑，从外观上看，它像一座城堡，教堂内的装饰复杂，最引人瞩目的是教堂内的钟楼，钟楼内有35个钟，其钟声洪亮，据说是在全法国钟楼声音中排行第二。大教堂旁边有座岩石公园，是阿维尼翁历史的诞生地，如今作为公众公园，是休憩散步的好地方。

Part1 西欧地区 法国

3 ·圣母大教堂·

旅游资讯

Place du Palais, Avignon

乘坐公交车1、3、4路在Place du palais站下车可到

周一至周六07:30～20:00，周日10:00～23:30

www.cathedrale-avignon.fr

·马赛→尼姆

尼姆（**Nimes**）是一个既浪漫古典又现代的艺术之都。这里到处都有罗马的遗迹，并且将丰富的历史遗迹保护得尽善尽美，同时又把握时代的脉搏，发展当代艺术，这一切让这里看起来更加美好。此外，在尼姆处处都可见到造型独特的喷泉，让整个城市充满活泼的气息。每年春夏，尼姆还会迎来盛大的奔牛节和斗牛节，场面十分壮观。

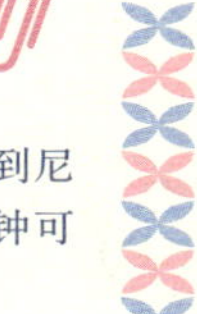

前往尼姆

从马赛乘 TGV 到尼姆需 1 小时 10 分钟；此外，可以从巴黎乘飞机到尼姆－阿尔勒－卡马尔克机场，需 1 小时 10 分钟，从机场乘巴士 10 分钟可到市区。

Part1 西欧地区 法国

1 ·尼姆竞技场·

尼姆竞技场（**Nimes Arena**）与罗马斗兽场（Colisée de Rome）一样都是椭圆形状，建造于公元 1 世纪末期，由两层各 60 个叠加的拱门以及一个屋顶层构成。它高 21 米，拥有 2000 多个座位，从外面可看到顶端的拱门。站在自由广场上，可眺望到竞技场的宏伟。这里经常举办法国及国际最知名艺术家的演出和音乐会。

旅游资讯

Arena of Nîmes, Boulevard des Arènes, Nimes

从火车站对面走，约 500 米可到

进入内部参观 9 欧元

1～2月、11～12月 09:30～17:30；3、10月 09:00～18:00；4～5月、9月 09:00～18:30；6月 09:00～19:00；7～8月 09:00～20:00

@ www.arenes-nimes.com

Part 1 西欧地区 法国

2 · 四方形神殿 ·

四方形神殿（**Maison Carree**）位于竞技场的后面，距竞技场约 10 分钟的路程。这是一座古旧的希腊罗马式神殿，神殿三面都是空地，令这座本身已经壮丽雄伟的殿堂更添一份气势。神殿的建筑特色是科林斯式的圆柱。神殿建成后曾作为市政府大楼和教堂，现在则为古代博物馆。这里最值得一看的有在修复的 18 世纪泉边之庭园时发现的阿波罗大理石像、青铜的阿波罗头像。

旅游资讯

Place de la Maison Carree，Nimes

从尼姆竞技场向西北方向步行约 10 分钟可到

3 ～ 5 月、9 ～ 10 月 09:00 ～ 17:30，6 ～ 8 月 09:00 ～ 19:00，11 月至次年 2 月 09:30 ～ 16:30

@ www.arenes-nimes.com

Part 1 西欧地区 法国

3 · 喷泉花园 ·

喷泉花园（**Jardins de la Fontaine**）建于罗马时代。花园景致秀丽，沿途是布满雕像的走廊，虽然它并不如竞技场和神殿那样保存完整，但在园中漫游，也能感受到它昔日的美丽面貌。在这座偌大的绿色花园中，还有浴场、剧场、神殿等遗迹，蒂亚娜神殿供人们参观，在此还可看到马涅塔，登塔后，可将尼姆城区中的众多美景尽收眼底。

旅游资讯

Quai de la Fontaine，Nimes

从四方形神殿向西北方向步行约 10 分钟可到

Part 1 西欧地区 法国

4 · 考古学与自然历史博物馆 ·

考古学与自然历史博物馆（**Musée d'Archéologie & d'Histoire Naturelle**）展出了在尼姆周围发掘的罗马时代和更早的墓葬品、马赛克和人工制品，以及一些来自埃塞俄比亚、贝宁等地的非洲手工艺品。

旅游资讯

Musée d'histoire naturelle，13 Boulevard Amiral Courbet，Nimes

从尼姆竞技场向东北方向步行不到 10 分钟即可到达

周二至周日 10:00 ～ 18:00

尼斯市区

•尼斯老城区•

旅游资讯

Vieille Nice

乘坐有轨电车 T1 线在 Vieille Ville 站下车可到

尼斯老城区（**Vieille Nice**）历史悠久，至今完好地保留了 18 世纪以来的各种风格的古老建筑，如巴洛克风格的教堂、意大利风格的建筑等。你若来到这里，一定会看到很多风格独特的教堂、色彩斑斓的墙壁，以及形状可爱的百叶窗，它们经历了历史的风雨依然完好地保留着。当你走在高地蜿蜒、纵横曲折的小巷中漫步，欣赏颜色鲜明、风格各异的建筑，还可探寻到一些历史的足迹，那将是多么惬意。

•马塞纳广场•

旅游资讯

Place Masséna Nice

乘坐有轨电车 T1 线 到 Nice—Massena 站下车可到

马塞纳广场（**Place Masséna**）位于尼斯老城区，是老城区的繁华胜地。广场附近是公交车站集中地，这里总是熙熙攘攘，川流不息。在广场前的空地上，可以看到精彩的街舞表演，年轻的舞者伴着音乐做出种种高难度的动作，赢得了路人的喝彩声。经过广场时，可驻足观赏这精彩的表演。

尼斯城堡山（**Parc du Château**）是尼斯城的发源地，历史悠久。这里先后是希腊古代城市和第一座中世纪城市的要塞，如今的城堡山仅余几面墙；然而在这个兼做公园的植物园内，能够欣赏到尼斯及周边的独特景致、一道令人称奇的人工瀑布、建于 11 世纪的昔日大教堂遗迹、马赛克地面等。

不要门票也能 High

城堡山是俯览天使湾的好去处，有电梯直达，可以少走一点路，而且免费。上午拍天使湾是顺光，最晚不要超过 14:00，之后拍出的照片会偏暗，会让天使湾的景色失色不少。

Part 1 西欧地区 法国

3

·尼斯城堡山·

旅游资讯

Castle Park Vieux Nice

乘坐有轨电车 T1 线到 Vieille Ville 站下车可到

尼斯圣母大教堂（**La Basilique Notre-Dame**）位于让·梅德塞大道上，是一座白色哥特双塔式建筑，也是尼斯最大的现代宗教式教堂。教堂的外观很美，墙角处以金色镶嵌，看起来像是一座美丽的皇家宫殿，里面的装饰富丽堂皇，彩色的玻璃窗高贵而华丽，却也透露出一丝古典的气息。

Part 1 西欧地区 法国

4

·尼斯圣母大教堂·

旅游资讯

Avenue Jean Mé decin,Nice

乘坐有轨电车 T1 线在 Jean Medecin 站下车可到

旅游资讯

Promenade Des Anglais Nice

从火车站往市中心的方向走 10 分钟即可到

英国海滨大道（**Promenade des Anglais**）是尼斯海边大道的一部分，建于 1820 年。如今这条沿着蔚蓝海岸边的漫步路径，已成为 5 公里长的 8 线道公路，沿途由美丽的花床与棕榈树分隔成两条交通要道。顺着英国海滨大道往东走，可达尼斯老城区，走在大道中，沿路可欣赏蔚蓝海岸犹如碧海蓝天般的辽阔美景。

Part1 西欧地区
法国

6

·尼斯美术馆·

旅游资讯

33 av des Baume-ttes,Nice

乘坐公交车9、22、3、10等路到Rosa Bonneur站下车可到

10:00～18:00，周一及节假日闭馆

尼斯美术馆（**Musée des Beaux Arts de Nice**）是一座白色的现代化建筑，由4座大理石塔楼组成，以玻璃通道相连接。馆内藏以国家寄存的收藏品为主。美术馆收藏的绘画和雕塑作品年代跨越了5个多世纪，作品来自艺术家范洛（Van Loo）、弗拉戈纳尔（Fragonard）、谢雷（Ch é ret）、迪菲（Dufy），印象派画家罗丹（Rodin）、卡尔波（Carpeaux）等。

尼斯周边

·尼斯→戛纳

戛纳（**Cannes**）是法国东南部的城镇，是法国乃至欧洲有名的旅游胜地和国际名流社交集会场所，因戛纳国际电影节闻名于世。这里除了电影节外，还有更为迷人的景色。它精巧、典雅、迷人，拥有世界上最洁白美丽的沙滩、终年的阳光、白色的楼房、蓝色的大海和一排排高大翠绿的棕榈树，共同构成了绚丽多彩的地中海风光。

前往戛纳

从尼斯到戛纳可乘坐公交200路，车票1欧元，每20分钟一班，车程需一个小时左右，沿海公路行驶，可欣赏窗外美丽的风景。如果想在路途中节省时间，那就选择乘坐火车，票价6.5欧元，半小时即可到达，铁路有一段也是沿海的，风景依然很美。

戛纳老城区错综复杂的街巷间散发出优雅的气息，漫步在这高低错落的小巷间，能在一个转弯处邂逅一个又一个迷人的风景。老城区最高处的钟楼是最好的观景台，在那里，你可以看到迷人的戛纳与蔚蓝的地中海风光。

·戛纳老城区·

旅游资讯

6 Rue Saint-Dizier, Cannes

从火车站往东步行或打车前往

电影宫（**Palais des Festival**）是一座古朴典雅的建筑，其内部设施非常现代化，符合现代人的审美要求。电影宫面积很大，能容纳3万人，内部的音响设备非常好，能带给人一种非常独特的感受。这里是戛纳影展的重要地点，受人注目的金棕榈奖就是在此颁发。

Part1 西欧地区

法国

2

·电影宫·

旅游资讯

1 Boulevard La Croisette, Cannes

从火车站步行10分钟到达

·克鲁瓦塞特大道·

旅游资讯

Boulevard de la Caroisette, Cannes

从火车站向南走到海边即可

克鲁瓦塞特大道是沿戛纳海岸延伸的大道，美丽的海滨大道宽阔无比，非常整洁。大道一边是沙滩海湾，另一边尽是雅致的酒店建筑，有19世纪的古迹，外貌美轮美奂。大道上饭店、公寓、餐厅、服饰店林立。在绿色地带，全年皆有繁花盛开，沐浴在南方明亮阳光下的棕榈树让人陶醉不已。

法国·旅游资讯

交 通

飞机

戴高乐国际机场

戴高乐国际机场（Aéroport Paris–Charles–de–Gaulle，CDG）位于巴黎东北25公里处的鲁瓦西，是欧洲主要的航空中心，法国主要的国际机场。机场有3个航站楼，航站楼之间有24小时的免费机场内线轻轨。从北京、上海、广州都有直飞戴高乐国际机场的航班。

戴高乐国际机场到市区的交通	
法航巴士	法航巴士前往市中心非常方便，这种巴士共有2条路线，其中一条经过Porte Maillot到达凯旋门附近（Gare Gaulle–Etoile），另一条路线前往蒙特柏尼斯火车站（Gare Montparnasse），巴士每20分钟一班
区间快线B	该区间快线运行的时间为04:56～23:56，大多情况下10～15分钟一班，票价为9.25欧元
专线巴士	专线巴士即巴黎的Roissy巴士，该巴士可以前往巴黎歌剧院地铁站附近，每小时4班，车票约10欧元，车程近1小时
出租车	由出租车承载客人前往市中心，费用等根据具体目的地有所不同，出租车24小时运行，价格为45～50欧元，车程约30～50分钟

马赛普罗旺斯机场

马赛普罗旺斯机场（Aéroport de Marseille Provence,MRS）距离市区约80公里，是法国第四大机场。这里每天有航班往返于法国其他城市，如巴黎、里昂等地；还有航班连接欧洲多个重要的枢纽城市，如伦敦、马德里、法兰克福等。中国南方航空有从国内转机前往马赛的航班，国内大多从北京、上海、广州等城市出发。

马赛普罗旺斯机场到市区的交通	
机场大巴	机场大巴巴士站在机场 1 号航站楼外，可以提前订票，也可以在机场售票处购买
公交车	普罗旺斯机场和马赛火车站之间有公交车往返，票价为 8.5 欧元，车程为 1 小时，每 20 分钟一班，运营时间为 05:00 ~ 21:50
出租车	乘坐出租车到市区，一般需要 100 ~ 120 欧元，车程约 45 分钟

尼斯蔚蓝海岸机场

尼斯蔚蓝海岸机场（Aéroport Nice Côte d'Azur，NCE）位于市中心约 6 公里处，有两个航站楼，1 号航站楼是大多数航班使用的航站楼，2 号航站楼只有法航（及其合作伙伴）和 Easyjet 使用。这里每天都有航班飞往纽约和迪拜，目前中国没有直达这里的航班。

尼斯蔚蓝海岸机场到市区的交通	
机场巴士	从机场到尼斯市中心比较经济的方法是搭乘机场巴士，车程约 20 分钟
班车	尼斯国际机场与尼斯火车站之间有一趟直接往来的班车，单程票价为 3.5 欧元，往返票价为 6.4 欧元
出租车	出租车位于航站楼外，从机场到尼斯市中心白天 22 ~ 30 欧元，晚上 27 ~ 32 欧元，行李另外计费

巴黎火车站详细信息	
车站	**信息**
蒙帕那斯车站（Gare de Paris-Montparnasse）	列车开往法国西南部及西北部的不列塔尼区，雷恩、南特、布雷斯特、康佩、蒙圣米歇尔等地。交通：乘坐地铁 4、6、12、13 号线在 Montparnassse 站下可到
萨拉扎尔车站（Gare de Paris-Saint-Lazare）	列车开往法国西北部诺曼底地区。交通：乘坐地铁 3、12、13 号线或 RERE 线在 St. Lazare 站下可到
里昂车站（Paris-Gare de Lyon）	列车开往法国东南部地中海一带，蓝色海岸和阿尔卑斯山区，.及瑞士、意大利和希腊等国。交通：乘坐地铁 1、14 号线或者 RER A、D 线在 Gare de Lyon 站下可到
巴黎北站（Gare de Paris-Nord）	列车开往法国北部地区及英国、荷兰、比利时、卢森堡等法国北部的国家。交通：乘坐地铁 4、5 号线以及 RER B、D 线在 Gare du Nord 站下可到
巴黎东站（Gare de Paris-Est）	列车开往法国东北部，如香槟区 (Champagne)、洛林区 (Lorraine) 和亚尔萨斯区 (Alsace) 等，及瑞士、德国、奥地利、东欧等国。交通：乘坐地铁 4、5、7 号线在 Gare de L'est 站下可到

续表

车站	信息
奥斯德利兹车站（Gare de Paris–Austerlitz）	列车开往法国西南部包括罗亚河地区 (Loire Valley)、波尔多 (Bordeaux)、土鲁斯 (Toulouse) 以及西班牙、葡萄牙。交通：乘坐地铁 5、10 号线在 Gare d’Austerlitz 站下可到
马赛火车站详细信息	
马赛圣查尔斯火车站（Gare Saint–Charles）	马赛最主要的火车站，这里每天都有 17 趟高速列车（TGV）前往巴黎和里昂等城市，行程只需 3 小时左右。交通：乘地铁 1、2 号线在 Saint–Charles 站下车可到，网址：www.rtm.fr
尼斯火车站详细信息	
尼斯中心车站（Gare Nice Ville）	在尼斯可以乘坐火车抵达法国的其他地方，与米兰、罗马以及威尼斯等地都有火车往来，也有长途夜班火车通往莫斯科、明斯克、华沙、维也纳等城市

长途汽车

马赛

马赛是普罗旺斯地区的中心，这里的公路网非常发达，A7、A55、A50 三条高速公路及 N8、D908、D2、D559 等几条重要公路将马赛与西班牙、意大利和北欧连接起来。

马赛的长途汽车站（Gare Routiere）位于火车站旁边，它由 Eurolines 公司提供从马赛前往西班牙、比利时、荷兰、意大利、摩洛哥、英国以及其他国家的汽车。

尼斯

尼斯与欧洲其他主要城市都有长途大巴线路。Eurolines 公司运营尼斯到马赛、土伦以及普罗旺斯埃克斯等地的大巴业务。长途汽车的价格比较合理，座位也非常舒适，运行时间一般都在 3 小时左右。

在尼斯市中心有前往各地的巴士，你可根据需要购买不同日数的巴士证。前往海滨地区，可乘坐途经 Promenade des Anglais 的巴士，需时约 20 分钟。在 Gnral Leclerc 广场的中央巴士站有多条巴士线往来邻近城镇。

轨道交通

巴黎

巴黎的轨道交通包括地铁和区域快线。其中区域快线是连接市区与近郊的交通线路，共拥有5条线（A、B、C、D和E），穿越巴黎和周边地区，营业时间与地铁相同。需要注意的是，在巴黎市区以外，票价不相同。

地铁是巴黎至关重要的出行工具，巴黎地铁拥有15条线路，3条地区快线，将近500多个站点。在众多线路中，除了1号和14号线路之外，其余的大部分线路都需要乘客手动开门。购买巴黎地铁车票并不困难，在地铁站的售票窗口或自动售票机上都可以买到，如果不会使用自动售票机，可向工作人员寻求帮助。在站内，可按照地铁站内的“Direction”标志牌前往要乘坐的地铁或RER线的月台，注意查看方向及路线图，换乘标志为“Correspondance”，到站后按照出口指示出站。需要注意的是，地铁的运行时间是05:30至次日凌晨，有的运行至次日01:30，平均每2分钟一班。

马赛

马赛市区的轨道交通包括地铁和有轨电车，地铁主要有2条线路，是马赛市既便宜又人性化的公共交通设施。而有轨电车目前也有两条线路，主要填补地铁和公交车线路之外的空白。黄色线T2从新港出发到达火车站，绿色线T1从阿拉伯菜市场出发，可延伸到马赛东面。运行时间为05:00至次日00:35。

尼斯

尼斯的轻轨全长8.7公里，是尼斯非常大众化的交通工具，可登录www.tramway.nice.fr获得轻轨的相关信息。

公交车

巴黎

巴黎的公交车在整个城市交通系统中占有重要位置，它为连接市中心和近郊区、到达地铁抵达不到的地方提供了便利。巴黎公交车的运行时间一般是 06:30 ～ 20:30，部分线路运行至次日 00:30 或更晚。由于城市中的公交车票和地铁票通用，因此不仅可以在众多地铁站路边的自动售票机和报摊等地买公交车票，也可以等到上了公交车之后再向司机买票。车票的价格，一般是根据目的地距离市中心的位置远近具体来看，距离越远，车票价格越高。

在巴黎乘坐公交车时，记得在看到车子来的时候及时举手示意，然后按照规定从前门上车，并同时将公交车票插进车上的打票机里。要下车时，提前按一下停车按钮通知司机。

市内的公交车一般在 05:30 ～ 20:30 运行。到了晚上，夜班车穿行于巴黎市中心和郊区之间，可以在任何一个地铁站和 RER 车站索取一份免费分发的交通网络图。

马赛

马赛的公交线路有 80 多条，是马赛市公共交通的主力军。公交分为日班车和夜班车，运行时间为日班车约 05:00 ～ 21:00（根据不同季节和节假日会有变更）；夜班车 21:30 至次日 00:30。公交车的车头上方的电子显示屏滚动显示下一站的名称，如果需要下车，就按一下车厢里柱子上的红色按钮，要注意如果没有人按钮，到站也没有人要上车的话，司机有可能不停靠就直接开过去了。

尼斯

尼斯的公交车有很多，但是时间各不相同，有白天运营的，还有特地在晚上运营的，机场快线 98、99 线的运营时间基本都不超过 20:00，而城内 5 条夜间巴士线路的运营时间为 21:10 至次日 01:10，需注意的是，这里的公交车时刻表标明的只是始发站的发车时间，而非当前所在车站的开车时间。

美食

巴黎餐厅推荐

拉杜丽甜品店

16 rue Royale, Paris

01—40750875

乘坐地铁 1、8、12 号线至 Concorde 站；或乘坐地铁 8、12、14 号线至 Madelaine 站下车可到

周一至周四 08:00～19:30，周五、六 08:00～20:00，周日及节假日 10:00～19:00

www.laduree.fr

拉杜丽是巴黎最著名的甜品店，历史悠久，创建于 1862 年，至今仍沿用着原有的木地板和装饰，天花板上画有天使和仙女壁画。店内的马卡龙五颜六色，每一个颜色都代表着不同的口味，在这里不仅能尝到美味的糕点，还能感受到法国的生活艺术。

Pedra Alta

6 Avenue Gén Leclerc, Paris

01—46035404

乘坐地铁 9 号线至 Marcel Sembat 站下车可到

19:00～23:00

www.pedraalta.pt

Pedra Alta 是位于巴黎的一家葡萄牙海鲜店，店内的海鲜不仅美味，性价比高。这家店不接受预订，每天都会有很多人排队。这里有海鲜拼盘和超大份牛排，如果要去这家店，要做好排队的心理准备。

花神咖啡馆

172 Boulevard Saint-Germain, Paris

01—45485526

乘坐地铁 4 号线至 St-Germain des Pré s 站或 10 号线至 Mabillon 站下车可到

07:00 至次日 02:00

www.cafedeflore.fr

花神咖啡馆（Caf é de Flore）位于巴黎左岸，见证了历史上很多重要的时刻，是超现实主义的诞生地，同时还曾是徐志摩散文中的咖啡馆。这家店干净、漂亮，食材非常新鲜，价位相对较高。

马赛餐厅推荐

Chez Fonfon

140 Rue du Vallon des Auffes,Marseille
04—91521438
周一至周日 12:00 ~ 14:00, 19:00 ~ 22:00
@ www.chez-fonfon.com

Chez Fonfon 是坐落在马赛的一家海鲜餐厅。该餐厅历史悠久，自开业至今已经经营了三代，小店以其味道鲜美的马赛鱼汤而闻名。

L'Entrecote du Port

6 Quai de Rive Neuve,Marseille
04—91338484
12:00 ~ 15:00, 19:00 ~ 22:00

L'Entrecote du Port 位于马赛旧港南岸，店内的牛排十分有特色，煎好后切开与薯条一起架在铁盘上，下面由蜡烛来加热。另外在牛排上浇上店内特有的酱汁，十分美味。

尼斯餐厅推荐

Le Koudou

28 Prom. des Anglais,Nice
04—93873374
@ www.koudou-restaurant.com

Le Koudou 是尼斯一家好评如潮的餐厅，里面的美食常常会让前来品尝的人们赞不绝口。这里的美食很多，包括意大利饭、诱人的龙虾、鲜美的鱼等。

La P'tite Cocotte

10 Rue Saint-Augustin,Nice
04—97084861
@ www.la-ptitecocotte.fr

La P'tite Cocotte 很不错，食物很美味，推荐这里的无须鳕鱼、饭后甜点瑞士三角焦糖布丁、烤芝士蛋糕等。

住宿

巴黎住宿地推荐				
名称	地址	电话	网址	参考价格
Renaissance Paris Arc de Triomphe Hotel	39 Avenue de Wagram, Paris	01-55375537	www.marriott.com	278 欧元
Crowne Plaza Paris-Republique	10 Place de la République,Paris	01-43144350	www.ihg.com	145 欧元
Normandy Hotel	4 Rue d'Amster-dam, Paris	01-42603021	grand-hotel-de-normandie.com	90 欧元
Hotel Des Arts Montmartre	5 Rue Tholozé, Paris	01-46063052	www.arts-hotel-paris.com	40 欧元

马赛住宿地推荐				
名称	地址	电话	网址	参考价格
Grand Tonic Marseille Hotel	43 Quai des Belges,Marseille	04-91556746	www.hotels-de-marseille.com	85 欧元
Residhome Marseille Saint-Charles	10 Boulevard Charles Nédelec, Marseille	04-91888080	www.residhome.com	65 欧元
Holiday Inn Express Marseille Saint Charles	15 Boulevard Maurice Bourdet, Marseille	04-91995990	www.ihg.com	50 欧元

尼斯住宿地推荐				
名称	地址	电话	网址	参考价格
La Perouse Hotel	11 Quai Rauba Capeu,Nice	04-93623463	www.leshotelsduroy.com	385 欧元
Le Méridien	Prom.des Anglais, Nice	04-97034444	www.lemeridiennice.com	160 欧元
Holiday Inn Nice	20 Boulevard Victor Hugo,Nice	04-97032222	www.ihg.com	120 欧元
Grand Hôtel Le Florence-Nice	3 Rue Paul Déroulède, Nice	04-93884687	www.hotel-florence-nice.com	88 欧元
Best Western Hotel Riviera	27 Avenue Thiers, Nice	04-93824949	www.hotel-riviera-nice.com	80 欧元

购物

巴黎购物街推荐

名称	简介	交通
香榭丽舍大街	最美丽、最大的购物街之一，汇集了众多知名的香水店以及时装店	乘坐地铁 1 号线到 Charles de Gaulle Etoile、George V、Franklin D Roosvelt 站下都可到
乔治五世大街	这条街上聚集了豪华商店、酒店、餐馆和夜总会等	乘坐地铁 1、9 号线至 George-V 站下车可到
圣·多诺黑街	巴黎时尚的最前沿，汇集了众多奢侈品店和古董店	乘坐地铁 1、7 号线至 Palais Royal 或 Mus é e du Louvre 站下车可到
勒皮克大街	布满了商店和小酒馆，时间充裕的话，不妨到这里细细探寻一番	乘坐地铁 12 号线至 Abbesses 下车可到

马赛购物地推荐

名称	地址	交通	网址	营业时间
Les Terrases du port	9 Quai du Lazaret, Marseille	乘公交车在 Joliette 站下车，向西北步行 100 米即可到	www.lesterrassesduport.com	10:00 ~ 20:00
Bazar du panier	5 Rue du Panier, Marseille	乘坐有轨电车到 Sadi Carnot 站下车，向西步行 200 米即可到	www.birdsong.fr	10:00 ~ 19:00
中央购物中心	17 Cours Belsunce, Marseille	乘坐公交在 Cane-biè re (Bourse) 站下车即可到	www.club-onlyou.com	09:00 ~ 21:00
Centre la valentine	Route de la Sabli è re, Marseille	乘坐公交车在 La Sablière la Ravelle 站下车可到	www.centrevalentine.fr	09:00 ~ 21:00
欧舒丹专卖店	22 Rue Haxo, Marseille	步行可到	www.loccitane.com	09:00 ~ 20:00

尼斯购物地推荐			
名称	地址	网址	营业时间
莫利纳尔香水店	Molinard 20 RueSaint-François de Paule,Nice	www.molinard.com	09:30 ~ 18:30
Marche aux fleurs	Cours Saleya,Nice	www.nicetourisme.com	06:00 ~ 17:30
尼斯之星购物中心	30 avenue Jean M é decin	www.nicetoile.com	10:00 ~ 19:30
March é à la Brocante	Cours Saleya,Nice	www.nicetourisme.com	07:00 ~ 18:00
Patisserie Canet	25 Boulevard Gambetta,Nice	www.patisseriecanet.com	周一休息

娱乐

巴黎娱乐地推荐			
名称	简介	地址	网址
温斯顿爵士酒吧	一个英式酒吧，每周都会有DJ 和音乐人轮流表演节目	5 Rue de Presbourg,Paris	www.sirwinston.fr
丽都夜总会	奢华的服装和头饰、粉红的浪漫色彩红透巴黎几十年，是巴黎最华丽的秀场之一	116 Bis Avenue Des Champs-Elysees,Paris	www.lido.fr
红磨坊	巴黎历史最久远、最有名的秀场	82 Boulevard de Clichy, Paris	www.moulinrouge.fr
威利酒吧	灯光、音乐和气氛瞬间让你放松自己	13 Rue des Petits Champs,Paris	www.williswinebar.com

Part 1 西欧

无需门票，体验荷兰“心”玩法

Part 1 西欧地区
荷兰

1 · 遇上庆典别错过 ·

荷兰是郁金香的王国，同时也是风车的王国，每年都会有很多关于郁金香和风车的节庆活动，吸引了很多国内外游客参加，十分热闹。

荷兰各地民俗节庆活动			
名称	时间	举办地点	简介
国家郁金香日	1 月	阿姆斯特丹达姆广场	每当此时，阿姆斯特丹的达姆广场就变成了一个色彩艳丽的大花园，也标志着荷兰一年的郁金香花季的正式开始
鹿特丹国际电影节	1 月	鹿特丹各大电影院	鹿特丹国际电影节时，有多个奖项会在此期间颁发，其中最高荣誉的金虎奖更是万众期待
荷兰女王节	4 月 30 日	荷兰全国	届时大大小小的街道上将充满红白蓝相间的荷兰国旗、代表皇室的橙色旗帜、游行的队伍与热闹的音乐会，欢欣鼓舞的庆祝这个重要日子
荷兰风车日	5 月的第二个星期六	鹿特丹	象征荷兰民族文化的风车，仍然忠实地在荷兰的各个角落运转
郁金香节	5 月 15 日的星期三		人们用鲜花装饰成花车，随着乐队的伴奏游街，还将选出郁金香女王
夏之灯节	8 月 28 日	羊角村	北部小村庄羊角村所举办的节日，一到晚上，举行各种音乐会，排列于运河上的船只点燃夏日的气氛

续表

名称	时间	举办地点	简介
桑斯安斯风车节	9月25日	桑斯安斯风车村	桑斯安斯是位于阿姆斯特丹北方的著名风车村，平时不开放的风车，当天会开放给游人参观
灯光艺术节	12月至次年1月	阿姆斯特丹	一年一度的灯光艺术节是特别为冬季晚间而设的节日。几十个由国际艺术家打造的灯光雕塑设计，围绕节日的主题，在市中心运河带上展示，并带领市内的灯饰照亮整个城市。期间还有各种音乐会、展览、表演节目进行

2·免费 Wi–Fi 带你游荷兰·

荷兰的公共场所一般没有免费的 Wi–Fi，大部分的图书馆、麦当劳、肯德基、星巴克都有免费的 Wi–Fi。一些咖啡店也会提供免费 Wi–Fi，但是必须要在店内消费。荷兰的史基浦机场也提供免费的 Wi–Fi。目前荷兰铁路为方便群众查询火车时间，也在各大火车站开放 Wi–Fi 网络，但只能用来登录相关链接。因此，在荷兰上网，酒店和旅社是最佳选择。

3·不要门票怎样能玩 High·

不花 1 分钱 游览阿姆斯特丹美景

水坝广场： 是阿姆斯特丹的心脏，周围有很多值得游览的景点

步行约 10 分钟

西教堂： 是阿姆斯特丹最高的教堂，也是阿姆斯特丹的标志性建筑

从中央车站乘火车约 30 分钟可到

桑斯安斯风车村： 村中的风车看上去很古老，错落有致地散落在河边，意境很美

零元游荷兰

阿姆斯特丹

Part1 西欧地区

荷兰

1 ·水坝广场·

水坝广场（Dam Square）是阿姆斯特丹的心脏，同时也是阿姆斯特丹的历史发祥地。广场周边有王宫、新教堂以及杜莎夫人蜡像馆等著名景点，除此之外，各色街头艺人也是广场上一道别有趣味的风景线，来此可看各种表演。表演的艺人、学生乐团和悠闲的鸽子构成了一幅别有生机的画面。坐在广场的石阶上，嗅着空气中的咖啡香，欣赏着各类表演，和当地人一起感受这份愉悦。

旅游资讯

Dam Square, Amsterdam

乘坐有轨电车1、2、5路 在Dam Square站下车可到

不要门票也能 High

广场周围的雄伟建筑也很值得一看，西侧气势宏伟的蓝顶建筑是阿姆斯特丹王宫，而与王宫毗邻的尖顶哥特式教堂是新教堂，平常会举办管风琴演奏会和展览；南侧是著名的杜莎夫人蜡像馆，在那里巨大的圆形玻璃中可俯瞰整个广场热闹的景象。

Part1 西欧地区 荷兰

02 ·博物馆广场·

博物馆广场（**Museumplein**）位于阿姆斯特丹市中心，因周围有众多博物馆而得此名，汇集了梵高博物馆、阿姆斯特丹市立美术馆、国立博物馆、皇家音乐厅等。这个广场是当地人最喜爱的公共广场之一，广场中红色的“I Amsterdam”雕塑非常醒目，成了人们合影的地标建筑。这里市场还举办大型的户外演出活动、集会等，不妨来此散步、野餐，感受当地人的生活乐趣。

旅游资讯

Museumplein, Amsterdam

乘坐有轨电车 2、5 路至 Hobbemastraat 站下车可到

Part1 西欧地区 荷兰

03 ·西教堂·

西教堂（**Westerkerk**）建于 17 世纪，是阿姆斯特丹最高的教堂。这座教堂装饰简朴，其屋顶全部采用木制拱形结构，是荷兰新教教堂中最大的一个。在西教堂里还有一座高达 85 米的尖塔，这是美丽的王子运河河畔最醒目的建筑。如今，西教堂已成为阿姆斯特丹的代表教堂之一。

旅游资讯

Prinsengracht, Amsterdam

乘坐地铁 13、14、17 线到 Wester-markt 站下可到

教堂免费，登塔 6 欧元

周一至周五 10:00 ~ 15:00，4 月 1 日至 11 月 1 日周一至周五 10:00 ~ 15:00，周六 11:00 ~ 15:00，周日和圣诞日 10:30 ~ 12:00

Part1 西欧地区 荷兰

04 ·玛格尔桥·

玛格尔桥（**Magere Brug**）是阿姆斯特丹市中心一座横跨阿姆斯特尔河上的木结构吊桥，连接了教堂街的两端，是阿姆斯特丹吊桥中非常有名气的。整座桥通体白色，设计简洁，可谓是各种风景明信片中最惹人喜欢的一处景观。沿河漫步，远眺大桥，别有一番情趣。每到夜间，桥身装的 1200 多盏华灯的大桥璀璨绚烂，吸引很多人来此拍照留念。此外，这里还是电影《007 之金刚钻》的取景地。

旅游资讯

Amstel, Amsterdam

乘坐地铁 51、53、54，有轨电车 9、14 路，公交 355、357、359、361、363 路在 Waterlooplein 站下车，经过蓝桥向南步行 1 分钟即可到达

•泪水塔•

旅游资讯

Oude Schans, Amsterdam

乘坐9、14路有轨电车到Waterlooplein站下车可到

泪水塔（**Montelbaanstoren**）坐落于Oudeschans运河边，始建于1516年，最初目的是为了防卫阿姆斯特丹城。在1606年，塔改建成现在的样子，并增加了装饰。从前，荷兰的海上产业繁荣发展，因此造就了许多著名的“泪塔”，那些细长的塔尖直指高空，孤独而凄凉。曾经在这些泪塔旁，无数的妻子和母亲们，与即将出海的亲人送别，之后，又望穿秋水地盼望着自己的亲人快些平安归来。

•圣尼古拉教堂•

旅游资讯

Prins Hendrikkade 73, Amsterdam

乘坐地铁51、53、54线到Amsterdam Centraal下车可到

周二至周五11:00～16:00、周一和周日12:00～15:00，9月中旬至复活节前关闭休息

圣尼古拉教堂（**Church of Saint Nicholas**）有着和中央车站一样的建筑风格。它建于1887年，是罗马天主教在阿姆斯特丹教区的中心教堂，由阿德里安·布莱斯（Adrianus Bleijs）设计完成，教堂的巴洛克式圆顶与其他地方的巴洛克风格略有不同，极具阿姆斯特丹新文艺复兴风格，很有特色。圣尼古拉教堂的设计外形将几座新巴洛克式和新文艺复兴式教堂融会贯通在一起，也是该建筑师享誉后世的杰作。

冯德公园（**Vondelpark**）建于19世纪的中后期，和库肯霍夫花园出自同一建筑师之手。它属于英式公园，园里有大量的池塘、步道，大片的草地和令人心旷神怡的绿荫与可爱的小动物。另外，这里还有自行车道，骑着车，感受微风吹来，绝对是郊游野餐的最佳去处。每到夏日，冯德公园里还有免费的音乐表演，热闹非凡，值得一看。

•冯德公园•

旅游资讯

Vondel park, Amsterdam

乘坐电车1、2、3、6等路在Stadhouderskae或Overtoom街上任一站下车，寻指标步行前往可到

阿姆斯特丹音乐厅（**Het Concertgebouw**）建于1888年，是一座典型的古典欧式建筑，外形虽不及巴黎歌剧院那般雄伟豪华，但屋檐下的白色浮雕、多变的窗户形式，都可谓精美绝伦。阿姆斯特丹音乐厅是世界上演出最频繁的音乐厅之一，每年从9月到次年6月，每周三的12:30都会举办大约30分钟的免费音乐会。它与波士顿交响乐大厅、维也纳金色大厅一同被视为世界上最好的音乐厅。

Concertgebouw-plein, Amsterdam

乘坐有轨电车3、5、12、16、24等路在Museumplein站下车可到

10:00～19:00

阿姆斯特丹周边

·阿姆斯特丹→桑斯安斯风车村

桑斯安斯风车村（**Zaanse Schans**）位于阿姆斯特丹北方15公里，是寻找荷兰风车的最好去处。如今这里依然保存了十七八世纪时桑斯地区的原貌，吸引了很多游客前往游览。这里除了有5座分别用于锯木、榨油料、磨染料、磨芥末粉和提水的风车外，还有木鞋工厂、奶酪作坊、船坞和白蜡制造厂、面包房等，每天都有传统的手工技艺表演，可见识到荷兰人鲜活的生活百态。

前往桑斯安斯风车村

从中央车站乘从Alkmaar开往Koog Zaandijk方向的火车（慢车4站），步行5分钟搭乘小渡船3分钟，再步行5分钟即到。

· 阿姆斯特丹→马肯

马肯（**Marken**）是最具荷兰风味的小镇之一。这里以前是个小岛，1957 年建成的堤坝，将其变成了半岛，如今通过堤坝小岛已经和陆地相连了。村子里的小屋都有着绿色的外墙，宽敞明亮的窗户，还有篱笆里种着的各种花草，一切细节都使它保留着一种世外桃源的味道。河流纵横的马肯，有很多以荷兰王室成员名字命名的吊桥，靠湖的港口上还停泊着大小不一的帆船。在村头的公交车站，还有一个制作木靴的小作坊，在这里，你不仅可以购买到纯正的手工艺木靴，还能够欣赏到它的加工过程。另外，马肯的奶酪厂和荷兰新教教堂这些景点也值得一看。

前往马肯

从阿姆斯特丹公共汽车站乘坐开往埃丹的 111 路或 112 路汽车，约 30 分钟可到。

· 阿姆斯特丹→羊角村

羊角村（**Giethoorn**）距离阿姆斯特丹约 120 公里，被称为“荷兰的威尼斯”。小镇就像童话里描述的那样，蓝天绿草，涓涓溪流，一片安静祥和的样子，吸引了很多人前来。

来到羊角村，除了慢慢走，一定要享受一下坐着小船游览村庄的美好。在租船时，店家都会附赠一张羊角村的水路地图，根据水面上标有号码的旗杆，寻找地图上的水道标号，就可以清楚地找到自己的方位。开船一小时的价格约为 12 欧元。你也可以租辆脚踏车在林荫大道间闲逛，以最亲近自然的方式，享受生活的愉悦。单车租一天是 6 欧元。

前往羊角村

从阿姆斯特丹乘坐火车到 Steenwijk 站下车，然后再转公交车或是出租车可到。

鹿特丹

伊拉斯谟斯大桥（**Erasmus Bridge**）由于拥有简洁利落的外形，雪白的桥身修长挺拔，像一只优雅的白天鹅高贵地游荡在马斯河上，所以被人们称为“天鹅桥”。它是鹿特丹的城市标志，也是世界上最美的大桥之一，大桥单臂高达 139 米，桥身长达 802 米，是当时世界上最长的斜拉索桥。大桥拥有 2600 级阶梯、数条大道，车辆、电车、脚踏车、行人及溜滑板的运动人士都可以自由通行，可谓荷兰人的实用主义精神的杰出代表。

旅游资讯

Erasmusbrug, Rotterdam

乘坐电车 20、23 路或乘地铁至 Leuvehaven 站下车可到

圣劳伦斯大教堂（**St. Laurenskerk**）是地处市中心的一座哥特式教堂。在 1940 年的第二次世界大战中曾被炸毁，只剩下外墙的一部分。1947 年至 1968 年期间得以重建，修复后成为了现在的模样。在教堂内部有海上英雄纪念墓，和一座 1973 年制造的红色与金色相间的大风琴等。目前这里主要是用来举办各种文化活动的地方，如音乐会、演说等。

旅游资讯

Grotekerkplein, Rotterdam

乘坐电车 21 路或乘坐地铁在 Blaak 站下车可到

08:00～17:00

不要门票也能 High

教堂前的广场上有荷兰著名的神学家和人文思想家伊拉兹马斯（Erasmus）的雕像。如果想要登上钟楼的话，要在 4 月下旬至 10 月上旬期间的周六前来，并且只在 12:30 和 14:00 开放两次。

•多伦音乐厅•

旅游资讯

Schouwburgplein, Rotterdam

乘坐多路公交车在 Rotterdam Centraal 站下车可到

@ www.dedoelen.nl

多伦音乐厅（**De Doelen**）是荷兰最大、也是全欧洲最现代化的一座音乐厅，每年吸引着数十万的乐迷争相前来。它距离鹿特丹中央火车站很近，曾经名为多勒音乐厅（Doelezaal），在第二次世界大战中被毁，重建起来的多伦音乐厅于 1966 年完工，由大、中、小 10 个厅组成，最大的可容纳 2000 多人，同时这里也是鹿特丹爱乐乐团的根据地。如今多伦音乐厅经常会举办各种公演，也会被当作会展中心使用。

•德夫哈芬•

旅游资讯

Delfshaven, Rotterdam

乘坐地铁 A、B、C 线到 Delfshaven 或 Rotterdam 站下可到

德夫哈芬（**Delfshaven**）仍保留了最纯粹的荷兰旧街，几世纪以来风景如画的码头与旧建筑交相辉映，总能引发人们对荷兰航海黄金时代的追思。那些保存完好的 17 世纪风貌建筑让人感觉仿佛回到了那个时代。街道两旁还有教堂和风车等，那座曾经为搬运工业会馆的仓货，现在也变成了商店、艺廊和博物馆，默默地向你展示着这座城市的变迁。

海事博物馆（**Maritime Museum Rotterdam**）是一栋现代化建筑，曾是快艇俱乐部，后改为海事博物馆。博物馆内展示着以荷兰为中心的欧洲航海历史，陈列有 15 世纪至今的船只模型、航海地图及各种仪器等，收藏有大量海军历史以及和航海有关的藏品。而最受人瞩目的便是那艘停泊在该馆东南侧港口的 19 世纪铁甲冲角舰荷兰皇家海军“巴佛舰”，如有兴趣，还可以进到内部去参观，一睹各种船舱的设计。

旅游资讯

Leuvehaven 1, Rotterdam

乘坐电车 5 路至 Westzeedijk 站下车可到

周二至周六 10:00～17:00，周日及节假日 11:00～17:00

鹿特丹中央图书馆（**Bibliotheek Rotterd-am**）由荷兰建筑师 Jaap Bakema 设计而成，其部分外观像金字塔般层层缩小，加上涂了鲜艳黄色油漆的管线绕着外墙，因此有了“金字塔”“水管宝宝”“鹿特丹的庞毕度”等称号。图书馆整个建筑大量运用了 45° 角的设计，中心部分是电梯和储藏地，行政中心则聚集在一个直角三角形的范围内。这座新的中央图书馆共储藏 40 多万册书籍，分成 6 层存放，均以电扶梯连接。

旅游资讯

Hoogstraat 110, Rotterdam

乘坐电车 7、8、21、23、25 路可到

周一 13:00～20:00，周二至周五 10:00～20:00，周六 10:00～17:00

@ www.bibliotheek.rotterdam.nl

荷兰・旅游资讯

交通

飞机

史基浦国际机场

史基浦国际机场（Amsterdam Airport Schiphol，AMS）是荷兰最大的国际机场，位于阿姆斯特丹西南15公里处，是欧洲连接亚洲、美洲、南美洲的重要交通枢纽，同时也是世界上最好的机场之一。从北京、上海、广州和香港都有直达史基浦国际机场的航班。同时几乎每个欧洲城市都与史基浦机场有航班相通。

史基浦国际机场到市区的交通	
机场大巴	有 KLM 荷航机场饭店巴士往返于机场和阿姆斯特丹市区主要饭店之间，单程车票为 8.5 ～ 10.5 欧元，营业时间：07:00 ～ 23:00
公共汽车	开往市内的公共汽车联运 370 路经莱顿广场开往 Marnix 大街的公共汽车总站。每小时 1 ～ 2 班，费用 3 欧元，25 分钟左右可抵达。197 路公共汽车同样经过博物馆广场和莱顿广场，开往 Marnix 大街，每小时 1 ～ 2 班，约 4 欧元，35 分钟可到达
出租车	出租车一般停在大厅外，大约 20 ～ 45 分钟可到达市中心，费用比较高，约 30 ～ 40 欧元
火车	在机场的地下，有通往中央车站的火车，平时大约每 15 分钟一趟，凌晨的时候 1 小时一趟，需要 15 ～ 20 分钟抵达，单程票价 3.1 欧元，往返票价 5.5 欧元

鹿特丹海牙机场

鹿特丹海牙机场（Rotterdam The Hague Airport，RTM）位于鹿特丹西北 8 公里，是荷兰的第三大机场，主要有飞往伦敦、汉堡的航班和一些包机服务。瑞士航空公司、德国汉莎航空公司、法国航空公司等大型国家航空公司都加入运营了鹿特丹机场。

鹿特丹海牙机场到市区的交通	
机场大巴	乘坐 33 路机场大巴从机场到市区大约需要 25 分钟，终点是鹿特丹中心站
地铁	50 路机场大巴开往 Meijersplein 地铁站，从那里你可以换乘 Line E，到达鹿特丹中心站需 20 分钟
出租车	从机场到市区乘坐出租车只需 10 分钟，非常方便快捷

火车

阿姆斯特丹火车站详细信息	
车站	信息
阿姆斯特丹中央车站	车站前面有阿姆斯特丹旅游局的服务中心，提供旅游咨询服务。这里也有国营铁路往返于史基浦站与阿姆斯特丹中央车站之间，每小时有 5 ~ 8 班列车（01:00 ~ 05:00）。有轨电车 1、2、4、5、9、13、17、20、24、25 等路均通往此地
史基浦火车站（Schiphol）	有直接到达海牙（Den Haag）、鹿特丹（Rotterdam）和弗利辛恩（Vlissingen）的列车。到阿姆斯特丹市区 2.9 欧元，需要约 20 分钟；到海牙 6.1 欧元，需 30 分钟左右；到鹿特丹 8.9 欧元，需 1 小时左右

轨道交通

阿姆斯特丹

阿姆斯特丹的地铁共有 4 条线路，连接着市中心与郊区的新建筑区，其中还包括一条在城市中心较短的地下路线，为东南部居民区提供服务。这些地铁线路以中央火车站为起点，分别开往海恩（Gein）、哈斯珀普拉斯（Gaasperplas）和阿姆斯特芬（Amstelveen）。从北到南穿越整个城市。车票可在站内自动售票机购买，记得准备好零钱。

有轨电车也是阿姆斯特丹十分便捷的公共交通方式，共有 18 条路线。大部分电车从中央火车站出发，前往市区各方向以及市郊。电车站牌处都有线路号码和前往的站名，并且有详细的地图，你可以招手示意停车。在 GVB 票务咨询处还可拿到免费的公共交通地图。假如你有疑问的话，可到电车后部找到售票员询问。同时，你也可从售票员手中购买 1 小时和 24 小时卡。

鹿特丹

鹿特丹地铁共有 5 条线路，各用不同的英文字母和颜色代表，网络覆盖范围远超出鹿特丹市，例如 E 线就可以直达海牙中央火车站。而且地铁站点较密，所有线路都可到达市中心，即使游览市中心也是出门交通的好选择。地铁运营时间为周一至周六 05:30 ~ 00:15，周日 07:30 ~ 00:15，时间取决于不同线路会有所差别，详情可登录官网 www.ret.nl 查询。

公交车

阿姆斯特丹

阿姆斯特丹有城市巴士、地区巴士和快车服务 3 种巴士类型。城市巴士在大型城镇内运行；地区巴士在主要城市及周边小镇附近穿梭；快车服务与地区巴士是同一线路，但减少了停靠站，只在高峰时刻往返。

阿姆斯特丹的公共汽车是从前门上车，向司机出示或者购买车票，想下车时按座位旁的 Stop 按钮，司机就会打开车门。市内的公共汽车虽然也有很完善的路线图，但有些复杂，不易辨识。另外，在阿姆斯特丹本身乘坐公共汽车的概率就比较少，因景点多处都不是公交线路能够到达的地方，但前往郊区就要用得上了。

公共汽车停车站名为“Bushalte”，中央车站出站后左边有一个公共汽车站，跨运河往右的地方也有，Marnixstr 也有一个大的汽车总站。搭乘前最好和司机确认好前往哪个目的地，以免搭错车，耽误时间。运行时间是 06:00 至午夜。

鹿特丹

鹿特丹市内共有 9 条电车线路，即 2、4、7、8、20、21、23、24、25 等路，所有的电车都会停站于鹿特丹中央火车站。其中 20、21、23、24、25 等路是速度较快的线路。电车运营时间为周一至周六 05:00 ~ 00:30，周日 07:00 ~ 00:30，时间取决于不同线路会有所差别。

阿姆斯特丹

在阿姆斯特丹租辆自行车游览运河周边建筑也非常方便。市内的火车站及租车公司内都有自行车出租，大多数自行车出租公司会要求交押金。在前往租车前，不要忘了带护照或其他身份证明文件。建议提前上网预约，或到地方旅游局（local tourist offices，简称 VVV）询问。

自行车租赁地推荐		
名称	电话	网址
Bike City	020–6263721	www.bikecity.nl
Macbike	020–6200985	www.macbike.nl
Frederic Rent a Bike	020– 6245509	www. frederic.nl

鹿特丹

在鹿特丹市内有许多地方可以租到自行车，例如中央火车站就提供出租自行车服务，一天大约 6.5 欧元。除了在出租点租车外，许多酒店都会为游客提供自行车出租服务，因此有需要的话，在选择酒店时可以咨询清楚。

自行车租赁地推荐		
名称	地址	详情
C. Zwaan	Conradstraat 18,Rotterdam	7.5 欧元起，押金 50 ～ 145 欧元
Use–it	Vijverhofstraat 47,Rotterdam	6 欧元，押金 50 欧元
Kuijper Tweewielers	Abraham Kuyperlaan 97, Rotterdam	6.5 欧元，押金 35 欧元

阿姆斯特丹水上巴士

水上巴士 10:00 ～ 18:00 运营，3 月下旬到 10 月底每 25 分钟发一班船，其余月份每隔 45 分钟发一班船。它包括红线、绿线和蓝线 3 条循环线路，沿途会停靠莱顿广场、安妮之家、中央车站、滑铁卢广场等站。中央车站外设有水上巴士招呼站，可在此搭乘，行驶时间为 09:50 ～ 19:25，1 日票价为 18 欧元，可用到隔天的 12:00，搭乘人数约 8 ～ 25 人，可在旅游中心购买。水上巴士的费用昂贵，而且人数越多船越大费用就越高。但对观光来说十分方便，可以在喜欢的地方下车，非常方便。

具体线路如下：

红线：国家博物馆→莱顿广场→西教堂→中央车站→市政厅和伦勃朗故居→国家博物馆

绿线：国家博物馆→莱顿广场→市政厅和伦勃朗故居→中央车站→安妮之家→国家博物馆

蓝线：中央车站→科学技术中心→荷兰海洋博物馆→动物园→热带博物馆→市政厅和伦勃朗故居→科学技术中心→中央车站

阿姆斯特丹渡船

阿姆斯特丹纵横交错的运河对于游人也有无限的吸引力，沿着运河可将市区全部景致尽收眼底。它全年运营，提供不同时限的游览行程，能够满足不同游客的需求。而游船也分为多种，有以下几种常见的游览类型可供选择。

运河巡游船：这是一种游览阿姆斯特丹街景的游船，坐在船上可全面领略城市风情。横跨在河上的一座座桥梁、荡漾在河上的倒影、河岸上当地居民的生活此刻都显得别有韵味。你还可选择在夜间加入烛光美食游（Candlelight Cruise），这是比较受欢迎的行程，夏季出发的时间多为21:00，伴着葡萄酒和奶酪的芬芳，让你的旅程极尽浪漫。

阿姆斯特丹中央车站

夏季09:00～22:00；冬季09:00～18:00

每隔15～30分钟一班，行程1～1.5小时，夜游约2小时

每人8欧元；烛光美食游约25欧元

博物馆游览船：这是沿着运河往来于市内主要博物馆之间的游船。这对于水道众多的城区是非常方便的选择，游览景点的同时又能在途中饱览城市风光。乘

坐该游船游览时可在 7 个停靠点的任何一个站点随时上、下船，次数不限，十分自由。乘客持票根到博物馆购买入场券时，还可享有 20% ~ 50% 的折扣。

中央车站安妮故居附近的普林森运河（Prinsengracht）处、国家博物馆前、莱顿街（Leidserstraat）的海伦运河（Herengracht）处、滑铁卢广场、荷兰航海博物馆

10:00 ~ 17:00

每人 8 欧元；日票 13 欧元

每 30 ~ 45 分钟一班

020—6222181

运河脚踏船：对踏桨有兴趣，体力也较好的游客可尝试这种游览方式。它的优点是完全掌握自己行程的主动权，但最好安排充裕的时间，因为初次驾驶该船可能会速度较慢。

喜力啤酒博物馆前、莱顿广场、西教堂前、普林森运河处、莱顿街的凯泽尔运河（Keizersgracht）处。

10:00 ~ 17:30

按小时计，每人每小时 4.5 ~ 5.5 欧元，押金约 22 欧元

当代建筑游船：这是沿着运河欣赏阿姆斯特丹的各种当代建筑的游船，同样也能在途中饱览城市风光。但参与此项目会有一段徒步路程，要做好准备，另外，在游客服务中心或各船运公司报名的时候最好事先询问，当日是否有英语导游。行程大概 2 ~ 2.5 小时。

中央车站前码头

每周六 10:00，周日 14:30

成人 20 欧元，儿童 10 欧元

美食

阿姆斯特丹餐厅推荐

Hap—Hmm

Eerste Helmersstraat, Amsterdam

020—6181884

周一至周五 16:30 ~ 20:45

www.hap-hmm.nl

Hap—Hmm 是位于阿姆斯特丹的一家餐厅，提供比较正宗、地道的荷兰料理。餐厅的菜肴都是选用新鲜的食材，因家庭料理的风味和便宜的价格而出名。这里的肉丸和牛排是不得不品尝的，味道鲜美，用料很足。

Yam Yam

Frederik Hendrikstraat, Amsterdam
020—6815097
周一休息，周二至周日 17:30 ～ 22:00
@ www.yamyam.nl

Yam Yam 是位于阿姆斯特丹的一家意大利比萨店，餐厅的比萨特色有意大利火腿、帕尔马干酪和松露酱。这里的比萨种类很多，有 Tartufata、Bresaola、Buffalo Mozzarella 等意大利经典比萨。

鹿特丹餐厅推荐

Kip Culinair B.V.

Van Vollenhovenstraat 25, Rotterdam
@ www.restaurantkip.nl

Kip Culinair B.V. 是一家十分典雅的餐馆，馆内有一个大大的壁炉，很有家庭氛围。菜品丰富，有精心烹制的肉食和素食。餐厅的招牌也十分有趣，像一朵五彩的花瓣，黄色的外墙也很可爱。主菜价格在 15 ～ 25 欧元左右。

Restaurant "Bierhandel" De Pijp

Gaffelstraat 90,Rotterdam
@ www.bierhandeldepijp.nl

Restaurant "Bierhandel" De Pijp 是鹿特丹最古老的餐厅之一，拥有 100 多年的历史。这里最大的特色是既没有主菜单也没有单独的桌子，人们都是坐在长桌旁，而每天的特色餐点会用粉笔写在黑板上，古朴而自然，让人觉得很新鲜。

住宿

阿姆斯特丹住宿地推荐				
名称	地址	电话	网址	参考价格
Hilton Amsterdam	Apollolaan, Amsterdam	020-7106000	www.hilton.com	190 欧元
Bellevue Hotel	Martelaarsgracht 10,Amsterdam	020-7074580	www.bellevue hotel.nl	115 欧元
Villa Borgmann Hotel	Koningslaan 48,Amsterdam	020-6735252	www.hotel-borg mann.nl	110 欧元
Hotel Notting Hill Amsterdam	Westeinde 26,Amsterdam	020-5231030	www.hotelnot tinghill.nl	98 欧元
Hotel Luxer	Warmoesstraat 11,Amsterdam	020-3303205	www.hotelluxer.nl	90 欧元

鹿特丹住宿地推荐				
名称	地址	电话	网址	参考价格
Hotel NH Atlanta Rotterdam	Aert van Nesstraat 4,Rotterdam	010-2067800	www.nh-hotels.nl	170 欧元
Hotel Emma-Rotterdam centrum	Nieuwe Binne-nweg 6, Rotter-dam	010-4365533	www.hotelemma.nl	109 欧元
Hotel Rotterdam	Schiekade 658, Rotterdam	010-4663344	www.hotel-rotter dam-city.nl	60 欧元

购物

阿姆斯特丹购物地推荐			
名称	地址	网址	营业时间
女王店	Dam 1,1012 JS, Amsterdam	www.debijenkorf.nl	周一 11:00 ~ 20:00，周二、三 10:00 ~ 20:00，周四、五 10:00 ~ 21:00，周六 09:30 ~ 20:00，周日 11:00 ~ 21:00
Magna Plaza	Nieuwezijds Voorburgwal 182, Amsterdam	www.magnaplaza.nl	周一 11:00 ~ 19:00，周二、三、五、六 10:00 ~ 19:00，周四 10:00 ~ 21:00，周日 12:00 ~ 19:00
C&A 服装店	Beurspassage 2,1012 LW, Amsterdam	www.c-and-a.com	周一 11:00 ~ 19:00，周二、三 09:30 ~ 19:00，周四、五 09:30 ~ 21:00，周六 09:30 ~ 20:00，周日 11:00 ~ 18:00
荷兰经典时装店	Wilhelminaplein 13 Fl 13,Tower 1,2 World Fashion Centre	www.dutchfashionfoundation.com	周一至周五 09:00 ~ 16:30
奢华精品百货公司	Dam 1,1012 JS, Amsterdam	www.debijenkorf.nl	周一 11:00 ~ 19:00，周二至周六 09:30 ~ 19:00，周日 12:00 ~ 18:00

鹿特丹购物地推荐			
名称	地址	网址	营业时间
Binnenwegplein	Binnenwegplein 50-52,Rotterdam	乘坐公交车 32、46 路到 Rotterdam、Westblaak 站下车	10:00 ~ 22:00
Beurstraverse	3011 AE,Rotterdam	乘坐公交车 160 路到 Rotterdam、Beurs 站下车	10:00 ~ 22:00
Binnerotte Centrummarkt	Binnenrotte 101, Rotterdam	地铁红线或电车 21 号至 Blaak 站下车可到	周二、六 08:00 ~ 17:00、周日 12:00 ~ 17:00

娱乐

阿姆斯特丹娱乐地推荐			
名称	简介	地址	网址
Bamboo Bar	一家有摇滚乐、爵士乐和蓝调演奏的音乐酒吧	Lange Leidsedwarsstraat 70,Amsterdam	www.brasilmusicbar.com
Escape B.V	市内较大的迪斯科音乐演出中心	Rembrandtplein 11, Amsterdam	www.escape.nl
The Movies	装饰十分漂亮的电影院，经常放映英美原版片	Haarlemmerdijk 161, Amsterdam	www.themovies.nl
Stadsschouwburg	历史悠久的剧院，主要包括音乐剧、现代舞蹈等	Leidseplein 26, Amsterdam	www.stadsschouwburgamsterdam.nl

鹿特丹娱乐地推荐			
名称	简介	地址	网址
Locus Publicus	很有名气的啤酒屋，最大的特点就是内部装饰有美丽的瓷砖画	Oostzeedijk 364, Rotterdam	www.locus-publicus.com
Stadsbrouwerij De Pelgrim	啤酒制造商属下的酒吧，除了品尝美酒外，还可以参观啤酒的制造过程	Aelbrechtskolk 12,Rotterdam	www.pelgrimbier.nl
Corso Casino	现场音乐剧场，会有国际DJ 在此表演各种曲风的音乐	Kruiskade 22, Rotterdam	www.palacecasinos.nl
Nieuwe Luxor Theater	鹿特丹主要的表演场地，以演出戏剧种类繁多而为特色，不错的休闲地	Posthumalaan 1,Rotterdam	www.luxortheater.nl

Part 1 西欧

无需门票，体验比利时“心”玩法

Part 1 西欧地区
比利时

1·遇上庆典别错过·

比利时的布鲁塞尔市有几个盛大的旅游节庆活动，除了有盛大的游行活动，还有具有庆祝漫画的节庆活动，同样是热闹的免费活动。

比利时布鲁塞尔民俗节庆活动			
名称	时间	举办地点	简介
大帝巡游	7月	布鲁塞尔大广场	大帝巡游是布鲁塞尔的传统民俗活动，届时很多人身着中世纪服装，再现中世纪时期的生活状态
布鲁塞尔鲜花地毯节	8月中旬，两年一次		此时在市中心大广场上铺满鲜花，每届一个主题，图案根据主题而变，是难得一见的美丽景色
比利时啤酒节	8月末或9月初的一个周末		啤酒节于每年临近秋季的周末举办，节日期间还会推出各种美食，比如啤酒节蛋糕，非常适合吃货，可供其进行各种选择
布鲁塞尔漫画节	9月	布鲁塞尔公园	在漫画节期间，各大书商会展出各种漫画书，工作人员会打扮成漫画人物和孩子们玩耍

2· 旅游信息中心助你玩 ·

布鲁塞尔综合旅游信息中心			
名称	地址	网址	开放时间
VisitBrussels–Brussels Info Place	Rue Royale 2,1000 Brussels	www.visitbrussels.be	周一至周五 09:00 ~ 18:00，周六至周日及节假日 10:00 ~ 18:00
Visitbrussels–Town Hall of Brussels	Hotel de Ville, Grand–Place, 1000 Brussels	—	09:00 ~ 18:00

3· 不要门票怎样能玩 High ·

不花 1 分钱 游览布鲁塞尔美景

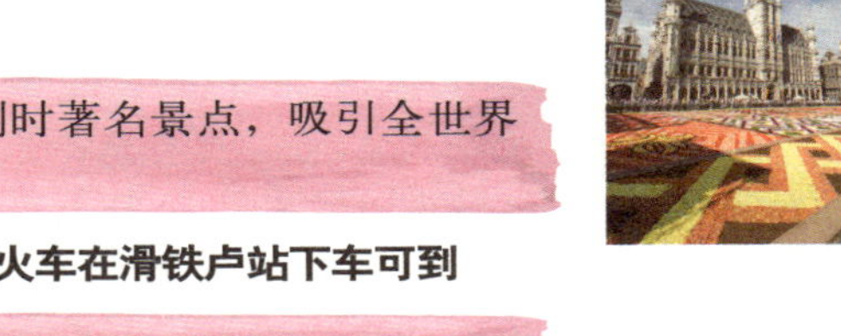

布鲁塞尔大广场： 铺满鲜花，不愧是欧洲最美的客厅，还可去天鹅餐厅美美地饱餐一顿

步行约 5 分钟

小于廉撒尿雕像： 比利时著名景点，吸引全世界游客前来拜访

从布鲁塞尔火车南站乘火车在滑铁卢站下车可到

滑铁卢战场遗址： 战争留下的历史遗迹

零元游比利时

布鲁塞尔

1 •布鲁塞尔大广场•

旅游资讯

Grande Place, Brussels

乘地铁 1、5 号线到 Gare Centrale 站下可到，或乘坐有轨电车 3、4、31、32 号线在 Bourse 站下可到

布鲁塞尔大广场（**Grand Place**）位于布鲁塞尔市中心，始建于 12 世纪，大文豪雨果称赞它是“世界上最美丽的广场”。现在大广场上坐落着市政厅、天鹅餐厅等景点，再加上餐馆、酒吧、商店等交织其中，使大广场成为休闲娱乐的好去处。

天鹅餐厅

天鹅餐厅（**La Maison du Cygne Restaurant**）位于大广场的西南角，是一幢 5 层的楼房，因大门上方有一只振翅欲飞的天鹅而得名。曾经是无产阶级革命导师马克思和恩格斯居住和工作的地方，著名的《共产党宣言》也是诞生在这里。现在的天鹅餐厅已经是 2 颗星的米其林餐厅了。

不要门票也能 High

在大广场布鲁塞尔政府每隔两年的 8 月便会举行为期 4 天的“大广场鲜花地毯节”，届时，你将会看到铺在广场中央呈长方形的“鲜花地毯”，中间还有圆形喷泉喷落，景色很美，被誉为世界上最大的人造“鲜花地毯”，一定不要错过。

小于廉撒尿雕像（Manneken Pis）是布鲁塞尔标志性建筑，建于 1619 年，位于大广场转弯处，塑像只有半米高，坐落在一个约两米高的大理石雕花的台座上。小于廉被称为“布鲁塞尔第一公民”，只见他光着身子，叉着腰，露着肚皮，无拘无束地在人们面前撒着“尿”，显得十分天真可爱。

不要门票也能 High

1. 小于廉平时所“撒”的是自来水，不过在夏季啤酒狂欢节的时候“撒”的就是真正的啤酒了。节日期间，举行狂欢节的人们，争先恐后抢喝小于连“撒”出来的啤酒，如果夏季来到这里一定要体验一番。

2. 雕像附近的商店都有出售与小于廉相关的商品，甚至还有雕像大小的巧克力材质的小于廉，千万不要错过。也可以带一个缩小版的小于廉纪念品回家，既有纪念意义，又能把他所代表的勇敢无畏、善良无邪的精神带回家。

旅游资讯

Manneken Pis 1000 Brussels

乘地铁 1、5 号线到 Gare Centrale 站下，在布鲁塞尔大广场沿恒温街步行大概 5、6 分钟可到

·皇家广场·

皇家广场（**Place Royale**）是位于布鲁塞尔市中心附近的历史广场，原址为柯登堡山。广场中央有一尊十字军第一次东征时的领袖——布永的戈弗雷（Godfrey of Bouillon）的铜像。周围分布着许多为新古典主义建筑，现在都已经成为了美术馆或者博物馆供游人参观。

旅游资讯

Place des Palais 7,Bruxelles

乘坐地铁 1、5 号线到 Parc、Erasme 站下可到

不要门票也能 High

作为布鲁塞尔城区景点最集中的广场，皇家广场周围的场馆足以让你流连忘返，一圈逛下来，能够充分了解到比利时的历史文化，甚至是乐器的发展过程，收获极其丰富。

·拉肯王宫·

拉肯王宫（**Serres Royales**）是比利时王室的居住地，现在可以游览的是拉肯王宫的温室花园。原本作为教堂使用的温室花园，如今每年百花齐放的时候都会对公众免费开放，这是已经持续了将近一个世纪的传统。

旅游资讯

Serres Royales, Bruxelles

乘坐有轨电车 3 号线在 Araucaria 站或 93 号线 Outre ponts 站下可到

不要门票也能 High

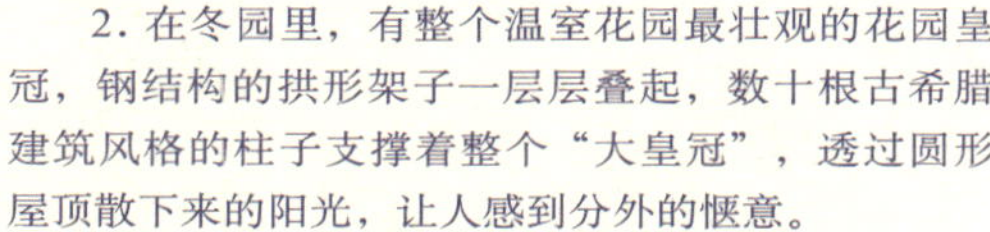

1. 温室花园内的东方厅里陈列着在遥远年代就被从东方带回来的古老瓷盆、说不上名字的药用植物、上百年历史的古老花卉、已经濒临灭绝的珍贵植物等，足以让人大饱眼福。

2. 在冬园里，有整个温室花园最壮观的花园皇冠，钢结构的拱形架子一层层叠起，数十根古希腊建筑风格的柱子支撑着整个“大皇冠”，透过圆形屋顶散下来的阳光，让人感到分外的惬意。

3. 每年因为气候原因，温室花园的开放时间不尽相同，一般在 4 ~ 5 月某天开始，连续对公众开放 3 周。

布鲁塞尔皇宫（Palais Royal）就在布鲁塞尔公园旁边，现存建筑为1695年重建、19世纪翻修而成的，整座建筑上布满了精美的浮雕，四面均为巴洛克建筑风格。其内部基本按照法国凡尔赛宫的模式修建的，有大量的壁画、水晶灯饰。此外，还有华丽的宴会厅、高雅的接待室，古老的家具和精美的各式地毯等，处处彰显着黄石的高贵与华美。在皇宫中可以俯瞰整个布鲁塞尔城。

Place des Palais, Bruxelles

乘坐地铁1号或5号线在Park站下可到

10:30～16:30

@ www.monarchy.be

不要门票也能High

如果你看到皇宫悬挂出比利时国旗，那就证明比利时国王此刻正在皇宫内，届时皇宫可就不对游人开放了。不过放心，他只是在这里办公而已，国王和他的家人们并不居住在这里，所以很多时间还是能进入皇宫一览美景的。站在皇宫上看布鲁塞尔城区，映入眼帘的古老建筑，让人感受到这个城市的悠久历史。

五十周年纪念公园（Parc du Cinquantenaire）也称银禧公园，是一个大型的城市公园，该公园是为纪念比利时独立50周年而兴建的。公园内遍布喷泉、瀑布和花园。起初这里只是举行贸易活动和举办展览的场所，现在已经成为集休闲娱乐、学习参观为一身的大型综合性公园。每天都有很多市民和游客前来游玩观光。

Rue de la Loi, Bruxelles

乘坐地铁1号线在Schuman站往东步行或Merode站往西步行可到

02–5138940

10:30～16:30

Part1 西欧地区
比利时

7

• 圣胡伯特购物拱廊 •

旅游资讯

Rue de l'Ecuyer, Bruxelles

乘坐地铁 1、5 号线到 Gare Centrale 站下步行 3 分钟可到

09:30 ～ 17:00

圣胡伯特购物拱廊（Galeries Saint hubert）是一条古老而优美的拱廊购物街道，在欧洲堪称经典，这条街历史韵味十足，包含三个部分：国王长廊、皇后长廊和王子长廊。在狭长的拱形玻璃屋顶下，遍布意大利文艺复兴时期风格的时装店、古董店和咖啡店，还有一个有两百多年历史的电影院，该电影院也是布鲁塞尔的皇家剧院之一。此外，你还可到附近的海鲜美食街逛逛，相信那里的美食一定会让你大饱口福。

Part1 西欧地区
比利时

8

• 滑铁卢古战场 •

旅游资讯

Route du Lion 252-254, Braine-Alleud

布鲁塞尔火车南站乘火车在滑铁卢站下车可到

@ www.waterloo1815.be

滑铁卢古战场（Champ de Bataille de Waterloo）位于布鲁塞尔以南 18 公里处，在索瓦尼森林尽头的滑铁卢小镇附近，古战场的纪念物主要有山丘雄狮、全景画馆和蜡人博物馆。这里是著名的滑铁卢战役的发生地。

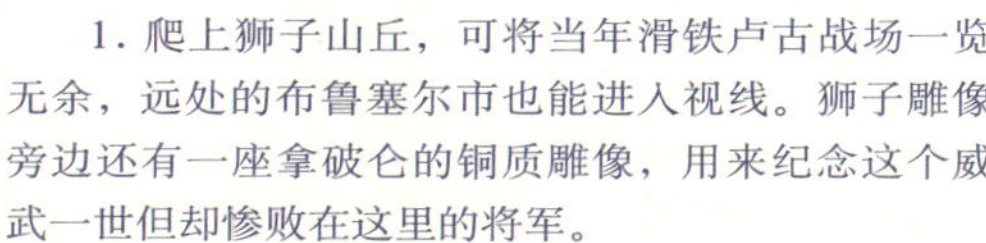

不要门票也能 High

1. 爬上狮子山丘，可将当年滑铁卢古战场一览无余，远处的布鲁塞尔市也能进入视线。狮子雕像旁边还有一座拿破仑的铜质雕像，用来纪念这个威武一世但却惨败在这里的将军。

2. 如果天气不错，可以步行回到滑铁卢小镇，一路上可以看到不少关于滑铁卢战役时期的博物馆与指挥所等景点。

布鲁塞尔周边

·布鲁塞尔→布鲁日

布鲁日（**Brugge**）位于比利时西北部弗兰德平原，距北海 14 公里。这里是比利时著名的旅游城市，素有“北方威尼斯”“比利时艺术圣地”“佛兰德珍珠”等美称。城内河渠如网，风光旖旎，古式房屋鳞次栉比，仍保留有浑厚的中世纪风貌。这里属于温带海洋性气候，冬季潮湿多雾，夏季凉爽，每年的 4 ～ 10 月为最佳旅行季节，此时游人络绎不绝，可乘坐小艇观赏水城全貌。

前往布鲁日

从布鲁塞尔到布鲁日乘坐火车非常方便，布鲁日火车站有比利时火车和欧洲之星等火车线路，可以在网站（www.b-rail.be）上订票或者到达车站之后再购票。从布鲁塞尔到布鲁日全程约 1 小时即可到达，单程票价为 10.8 欧元，火车半小时一班，还可当天返回。

市场广场（**Grote Markt**）位于布鲁日的市中心，是布鲁日最为繁华的街区，这周围集中了布鲁日的多数景点，商店、餐厅、邮局。广场旁边就是著名的布鲁日历史博物馆，而布鲁日的标志性建筑贝尔福特钟楼也坐落在广场的东南角。在节假日时，广场空地上会摆满各种摊位，成为热闹的小型市场。

旅游资讯

Grote Markt, Brugge

乘坐公交车 1、3、12、14 路在 Brugge Sint-Salvatorskerk 站下车可到

Part1 西欧地区 比利时

2 ·爱之湖·

爱之湖（**Minnewater Lake**）是一个运河湖，湖并不是很大，在很多中国人的眼里它更像个小池塘，但是从来没有人说过它不美丽。湖上有一座 18 世纪建造的桥，可以看到布鲁日的全景。因为周边田园诗歌般的环境，这个湖被取名为“爱之湖”。“Minne”在荷兰语中就是“爱”的意思。

旅游资讯

Minnewater Lake, Brugge

火车站向东步行 5 分钟可到

Part1 西欧地区 比利时

3 ·布鲁日音乐厅·

布鲁日音乐厅（**Concertgebouw**）是现代布鲁日的地标性建筑，时尚的外表是受人欢迎的重要理由。在这座中世纪古老而又现代化的城市里，音乐厅几乎每天都举办各类国际著名舞台剧表演，以及会议、招待会、公司晚会等活动。

旅游资讯

Het Zand 34, Brugge

从火车站向北步行 5 分钟可到

@ www.concertgebouw.be

Part1 西欧地区 比利时

4 ·达默小镇·

达默小镇（**Damme**）位于布鲁日的东北部，小镇的市政厅是 15 世纪的哥特式建筑。达默就像是佛兰芒的一个美丽缩影，这里的每一颗石子上都印着勃艮第王朝时期的辉煌景象。从布鲁日前往小镇的路上风景如画，极其适合骑行，在绿荫小道上沿着古老的运河前行，周围的风景让人感觉仿佛就在童话中一般。

旅游资讯

布鲁日东北部

骑车或游船前往

全天

@ www.damme-online.com

布鲁塞尔·旅游资讯

交通

飞机

布鲁塞尔国际机场

布鲁塞尔国际机场（Brussels Airport,BRU）距市中心12公里左右，是比利时最大的国际机场，也是布鲁塞尔主要的机场。北京、上海、广州、深圳有直飞布鲁塞尔的航班。此外，机场还有通往欧洲各主要城市的航班。

布鲁塞尔机场候机大楼共有五层：一层是特快列车的站台，二层是接机区域，三层为送机区域，四、五层餐馆，咖啡馆较多。在二层有咨询台、旅店预订处、ATM自动取款机、现金兑换处和租车处。

另外，布鲁塞尔南沙勒罗瓦机场（Brussels South Charleroi Airport）是布鲁塞尔以南的一个小型机场，主要是廉价航空公司Rynair的专用机场。该公司在欧洲各主要旅游城市都设有机场，已经形成了一个比较全面的网络。

布鲁塞尔国际机场到市区交通	
火车	乘坐火车可以到达布鲁塞尔市区（大约20分钟）以及安特卫普、根特、鲁汶等比利时各大城市。机场火车站位于航站楼负一层
公交车	12路与21路可直达舒曼广场，其中12路的经停站更少，较为快捷，可提前查看目的地从而做好准备。单程票价4欧元
出租车	在抵达大厅外可以乘坐出租车。机场到达市中心大约需要50欧元

火车

布鲁塞尔有5个火车站，其中3个是国际车站：

北站（Gare du Nord）是布鲁塞尔的三大车站之一，主要开往荷兰、卢森堡、德国等地。除了高速列车Thalys和开往阿姆斯特丹的IC列车外，其他通过本站的列车均在此停靠。

Rue du Progrès 76,Brussels

乘坐地铁 2 号线、6 号线至 Rogier 站，出站后步行 5 分钟左右可到

中央站（Gare du Centrale）是比利时最繁忙的火车站，主要通行比利时国内列车，距离市区中心较近，乘地铁可直达。同时还是国际列车的中转站，到巴黎、科隆和阿姆斯特丹等大城市都有直达特快列车。

Carrefour de l´europe 2,Brussels

乘坐地铁 1 号线、5 号线或公交车 38、71 等路至 Gare Centrale 站下车可到

南站（Gare du Midi）是布鲁塞尔最大的火车站，通常简称为“Brussels Midi、Zuid”。比利时的国际火车线一般都在这里，主要有开往奥地利方向的列车，以及从北部荷兰南下巴黎的列车。

47B Avenue Fonsny,Brussels

乘坐地铁 2 号线、6 号线至 Gare du Midi 站下车可到

轨道交通

布鲁塞尔的轨道交通包括地铁和有轨电车。现在布鲁塞尔市区的地铁网络已经非常完善，布满市区各个地点的地铁站能够基本满足你的出行需求。地铁站的标志是一个矩形，里面以蓝色为背景的白色“M”。

有轨电车是在布鲁塞尔使用时间最长也是线路最完善的，在市内观光游玩或是前往郊区都很方便。有着“小地铁”之称的有轨电车，从火车北站到火车南站这一段路程是行驶在风景优美的林荫大道上，其余的线路则走地下。

公交车

布鲁塞尔有着完善的公共交通网络，布鲁塞尔有一个覆盖面广、运行高效、使用便利的公共交通系统。公交车分为红绿两种，绿色走近郊线，红色走市区线。

出租车

在大街上不能随便招手打的，在固定的出租车站那里有正规的出租车。在火车站、大广场，公交站点的旁边、大的酒店门口都有出租车。在酒店还可以请前台帮忙叫车。布鲁塞尔出租车起步 3 ～ 4 欧元，每公里计费 1 欧元。

自驾租车

如果你想在布鲁塞尔开车游玩，可以在 Budget（电话：02–7532170）或者 Europcar（电话：02–3489212）租一辆汽车，它们在机场设有咨询点。在布鲁塞尔根据法律要求，行人享有车辆先行权，开车时需要及时避让行人。

美食

布鲁塞尔餐厅推荐

肉铺街旁的百年老店 Chez Leon，是比利时人吃青口的地方。店里的青口口味多达 20 余种，最受欢迎的是原味、奶油味和白葡萄酒味。特别是白葡萄酒口味的青口深受当地人的喜爱，不但有异国风味，葡萄酒还可以遮去腥味。

Belga Queen 餐厅

Rue Fosse aux Loups 32, Brussels

02—2172187

www.belgaqueen.be

Belga Queen是布鲁塞尔最奢华的餐厅之一。这里是各类超级美食家和名模的常聚之地，不仅有上好的生蚝和雪茄，还有专门为模特提供的低脂肪和低热量的餐饮。

住宿

布鲁塞尔住宿地推荐				
名称	地址	电话	网址	参考价格
Sheraton Brussels Hotel	Karel Rogierplein 3,1210 Sint-Joost-ten-Node, Brussels	02-2243111	www.sheratonbrussels.com	230欧元
Radisson Blu Royal Hotel Brussels	Wolvengracht 47,Brussels	02-2192828	www.radissonblu.com	130欧元
Royal Windsor Hotel Grand Place	Duquesnoystraat 5,Brussels	02-5055555	www.warwickhotels.com	100欧元
Park Inn by Radisson Brussels Midi	Place Marcel Broodthaers 3,Brussels	02-5351400	www.parkinn.com	85欧元

购物

布鲁塞尔购物地推荐			
名称	地址	网址／交通	营业时间
Inno 百货商场	Rue Neuve 111–123, Brussels	乘坐地铁 2、6 号线在 Rogier 站下车，步行可到	周一至周六 09:30 ~ 19:00
Delvaux	Galerie de la Reine 31,Brussels	www.delvaux.com	周一至周六 10:00 ~ 18:30，周日 12:00 ~ 18:00
CITY TWO	Rue Neuve 123 – BO 402,Brussels	乘坐地铁 2 号线或公交车至 Rogier 站下车可到	周一至周六 10:00 ~ 19:00
玛丽巧克力	Galerie de la Reine 36，1000 Brussels	www.mary.be	周一至周日 10:00 ~ 20:00
蓝精灵店	Rue Marché aux Herbes 116,Brussels	www.smurfstore.be	10:00 ~ 17:00

娱乐

布鲁塞尔娱乐地推荐			
名称	简介	地址	网址
粉象酒吧	曾以有 2004 种啤酒进入了世界吉尼斯纪录，现在啤酒的种类已增加到 2650 种	Impasse de la Fidelite 4,Brussels	www.deliriumcafe.be
Lola 啤酒吧	每当周末的午餐时间，这里总是挤满了看似艺术家的顾客	Place du Grand Sablon 33,Brussels	www.www.restolola.be
Ancienne Belgique	这里是带有乐队演出的场所，不少国际乐队都会来此演奏，有时候也会表演爵士乐和民族音乐	BD Anspach 110, Brussels	www.abconcerts.be
FOREST NATIONAL	国际型音乐会的主要场地，适合夜晚高雅范儿的仙女们翩翩起舞或是静静聆听	Av Du Globe 36, Brussels	www.forestnational.be

零元游比利时周边

· 比利时→卢森堡

卢森堡（**Luxemburg**）是一座古堡林立的神秘之地，在小小的国土面积上，因拥有众多古堡，因而有“千堡之国”美称。这个曾为军事要塞的重镇，如今已被美丽的玫瑰花与繁密的森林所覆盖，各式城堡藏于其中，静静等待着人们越过花丛一探究竟。漫步在卢森堡任一条小街上，你可走进真实的市民生活中去。

前往卢森堡

从比利时前往卢森堡最便捷的交通方式是乘坐火车前往。从布鲁塞尔的北站乘车，每小时一班，约 3 小时到达。

宪法广场（**Place Constitution**）中央立有英雄纪念碑，纪念碑是为了纪念一战中所阵亡的3000名卢森堡士兵而建立，在“二战”中被毁坏，后重建为现在的样子，因此具有双重的意义。纪念碑高约12米，上面的胜利女神像是出自本地艺术家克劳斯之手。

Part1 西欧地区
比利时周边

1

·宪法广场·

旅游资讯

Place de la Cons-titution，Luxem-bourg

火车站向西北方向步行15分钟可达

阿道夫大桥（**Pont Adolphe**）是卢森堡市的标志建筑之一，又名“新桥”，以其拥有世界上最大的石制拱门而闻名世界。阿道夫大桥是阿道夫大公爵在位时建造，并以他的名字命名。这座由石头砌成的高架桥，悬空跨越在卢森堡大峡谷之上，连接了卢森堡市新、旧两个市区。大桥的圆拱上有大小不一的桥洞，拱门左右对称，非常壮观，不愧是欧洲杰出的桥梁建筑之一。

Part1 西欧地区
比利时周边

2

·阿道夫大桥·

旅游资讯

Adolphe Bridge Luxembourg

由火车站外过马路沿Auenue Liberte走10分钟可到

Part1 西欧地区 比利时周边

3 ·圣母大教堂·

旅游资讯

Notre-Dame Cathedral, Luxemburg

从火车站向北沿N50步行约20分钟可到

圣母大教堂(Notre-Dame Cathedral) 有卢森堡最受尊敬的圣母雕塑，教堂混合了文艺复兴时期的风格与巴洛克风格。建筑内部金碧辉煌，内坛饰以名贵的雪花石膏雕像，墙柱上雕刻着阿拉式图像。圣母大教堂的附近还有首相府、卢森堡外交部、经济部、财政部等古朴又壮观的中世纪建筑。

Part1 西欧地区 比利时周边

4 ·风景走廊·

旅游资讯

Chemin de la Corniche, Luxemburg

从市中心沿Du St Esprit大街步行5分钟可到

风景走廊（**Chemin de la Corniche**）位于Grund区阿尔泽特河畔，被誉为“最美的欧洲阳台”。曾经是一道有陡峭台阶的防御城墙，失去防御功能之后拆除了外侧的保护墙，从而形成了一个360°的观景平台，在这里能够一览Grund河谷的美丽景色。

阿尔泽特河畔风光

Part 2 北欧地区

无需门票，体验挪威“心”玩法

Part 2 北欧地区
挪威

1 · 遇上庆典别错过 ·

挪威的奥斯陆拥有多样化的文化景观和设施，这里是诺贝尔和平奖的颁奖地。一年中还有丰富的节庆活动，每一个节庆都值得融入其中感受一番。

挪威奥斯陆民俗节庆活动

名称	时间	举办地点	简介
奥斯陆霍尔门考伦滑雪节	3 月第一个周六	奥斯陆	每年 3 月在奥斯陆的霍尔门考伦山上举行，始办于 1892 年。该滑雪节与中国哈尔滨冰雪节、日本札幌雪节、加拿大魁北克冬季狂欢节并称为世界四大冰雪节
尔雅音乐节	8 月	中世纪公园	每年夏天 8 月的第二个周末，会在首都奥苏路市中心附近靠奥斯陆峡湾的中世纪公园举办，该音乐节也是挪威最大的户外音乐节
奥斯陆爵士音乐节	8 月	奥斯陆	为各类青年音乐爱好者和默默无闻的创作者提供了非常好的平台。而特别的是，音乐节还为儿童准备了音乐会
奥斯陆现代音乐节	9 月 10 日至 9 月 20 日	奥斯陆	从 1991 年开始，此节日成为年度盛事。在音乐节期间，音乐会展示大量现代音乐，当然你也可以欣赏到戏剧、木偶剧、舞蹈、电影以及参观演出

2· 自驾游玩 High 翻天 ·

自驾 发现挪威的自然美

卑尔根：从卑尔根出发，可到达许多的峡湾，观赏挪威最纯洁的美

卑尔根 –E16– 松恩峡湾，路程约 150 公里，行程约 2 小时

松恩峡湾：这一段是最精华的部分，视野开阔，拥有无敌的美景

松恩峡湾 –E16–52 号公路 –Rv7– 奥斯陆，路程约 330 公里，行程约 4.5 小时

奥斯陆：这一段有一条只在夏季开放的景观公路，自然景色十分美艳

零元游挪威

奥斯陆

Part2 北欧地区 挪威

1

• 奥斯陆市政厅 •

旅游资讯

Fridtjof Nansens Plass 5,0160 Oslo

乘坐 1～6 号线地铁在国家剧院站下或乘坐 12 路有轨电车在市政厅站下可到

周一至周六 09:00～16:00，周日关闭

奥斯陆市政厅（**Rådhus Oslo**）是每年 12 月 10 日诺贝尔和平奖颁奖地，它是为了庆祝奥斯陆建城 900 年而建的。在建造奥斯陆市政厅前从全国的建筑设计师处募集了很多设计方案，最终选择了两个方案，并在 1931 年开始修建，于 1950 年完工。市政厅由两座高耸的塔楼和敦实的群房组成，为"凹"字形，周围有大量雕塑，表现了挪威人生活的各个方面。

奥斯陆大教堂（**Oslo Cathedral**）建于1697年，经过两次修葺，高耸的塔尖成为奥斯陆市的象征。教堂内部有德国制造的管风琴，由6000支管子制成。教堂中的彩色玻璃是1936～1950年由挪威著名雕刻家伊曼纽尔·维格兰所创作的。

不要门票也能 High

教堂内的彩色玻璃非常漂亮，其色调柔和、栩栩如生。祭坛装饰是由 Michael Rasch 在1748年根据《最后的晚餐》和《基督受难图》为摹本创作的。教堂前每周三都会有管风琴演奏，非常动听；教堂前还有花市，可以在这里买一些鲜花。

Part2 北欧地区 挪威

2 •奥斯陆大教堂•

旅游资讯

Karl Johans gate 11,0154 Oslo

乘坐1～6号地铁线在Jernbanetorget站下车后，往西走大约8分钟可到或乘坐11、17、18路有轨电车在Stortorvet站下车可到

周一至周四、周日10:00～16:00，周五16:00～24:00，周六24:00～16:00

@ www.oslodomkirke.no

维格兰雕塑公园（**Vigelandsparken**）位于奥斯陆的西北部福洛格纳公园内，是以挪威的雕塑大师古斯塔夫·维格兰的名字命名的。公园占地近0.5平方公里，园内共有650个人物雕像，其中有192座裸体雕塑。园内所有雕像都是由铜、铁或花岗岩制成，是维格兰20多年心血的结晶。

Part2 北欧地区 挪威

3 •维格兰雕塑公园•

旅游资讯

Nobels gate 32, 0268 Oslo

乘坐地铁1～6号线在Majorstuen站下或乘坐12路有轨电车在Frogner plass站下可到

Part2 北欧地区
挪威

4

·挪威国家美术馆·

旅游资讯

Universitetsgata 13,0164 Oslo

乘坐有轨电车 11、17、18 路在 Tinghuset 站下可到

周日免费

周二至周五 10:00～18:00，周六、周日 11:00～17:00，周一休息

@ www.nasjonalmuseet.no

挪威国家美术馆（National Gallery of）是挪威最大的美术馆，建于1837年，当时并不对外开放。收藏有各种古代与现代的挪威艺术品，其中有大量挪威浪漫画派的作品以及各国画家的作品。这里有易卜生的大理石雕像，是挪威著名雕塑家维格兰的代表作，同时也是挪威民族的艺术珍品。此外，馆内还有雕刻家米德尔顿的作品以及蒙克的部分作品，包括著名的《呐喊》。

现在，美术馆内的大部分当代作品都已移至位于班克广场的现代艺术博物馆中。

Part2 北欧地区
挪威

5

·奥斯陆市博物馆·

旅游资讯

Frognerveien 67,0266 Oslo

乘坐有轨电车 12 路到 Frogner plass 站或公交车 20 路到 Frogner plass 站下车可到

周二至周日 10:00～17:00，周一休息

@ www.oslomuseum.no

奥斯陆市博物馆（Oslo Bymuseum）位于弗洛格纳庄园内的一座建于18世纪90年代的古建筑中，里面详细介绍了12世纪开始到现在的奥斯陆文化和历史，馆内以绘画和模型的方式介绍奥斯陆的通信、卫生、文化事业、住宅等方面的情况。它虽然是一座文化历史类博物馆，但是里面却珍藏有大量的绘画作品，是挪威最大的绘画藏品博物馆之一。

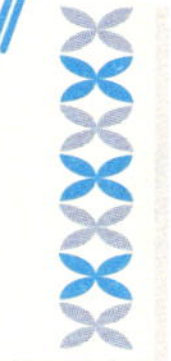

不要门票也能 High

博物馆内，还经常举办按照主体分类的展览会，你可以在这里欣赏到不同类型的绘画和模型展品。这里还有易卜生和蒙克的主题展览，值得前去看看。

卑尔根

卑尔根鱼市（**Bergen Fish Market**）是卑尔根历史上的鱼类交易中心，随着游客越来越多，鱼市上的交易与历史上有了很大的不同，新增加的纪念品商店和海鲜餐馆夹杂在其中，活动也更加丰富。在这里，可以使游客看到当地人餐盘中的海鲜和各种各样奇特的鱼，很多摊位都可以免费品尝。除此之外，游客在这里还可以买到水果、蔬菜和鲜花等其他商品，是前往卑尔根游玩的必去之地。

不要门票也能 High

在鱼市周围还有很多旅游景点，如市场对面被联合国列为世界遗产的中世纪码头，在码头上你能看见卑尔根最古老和最著名的建筑物——旧码头货仓。此外，市场周围的一些老房子，曾是剧作家霍尔堡、作曲家格里格等著名艺术家的故居，值得去参观。

Part2 北欧地区 挪威

1

·卑尔根鱼市·

旅游资讯

Fisketorget, Center of Bergen

位于市中心，步行可到

6～8月07:00～19:00，9月至次年5月周一至周六07:00～16:00，周日休息

卑尔根大教堂（**Bergen Cathedral**）是建于12世纪的哥特式宗教建筑，绿顶白墙的外观格外鲜艳醒目。教堂层经历过数次大火并重建，最终以现在的外观呈现在人们面前。教堂中殿上方的尖顶被拆掉，取而代之的是一座塔楼。大教堂周围有很多可爱的小店，如旧书店、纪念品店以及装饰店等都非常具有特色，值得一逛。

Part2 北欧地区 挪威

2

·卑尔根大教堂·

旅游资讯

Domkirkeplassen 1,5003 Bergen

从卑尔根火车站出发，沿着Kong Oscars Gate街往西北方向直走，大约350米后可到

6～8月周一至周五 11:00～16:00，9月至次年5月周二至周五 11:00～12:30

@ www.bergen.kirken.no

Part2 北欧地区
挪威

3
·圣玛利亚教堂·

旅游资讯

Dregg Sallmenn-ingen 15,5003 Bergen

从市中心乘坐公交车 5、6、9、20、21、22 路可到

5～9 月 11:00～16:00，10 月至次年 4 月 12:00～13:30

圣玛利亚教堂（St Mary's Church）建于 12 世纪，当时称“日耳曼商人教堂”。它是卑尔根最古老的建筑之一，也是挪威最著名的罗马式教堂，有罗马式的大门和双塔。教堂里面有 15 世纪的壁画和一个华美的巴洛克式讲道坛。城市音乐会时常在此举行，届时会有很多音乐家前来表演。每到夏季教堂内还会有人演奏动听的管弦乐。

卑尔根周边

· 卑尔根→沃斯

沃斯（Voss）是挪威西南部重要的商业和交通枢纽。这里是一个美丽的小城，从沃斯火车站出来就可以看到清澈的万古斯湖（Vangsvathet），在湖的左侧、火车站的东侧便是沃斯的城中心。你可以去万盖尔维根大街、万格斯加塔大街和乌托加塔大街上转转，著名的沃斯教堂就位于万格斯加塔大街。在沃斯，你还可以体验垂钓、远足和划船等户外活动。

前往沃斯

乘坐从卑尔根驶往米达尔（Myrdal）方向的火车可以到达沃斯，大约需要 1 个多小时，班次很多。

·卑尔根→松恩峡湾

松恩峡湾（**Sognefjord**）坐落在挪威西部的松恩－菲尤拉纳郡（Sognog Fjordane）内，距卑尔根不远。它全长204公里，深1308米，号称世界上最长、最深的峡湾，被称为“峡湾之冠”。它包括艾于兰峡湾和奈罗峡湾，前者有风景秀丽的弗洛姆山谷和世界上最陡峭的高山铁路支线——弗洛姆铁路，后者则是拥有全欧洲最狭窄水道的峡湾。

前往松恩峡湾

从奥斯陆或卑尔根乘坐列车等交通工具就能很方便地到达松恩峡湾，夏季还有从卑尔根出发当天来回的旅行团。你可在挪威大城市的火车站或旅行社购买Fjord Tours的特色团队游——挪威剪影周游圈（Norway in a Nutshell），或从卑尔根的Fylkesbaatane船公司购买从卑尔根到桑恩达（Songdal）或弗洛姆（Flam）的船票。

·卑尔根→哈当厄峡湾

哈当厄峡湾（**Hardangerfjorden**）位于挪威霍达兰郡，长达179公里，是世界上第三长峡湾，也是挪威第二长峡湾。哈当厄峡湾始于大西洋畔，卑尔根的南面，峡湾沿着东北方向蜿蜒，直到哈当厄高原。哈当厄峡湾最长的分支为南峡湾，从主峡湾往南，长达50公里。峡湾最深处超过800米，位于峡湾中部诺海姆桑德。

前往哈当厄峡湾

从卑尔根出来乘巴士约1小时35分可到达诺尔哈伊姆森，再乘高速船50分钟可到洛夫特胡斯，之后再由诺尔哈伊姆森返回卑尔根即可。

· 卑尔根→盖朗厄尔峡湾

盖朗厄尔峡湾（**Geirangerfjorden**）是挪威默勒－鲁姆斯达尔郡最南部南默勒地区的一个峡湾，为斯图尔峡湾的一个分支，峡湾的源头坐落着小村庄盖朗厄尔。狭长的峡湾拥有原始秀美的海湾景观，是风景最为秀丽的地区之一，也是挪威最受欢迎的旅游地之一，2005 年与松恩峡湾的分支——纳柔依峡湾一起被联合国教科文组织列入《世界遗产名录》。

前往盖朗厄尔峡湾

6 月中旬到 8 月中旬，从奥斯陆、卑尔根等地每天都有多趟火车或公交车到达峡湾。如果到布林冰河，可在 6 月中旬到 8 月中旬由奥勒松、斯特林等地乘巴士到达。其余时间可自行租车自驾观光。

6216 Geiranger

挪威的西海岸线有一条 63 号公路，是行经全世界上最曲折蜿蜒峡湾山区的景观公路，被称为世界上 12 条最危险的路之一。第一段被称为**“老鹰之路”**（**Ornevegen**），第二段被称为“精灵之路”，顺着峡湾盘绕陡峭的山壁开凿，山势险峻工程艰巨。老鹰之路这个霸气的名字，是因为每年在公路开放之前几天，在峡湾的最高点——老鹰之翼（Ornesvingen，620 米）观景台附近经常有老鹰聚集，公路才有此得名。

Trollstigen，6300 Rauma

这条蜿蜒于挪威西海岸的公路原叫托罗尔斯蒂根山道（Trollstigen），意为**精灵之路**，所以人们便用精灵之路来称呼它。它是劳马区（Rauma）一条陡峭的环山公路，在挪威国王哈康七世（Haakon VII）的监督下、历时 8 年建造而成，于 1936 年 7 月 31 日对外开放，为 63 号公路的第二段。为了更加安全，这条公路近几年曾多次加宽，最近一次是在 2005 年，但是超过 12.4 米长的交通工具依然禁止通行。

挪威·旅游资讯

交通

飞机

加勒穆恩国际机场

加勒穆恩国际机场（Oslo Gardermoen International Airport）是奥斯陆的主要机场，位于奥斯陆北部50公里处。它是北欧航空与挪威穿梭航空的枢纽机场，以及斯特林航空与威得诺航空的重点机场，可飞达欧洲大部分地区、部分北美洲与亚洲国家和城市。北京和上海都有直达奥斯陆加勒穆恩机场的航班，交通非常方便。

加勒穆恩国际机场到市区交通	
机场特快列车	是连接奥斯陆机场和奥斯陆中央火车站的机场特快列车，仅需19分钟，每小时6趟。车票大约150挪威克朗，可在自动售票机上购买。营业时间：周一至周五06:15～22:26；周六、周日12:15～23:15
出租车	出租车问询台位于抵达大厅内，出租车待客区在抵达区外，从机场到市中心费用大概需要500挪威克朗
地方列车	从加勒穆恩国际机场到中央火车站大约26分钟，只需82挪威克朗，可直接在机场离境大厅的售票机上购买火车票
机场大巴	SAS运营的机场快速大巴，连通着奥斯陆机场和奥斯陆中央站，行程需45分钟，费用为120挪威克朗

弗莱斯兰机场

卑尔根的国际机场是弗莱斯兰机场（Bergen Airport Flesland），位于卑尔根市南部20公里处，每天都有多趟国际航班往来于卑尔根与其他城市，如哥本哈根、斯德哥尔摩、雷克雅未克、阿姆斯特丹、法兰克福、伦敦等城市都有飞至卑尔根的直航班机。从首都奥斯陆到卑尔根每天都有7～10班航班，约需要50分钟左右。中国还没有开通直飞航线，可从奥斯陆或哥本哈根转机。

弗莱斯兰机场到市区交通	
公交车	公交车 23、56、57 路在机场和卑尔根之间往返；从机场到卑尔根需约 30 分钟，每 15 分钟一班车，单程票价 95 挪威克朗
出租车	出租车在航站楼入口对面乘坐，从机场到市区需时 30 ~ 40 分钟，具体取决于交通状况，费用大约 200 挪威克朗
机场大巴	机场大巴从机场到卑尔根市中心有两条线路，早班车发车时间为 03:25，最后一班车与最后一班飞机对应，如果航班延误，最后一班车将一直等候

奥斯陆

奥斯陆的中央火车站（Oslo Sentralstasjon）是城市的交通枢纽，所有的列车均到达这里，站台内有银行和旅游咨询处，在车站前面有多条巴士和电车站点，火车站地下也就是地铁站，交通非常便利，车票自动售卖机位于站内休息室，硬币和信用卡都可使用。

Jernbanetorget 1，Oslo

周一至周五 06:00 ~ 23:15，周六 06:30 ~ 23:15，周日和公共假期 07:00 ~ 23:15

卑尔根

卑尔根乘火车前往挪威其他各城市非常方便，到峡湾也有许多班次可选，火车站位于市中心，交通便利。“奥斯陆—卑尔根”一线是世界上景色最为壮观的铁路线，从奥斯陆到卑尔根每天约 5 班火车，行程约需 6 ~ 7 小时。往返于卑尔根和松恩峡湾、沃斯的火车约 1 ~ 2 小时一班，行程近 1.5 小时，票价 142 挪威克朗。游客也可购买挪威国铁联票，可以在规定时间内不限次数、距离搭火车。旺季二等舱票价如下：连续 7 天、14 天的联票各为 1260 挪威克朗、1700 挪威克朗；一个月内任选 3 天的联票为 900 挪威克朗。10 月至次年 4 月的票价八折。

奥斯陆

奥斯陆的地铁（T—Banen）线路不是很多，总共只有5条，并且大多是去往市中心以外的地方。在市内看见T的标志时就是有地铁的地方，地铁票可在自动售票机上购买，先选择要去的地点，等价格显示出来之后再将纸币或者硬币放入；运行时间：06:30～24:00。

奥斯陆的有轨电车数量非常多，在市内共有6条线路，每到夏季还会增开两条线路方便游客；车内有广播报站，也可以请司机提前通知，下车时需要按下车内的红色按钮通知司机。营业时间：周一至周五06:00～24:00，周六和周日06:30～24:00。

卑尔根

卑尔根的轻轨往来于城市中心和南部的Nesttun地区，主要穿过卑尔根铁路站、巴士站、Brann足球场和沿途位于Fantoft的学生之家。轻轨运行时间为06:00至次日01:00，每周7天运行，通常10分钟一趟，高峰时段发车间隔更短。轻轨夜间线路在周五、周六晚上整晚运营，发车间隔为30分钟。车内有绿色通道便于轮椅使用者，并有电子站牌和到站广播。

美食

奥斯陆餐厅推荐

安格布雷特

Bankplassen 1,0151 Oslo

022—822525

www.engebret-cafe.no

安格布雷特（Engebret Cafe）是一个品尝传统挪威菜肴和海鲜的好去处，这里做的挪威传统圣诞节菜肴煮淹鳕鱼是非常正宗的。它位于旧城区的古老建筑内，夏季可以在店外露天用餐。

霍斯泰阿

Gabelsgate 11,0272 Oslo
022—446874
@ www.hosthea.no

霍斯泰阿（Hos Thea）的意思是“霍斯泰阿之家”，顾名思义，这是一家经营家常菜肴的餐馆。店内的所有时间都充满着温馨的家庭气氛，在这里度过一个家庭聚会的时间是极好的享受。

卑尔根餐厅推荐

Wesselstuen

Øvre Ole Bulls plass 6,5012 Bergen
055-554949
周一至周四 11:30 至次日凌晨 01:30；周五、周六 11:30 至次日凌晨 02:00；周日 13:00 至次日凌晨 00:30
@ www.wesselstuen.no

Wesselstuen 是一家以经营传统的挪威菜肴为主的餐厅，模仿古代就餐环境，让你体验到悠闲、舒适的古典就餐氛围。

Enhjorningen

Enhjorningsgarden 29,5003 Bergen
055-306950
@ www.enhjorningen.com

Enhjorningen 餐厅的名字历史非常悠久，自 14 世纪便已经存在，但是和现在这家餐厅没有联系，之所以保留了这个名字是为了让人们对于历史有一份更好的怀念，餐厅以经营鱼类料理为主。

住宿

奥斯陆住宿地推荐

名称	地址	电话	网址	参考价格
Radisson Blu Plaza Hotel Oslo	Sonja Henies plass 3,0185 Oslo	022-058000	www.radissonblu.com	1950 挪威克朗
Thon Hotel Opera	Dronning Eufemias gate 4,0191 Oslo	024-103000	www.thonhotels.com	1900 挪威克朗
Cochs Pensjonat	Parkveien 25,0350 Oslo	023-332400	www.cochs.no	850 挪威克朗

续表

名称	地址	电话	网址	参考价格
Anker Hotel	Storgata 55,0182 Oslo	022-997510	www.anker-hotel.no	780 挪威克朗
Smarthotel Oslo	St. Olavs Gate 26, 0166 Oslo	0415-36500	www.smarthotel.no	690 挪威克朗

卑尔根住宿地推荐				
名称	地址	电话	网址	参考价格
Scandic Byparken	Christies gate 5-7,5015 Bergen	055-362900	www.scandichotels.no	1850 挪威克朗
Grand Hotel Terminus	Zander Kaaes gate 6,5015 Bergen	055-212500	www.grandterminus.no	1760 挪威克朗
Marken gjestehus	Kong Oscars gate 45,5017 Bergen	055-314404	www.marken-gjestehus.com	240 挪威克朗
Montana Family & Youth Hostel-Bergen	Johan Blytts vei 30,5096 Bergen	055-208070	www.montana.no	220 挪威克朗

奥斯陆购物地推荐				
名称	地址	交通	网址	营业时间
玛格西纳百货	Stortorvet9, 0155 Oslo	乘坐公交到达Stortorvet站下车可到	www.glasmagasinet.no	周一至周五 10:00 ~ 19:00，周六 10:00 ~ 18:00，周日关闭
STEEN&STROM 百货	Nedre Slottsgate 8,0157 Oslo	乘坐公交到达Kongens gate 站下车步行可到	www.steenogstrommagasin.no	周一至周五 10:00 ~ 19:00，周六 10:00 ~ 18:00，周日关闭
奥斯陆城市购物中心	Stenersgata 1,0050 Oslo	乘坐公交到达Jernbanetorget站下车步行可到	www.oslocity.no	08:00 ~ 21:00
STORO STORSENTER 购物中心	Vitaminveien 7-9,0485 Oslo	乘坐公交到达Storo senter 站下车步行可到	www.storostorsenter.no	周一至周五 10:00 ~ 21:00，周六 10:00 ~ 19:00，周日关闭
Norwegian Outlet 打折村	Vestbyveien 155,1540 Vestby	乘坐公交到达Svarthagsveien站下车步行可到	www.norwegianoutlet.no	周一至周五 10:00 ~ 20:00，周六 10:00 ~ 18:00，周日关闭

卑尔根购物地推荐			
名称	地址	网址	营业时间
Husfliden	Vagsallmenningen 3,5014 Bergen	www.norskflid.no	周一至周三、五 09:00 ~ 16:30，周四 09:00 ~ 19:00，周六 09:00 ~ 15:00
Kvams Flise-spikkeri	Bredsgarden 2,5003 Bergen	www.kvams-flisespikkeri.com	周一至周五 11:00 ~ 14:00，周日 12:00 ~ 16:00
Norli	Torgallmenningen 7,5014 Bergen	www.norli.no	周一至周五 09:00 ~ 21:00，5 ~ 9 月 09:00 ~ 18:00
Xhibition	Smastrandgaten 3,5014 Bergen	www.xhibition.no	周一至周五 09:00 ~ 20:00，周六 09:00 ~ 18:00
Galleriet	Torgallmenningen 8,5014 Bergen	www.galleriet.com	周一至周五 09:00 ~ 20:00，周六 09:00 ~ 18:00

奥斯陆娱乐地推荐			
名称	简介	地址	网址
格兰德咖啡店	易卜生、姆恩库等艺术家曾经常光顾的咖啡店，店内还挂有描绘当年易卜生用餐时情形的油画	Karl Johansgate 31,Oslo	www.grand.no
剧院咖啡厅	店内装饰典雅大方，环境舒适，每天下午都有管弦乐演奏助兴	Stortingsgata 24-26,0117 Oslo	www.theatercafeen.no
塞尔修斯咖啡屋	坐落在一座古老的庭院中，环境安静，空气中还有一丝怀旧的味道	Radhusgata 19,0158 Oslo	www.kafecelsius.no
顶点 21 酒吧	酒吧位于拉迪森 SAS 斯堪的纳维亚饭店 21 层，非常适合夜晚眺望奥斯陆的美丽夜景	Holbergs gate 30,0166 Oslo	www.radissonblu.com

卑尔根娱乐地推荐			
名称	简介	地址	网址
No Stress	在这家酒吧中，能坐在舒服的椅子上和朋友轻松地聊天，舒适的环境以及美妙的音乐令人十分放松	Hollendergaten 11, 5017 Bergen	www.nostressbar.no
Logen Teater AS	这是一家包含 Pub、咖啡馆和舞厅为一体的夜店，是年轻人聚集的地方，充满了青春的朝气	Ovre Ole Bulls plass 6,5012 Bergen	www.logen-teater.no
Cafe Opera	这是一家两层的咖啡厅，一层装饰得温暖舒适，但二层装饰得像接待大厅，很难想象	Engen 18,5011 Bergen	www.cafeopera.org

零元游挪威周边

· 挪威→冰岛

冰岛（Island）被意为“冰冻的陆地”，几乎整个国家都建立在火山岩石上，全国有 100 多座火山。这里是一个神秘的地方，拥有气势宏伟的冰川、汹涌湍急的瀑布、平静如画的湖泊，以及令人向往的温泉等。来到这里不能错过气势磅礴的黄金瀑布、美丽的蓝湖以及具有民族文化的哈尔格林姆斯教堂等著名景点。

前往冰岛

从挪威的奥斯陆可乘飞机直达冰岛雷克雅未克的凯夫拉维克国际机场，全程约需 2 小时 40 分钟。到了夏季，可选择乘坐轮渡前往。

Part2 北欧地区
挪威周边

1 ·黄金瀑布·

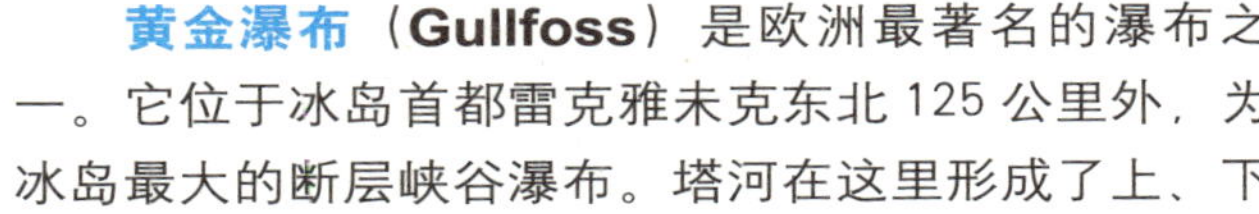

黄金瀑布（**Gullfoss**）是欧洲最著名的瀑布之一。它位于冰岛首都雷克雅未克东北125公里外，为冰岛最大的断层峡谷瀑布。塔河在这里形成了上、下两道瀑布，下方河道变窄形成激流。奔流的瀑布，呈梯级分布，极富美感。在瀑布上方有很多水雾，晴天时在这里经常可以看到彩虹。

旅游资讯

Gullfoss Parking, Gullfossi

不要门票也能 High

冬天的黄金瀑布，虽然没有满目的绿意相伴，但也别具风情。冬天往下游倾泻的瀑布两侧，冻成了很多晶营透亮的淡蓝色冰柱，由于那冰柱是在流动的水流中形成的，因而极富动感，十分引人注目。

Part2 北欧地区
挪威周边

2 ·大间歇喷泉·

大间歇喷泉（**Gret Geysir**）位于冰岛西南部奥德恩斯的赫伊卡达伦居民点附近，其最高喷水高度居冰岛所有喷泉和间歇喷泉之冠，是世界著名的间歇泉之一。这个地区是一个大喷泉区，到处有灼热的泉水冒出，形成喷泉、彩池、喷气孔等许多地热景观。大间歇泉每隔约8分钟连续喷发2～3次，水柱高达20米，周而复始，十分壮美。

旅游资讯

Geysir, Haukadal-svegur

哈尔格林姆斯教堂（Hallgrímskirkja）位于雷克雅未克市中心，是冰岛最大的教堂，同时也是冰岛第六高建筑。教堂以冰岛著名的牧师与诗人哈尔格林姆斯的名字命名。教堂内部设有电梯，乘电梯可以轻松到达教堂顶部的观景台，在这里能够欣赏到整个雷克雅未克被群山环绕的美景。即使不登上观景台，来这里也能看到美景。大教堂建筑本身就是一座美丽的艺术品，其为设计新颖的管风琴结构，十分具有冰岛民族风格。

Part2 北欧地区

挪威周边

3

•哈尔格林姆斯教堂•

旅游资讯

Skólavörðuholti, 101 Reykjavík

免费开放，观景台成人 500 冰岛克朗，儿童 100 冰岛克朗

5～9月 09:00～21:00，观景台 09:00～20:45；10月至次年4月 09:00～17:00，观景台 09:00～16:45

托宁湖（Tjornin）是位于雷克雅未克市中心的一个湖泊，它不是冰岛最大的湖泊，但却是最知名的一个。大多数前往雷克雅未克的游客都会在托宁湖边漫步机会，因为它就坐落在雷克雅未克市政府旁边，此外，周围还有很多可供游客游览的博物馆。托宁湖上有很多野鸭、海鸥、天鹅等野生动物，通常到了冬季，湖面便会被冰层覆盖，但是滚烫的地热水会为水鸟们开辟出一些零星的活动区域。

Part2 北欧地区

挪威周边

4

•托宁湖•

旅游资讯

Tjörnin, 101 Reykjavik

Part2 北欧地区
挪威周边

5

• 瓦特纳冰川国家公园 •

旅游资讯

Vatnajoekull National Park Sprengisandslei

可从赫本参加到瓦特纳冰原的巴士之旅，费用大约为15800冰岛克朗

瓦特纳冰川国家公园（**Skaftafell National Park**）位于冰岛东南部，是冰岛面积最大的国家公园及自然保护区。现有面积已占整个国家面积的百分之十二，该公园集冰川、火山、峡谷、森林、瀑布为一体，景色非常壮观。比较知名的景点有瓦特纳冰原、冰河湖、斯瓦蒂佛斯瀑布等。

冰河湖是冰岛最著名、最大的冰川湖。由于冰川的大量融化，使冰河湖不断扩大。很多电影在冰川湖取景，包括《古墓丽影》《蝙蝠侠诞生》和两部“007系列”。这里的冰，蓝得那么梦幻，美若仙境，运气好的话还能遇见海豚。

斯瓦蒂佛斯瀑布周围环绕着黑色玄武岩，是世界十大最美瀑布之一。这些柱状玄武岩没有遭受风化作用，边缘笔直锋利，直垂到半山腰，构成了让瀑布飞流直下的峭壁。玄武岩呈现出水晶般的构造，与传统教堂的风琴管极其相似。至刚的岩石与至柔的流水，构成了罕见的奇美景象。

Part2 北欧地区 挪威周边

6

·维克·

旅游资讯

冰岛最南端

维克 (Vik) 是一个安静祥和的小镇。这里的房屋简单而精致，有黑色的倾斜屋顶、红色的木头屋墙，在一片白雪覆盖的群山之中显得分外美丽和安静。小镇后面是一望无际的大海，海水蔚蓝澄净，在阳光下泛着金色的微光。令人感到奇怪的是，这里的沙滩却是黑色的，其黑得天然、黑得通透，显现出一种独特的美感。

Part2 北欧地区 挪威周边

7

·米湖·

旅游资讯

冰岛北部

米湖（Myvatn）是一个浅水湖，也是冰岛的第五大湖。游客可以搭船游湖，更可在湖畔钓鱼。由于山的屏障，米湖被视为冰岛最干燥的区域之一，但天气经常很好，是冰岛最重要的旅游区。米湖除了拥有美丽的景色之外，还保存有完整的火山地理景观，包括地热、间歇性喷泉、火山口等。其中，火山口、地下温泉、克拉夫拉热气田是米湖的三大奇观。

Part 2 北欧地区

无需门票，体验瑞典“心”玩法

Part 2 北欧地区
瑞典

1 · 遇上庆典别错过 ·

瑞典各城市均有各自的庆典活动，斯德哥尔摩是一座既古老又年轻、既典雅又繁华的城市，而哥德堡也是一座迷人的城市，这两座城一年四季都有丰富多彩的节庆活动，来到这里，最不可错过瑞典风情的独特节日。

瑞典各城民俗节庆活动			
名称	时间	举办地点	简介
斯德哥尔摩之味	9 月	斯德哥尔摩	每年 9 月底，在风景秀丽的动物园岛上举办为期 3 天的美食活动。届时会有各路大厨各显所能，为观众们打造出视觉与味觉的双重盛宴
斯德哥尔摩爵士节	10 月		是一个国际知名的爵士音乐节，在船岛举行。作为瑞典历史最悠久、最知名的音乐节之一，斯德哥尔摩爵士音乐节每年都会吸引成千上万的爵士迷
斯德哥尔摩电影节	11 月		每年 11 月在瑞典首都斯德哥尔摩举办，为期 9 天左右。电影节以求新求异为选片宗旨，力求将电影节打造成电影界新秀与观众和评论家交流的平台
仲夏节	6 月 22 日	哥德堡	庆祝活动会在仲夏节前夜展开，姑娘们头戴花环，孩子们围绕五朔节花柱唱起小青蛙之歌，人们欢聚一堂，气氛十分热闹

2· 免费导游带你玩 ·

瑞典境内设有多个旅游信息办公室，提供咨询与多语种服务，只要找到有“i”字样的国际标识就可以获得旅游信息，还出售地图与纪念品，也可预订食宿。

Sweden House

Kulturhuset,Sergels Torg 3,103 27 Stockholm

周一至周五 09:00 ~ 18:00，周六 09:00 ~ 16:00，周日 10:00 ~ 16:00

3· 不要门票怎样能玩 High ·

不花 1 分钱 游览斯德哥尔摩市内美景

斯德哥尔摩市政厅：别致、精美，是诺贝尔奖的揭晓地

步行约 14 分钟

赛格尔广场：是斯德哥尔摩最具人气的广场，交通方便，傍晚时分，夜景更加美丽

步行约 11 分钟

斯德哥尔摩大教堂：是皇家典礼举办地，教堂内的圣乔治与龙的雕像值得一看

零元游瑞典

斯德哥尔摩

Part2 北欧地区
瑞典

1 • 斯德哥尔摩市政厅 •

旅游资讯

Ragnar Ostbergs plan 1,105 35 Stockholm

08-50829000

乘坐公交车3、62路在Stadshuset站下可到

进入参观需50瑞典克朗

10:00～16:30

斯德哥尔摩市政厅（Stockholm Stadshus）是一座造型别致、装潢精美的建筑。它建于1911年，是瑞典建筑中最重要的作品。这里是每年诺贝尔奖的揭晓地，它在瑞典的地位就像是万里长城在中国一样。市政厅整体呈庭院式结构，外围两边临水，主体以红砖建造，右侧高高耸立的钟楼顶端是代表丹麦、瑞典、挪威三国的金色三王冠，钟楼内设有以艺术品展览为主的博物馆。

不要门票也能 High

站在市政厅前，除了观赏市政厅宏伟的建筑外，还可以远眺骑士岛，水边颇有一种“平湖秋月”的意境。

斯德哥尔摩大教堂（**Stockholm Cathedral**）是斯德哥尔摩老城最重要的标志性建筑之一，也是当地人心中最神圣的心灵寄托地。这里曾是皇室举行加冕大典的地方，是老城区内历史最悠久、最古老的教堂。教堂以精致繁复的木雕著称，艺术价值非常高。在其内部除了知名度很高的木雕外，还有黑檀木搭建的主祭坛以及其他众多精美的内饰。

Part2 北欧地区 瑞典

2

·斯德哥尔摩大教堂·

Trångsund 1,111 29 Stockholm

乘坐 2、43、55、71、76 等路公交车在 Slottsbacken 站下可到

09:00 ~ 16:00

@ www.stockholmsdomkyrkoforsamling.se

不要门票也能 High

大教堂里还有非常值得观赏的管风琴，壮观宏伟的乐器音色优美，为北欧半岛上最优质的管风琴，据说每到周六中午，这里都会有一场管风琴演奏，是领略古教堂之美的最佳时刻。

国王花园（**Kungstradgarden**）过去是专供王室厨房种植花卉蔬菜的田地，现在成为街区中心公园而对外开放。花园中央有一个长方形大水池，两边各有一个瑞典国王的雕像，一座下边有四个铁墩的是卡尔 12 世（Karl XII），另一座下面有四只狮子雕像的是卡尔 13 世（Karl XIII）。广场边上还有一个大舞台，经常有爵士、摇滚以及歌剧等音乐会在这里举行。

Part2 北欧地区 瑞典

3

·国王花园·

Kungsträdg rd-en, 111 47 Stockholm

乘坐地铁 10、11 线在 Kungstr dg rden T-bana 站下可到

@ www.kungstradgarden.se

不要门票也能 High

国王花园是人们休闲娱乐的好场所，夏季这里百花争艳，色彩斑斓，冬季则变成了大众的室外溜冰场。它在不同季节变着花样给人们带来不同惊喜，让人们尽情玩乐。

Part2 北欧地区

瑞典

4 ·赛尔格广场·

旅游资讯

Sergels Torg, Stockholm

乘坐有轨电车7号线在Stockholm sergels Torg Spårv站下，或乘坐52、56、69、91等路公交车在Stockholm sergels Torg站下可到

赛尔格广场（**Sergels Torg**）是斯德哥尔摩的一个著名广场，这里经常作为游行的起点。现代化的气息与古色古香的老城形成鲜明的对比，四周的国王街、皇后街和斯维亚街是城市最繁华的商业区。广场最受人关注的是一座几十米高的玻璃柱，它屹立在广场中央一个巨大的喷水池中，在阳光和灯光的照耀下能放出奇异的色彩。广场下面是庞大的地下商场和地下铁路中心站，有“世界最长的地下艺术长廊”之称。这里是人们集合、悠闲娱乐的理想之地。

不要门票也能 High

晚上的广场在灯光的映衬下显得格外美丽，与白天相比有不一样的热闹氛围。好多人来此散步、聊天，时不时传来歌声、笑声，是享受夜晚悠闲时光的好地方。

Part2 北欧地区

瑞典

5 ·皇后大街·

旅游资讯

Drottninggatan, 111 22 Stockholm

乘坐地铁红线、绿线至T-Centralen站下车可到

皇后大街(**Drottninggatan**)是斯德哥尔摩的一条著名的商业步行街，分为老街与新街两部分，许多大商店都聚集于此。大街一头伸到老城的购物街，另一头通向市中心的大马路，两旁是不计其数的商场、小店，专门经销服饰、食品、图书和工艺品。

斯德哥尔摩地铁（**Stockholm Metro**）可以说是世界上最长的艺术博物馆，这个全长100多公里的地铁网是世界最长的地铁网，在一百多个地铁站内，人们都能欣赏到艺术家们的不同作品。斯德哥尔摩市的地铁每个站看上去都像是地下的岩洞，墙壁被装修成石灰岩的样子，凹凸不平。每站的岩洞都是不同的颜色，Akalla站颜色比较朴素，而T-Centralen则是鲜艳的深蓝色；洞顶主要涂抹各种延展开来的图形，像是植被又像是骨架，所有的这些跟地铁蓝色的门，黄色的车内扶手相互映衬，让你不自觉就沉浸在一片色彩的盛宴中。

不要门票也能 High

一张地铁票就能让你欣赏到从20世纪50年代到21世纪的雕塑、壁画、油画、装饰艺术、题词和浮雕。斯德哥尔摩地铁在20世纪50年代建成的时候，就把这个想法实现了。参观路线可以从T-Centralen出发，搭乘蓝线参观Rådhuset站和Fridhemsplan站，然后原路返回参观Kungsträdgården站。

哥德堡

Part2 北欧地区
瑞典

1

• 哥德堡鱼市 •

旅游资讯

Rosenlundsv gen, 411 25 Göteborg

乘坐有轨电车 1、3、5、6 等线或乘坐公交车 753、760、764、765 路 在 G teborg Hagakyrkan 站下，步行约 350 米可到

哥德堡鱼市（**Feskekörka**）在瑞典语中意为“鱼教堂”，因形似教堂而得此名．它的创作灵感来自挪威的木结构教堂和哥特式石教堂。在鱼市正门外边有几座铸铁雕塑，雕塑着卖鱼的小贩、渔民还有一条狗。它的屋顶尖而陡峭，米黄色的墙上镶嵌着哥特式窗户，里面空间很大，却无需柱子支撑。这座教堂里还出售一些旅游纪念品，二楼有餐厅，其中瑞典海鲜餐馆 Gabriel 曾经被一些刊物推荐。

不要门票也能 High

很多人都称这里是鱼教堂，其实它就是一个出售各种各样海产品的市场，来到这里经常见到好多小朋友，他们在老师的带领下到这里学习鱼的知识。除此之外，还可以在二楼餐馆大快朵颐一番。

Part2 北欧地区
瑞典

2

• 哥德堡大教堂 •

旅游资讯

Storebackegatan 15, Göteborg

乘坐公交车 60、190 路在 Fjällskolan 站下车后步行可到

08:00 ~ 18:00

哥德堡大教堂（**Masthugget Church**）建于 1633 年，是哥德堡市具有浪漫风格的北欧建筑。后来遭遇了两次大火，两次重建，现在看到的这座是在 1816 年重建的。教堂里很多装饰都是金色的，圣台下边有两个金色的带翅膀的天使，十分漂亮。大教堂坐落在山丘之上，基本可以俯瞰整个哥德堡市内风景。这座代表哥德堡市的主教堂，现在已成为哥德堡的象征。

小博门码头 (Lilla Bommens Hamn) 是哥德堡城区北部旧码头的所在地，现在成了观光客运和游艇码头。这里的游艇码头停靠着一艘名叫维京号的白色帆船，它是世界上少有的幸存下来的四桅杆帆船。在它一旁矗立着一座红白相间的瞭望塔，是哥德堡最高的建筑。在这里还可以看到哥德堡歌剧院、海上轮船博物馆以及哥德堡海事中心，它们齐聚在这里共同述说着来自海洋的讯息。

Part2 北欧地区
瑞典

3 •小博门码头•

旅游资讯

41104 Göteborg, Sweden

乘坐有轨电车5、10线或乘坐公交车18、19、42、142等路在Göteborg Lilla Bommen站下，步行约350米可到

@ www.reseplanerare.resrobot.se

不要门票也能 High

小博门码头旁边的瞭望塔是哥德堡雄伟的地标建筑，无论你是乘船还是乘火车到哥德堡都能看见一个巨大“积木”似的塔楼。可以乘电梯到它的塔顶，在上面俯瞰整座城市，尤其是海港区，风景特别美。

林荫大道 (Kungsportsavenyn) 是外国游客来哥德堡必看的旅游景点之一。它有100多年的历史，在当地人心中，林荫大道就是他们的香榭丽舍大道。大道的中间走的是电车，两边走汽车。大道两旁的楼房大都是三层，可以看到成排的咖啡厅、酒吧、餐馆、商店等，街头音乐家、沿街叫卖水果和小饰品的小贩在此很活跃。这条大道连接了两个哥德堡的重要广场——哥塔广场和古斯塔夫阿道夫广场，是哥德堡人世代聚集的地方。

Part2 北欧地区
瑞典

4 •林荫大道•

旅游资讯

Kungsportsav-enyen, Göteborg

乘坐有轨电车4、5、7、10线或乘坐公交车18、42、50、58、765路等在Göteborg Valand站下，往东北前行可到

不要门票也能 High

大道两旁的树木并不高，但修剪得十分整齐，把街道两旁古色古香的历史建筑衬托得十分完美。在这里你可以看到很多酒店、商店、餐馆、酒吧和露天咖啡厅，旁边还有运河、花园、喷泉和雕塑的点缀，坐在路边喝杯咖啡聊天，可以尽情感受欧洲城市特有的悠闲时光。

哥德堡周边

·哥德堡→马尔默

马尔默（**Malmö**）是瑞典第三大城市，素有“公园城市”之称。这里环境宜人，公园数不胜数，娱乐、体育设施及场所举目可见，古城和城堡建筑群保存完好，还有引人注目的厄勒海峡大桥通往丹麦首都哥本哈根。在干净的街道走走，尝尝瑞典的特色小吃，领略瑞典南部海岸的迷人风情，感受马尔默最好的海滩生活，看看童话般的风景，体验一个独特而美丽的马尔默，相信这里一定不会让你失望的。

前往马尔默

从哥德堡可乘坐火车前往马尔默，一天中的10:55、11:55、12:55、13:55、14:55、15:55时间点都有出发的列车，全程约3小时，二等舱单人票价45.8瑞典克朗，一等舱单人票价53.8瑞典克朗，具体详情可登录网址www.icrail.com查询。

Part2 北欧地区

瑞典

1 ·HSB旋转中心·

HSB旋转中心（**HSB Turning Torso**）是马尔默一个国际化、现代化的新地标建筑，同时也是欧洲第二高的住宅大厦。该大厦共分9个区层，每个区层的方向都跟下面的区层不同，其中最高的一层和最底的一层成直角，看起来整座大厦好像转动了一般。每个区层的用途也不尽相同，有的作为办公室，有的用作住宅，而最高的第53、54层则是会议室。

旅游资讯

Lilla Varvsgatan 14,211 15 Malm

乘坐公交车2路在Malm Turning Torso站下可到

@ www.turningtorso.se

圣彼得大教堂（**St. Petri kyrka**）是一座14世纪的哥特式教堂，是马尔默保存下来的最古老建筑。由于当时马尔默还在汉萨联盟的控制下，所以教堂的设计以德国吕贝克的玛丽亚教堂为样本。教堂整体为红色，最引人注目的是两个尖尖的高塔，一个是有88米高，一个为中世纪商人们建造的小礼拜堂。教堂内部装饰有精美的壁画，显得相当华丽。

Part2 北欧地区 瑞典

2 ·圣彼得大教堂·

旅游资讯

Göran Olsgatan 4,211 22 Malm

乘坐公交车2、5、8、31、32、35路等在Malmö Djäknegatan站下车可到

周一至周五 08:00～18:00

大广场（**Stortorget**）是马尔默最古老的广场，兴建于16世纪，据说它是北欧最大的广场。在广场的中间矗立着瑞典国王卡尔十世的骑像，因他战胜了丹麦才把马尔默彻底变成了瑞典的城市。在广场周围还有很多古建筑，值得参观，除此之外，这里还有一个购物中心，是人们休闲娱乐的最佳地。

Part2 北欧地区 瑞典

3 ·大广场·

旅游资讯

Stortorget Gamla Staden,Malm

乘坐公交车2、5、8、31、32、35路等在Malmö Djäknegatan站下，向西步行约10分钟左右可到

Part2 北欧地区 瑞典

4 ·小广场·

旅游资讯

Lilla torg,211 34 Malmö

乘公交车在 Malm Gustav Adolfs torg 站下车后，向北步行约 15 分钟可到

小广场（**Lilla Torg**）建于 16 世纪，四周环绕着 16 ～ 18 世纪的半木结构房子。这些房子经过修葺后显得熠熠生辉，成了迷人的小广场最丰富多彩的背景。起初这里是城里最早的集市，现在这里是餐馆、咖啡馆和礼品店最集中的地方，俨然已经成为全市最热闹的地方。

Part2 北欧地区 瑞典

5 ·厄勒海峡大桥·

旅游资讯

Oresund Bridge, Sweden

乘来返于哥本哈根和马尔默之间的火车时便可以经过这座大桥

厄勒海峡大桥（**Oresund Bridge**）是世界最长的斜拉桥，也是欧洲最大的建筑之一，它将马尔默和哥本哈根连在了一起。大桥建设所用的材料和整体设计均体现了环保、简洁、合理的北欧传统建筑风格。你可以驾车、乘坐公共汽车或火车横跨大桥，开头的 4 公里是隧道，然后是 4 公里的人造小岛，最后才是 8 公里长的厄勒海峡大桥，驾车过程只需 30 分钟。从桥上不仅可以看到 200 多米高的竖琴状斜拉索桥塔，还可以欣赏到迷人的海上风光。

瑞典·旅游资讯

阿兰达机场

阿兰达机场（Arlamda Airport，ARN）是瑞典主要的航空港，位于斯德哥尔摩北部约40公里处，几乎所有的长途国际航班都在此起降，机场有4个客运大楼，2号和5号为国际航线，3号和4号为国内航线。从阿兰达机场到斯德哥尔摩市区有多种交通方式往来。从中国前往瑞典十分方便，目前北京、上海有直飞斯德哥尔摩的航班。

阿兰达机场到市区交通	
公交车	从Arlanda机场到斯德哥尔摩市内中央火车站每15分钟有公共汽车往返（距离40公里，费用每人28瑞典克朗，用时约45分钟）
火车	火车站入口在5号候机楼，靠近11–24登机口。高速列车入口在2、4、5候机楼
Express 特快	需要20分钟就能到达市中心，每小时有4班车，成人180瑞典克朗，学生90瑞典克朗
出租车	每辆出租车可搭载四名乘客，所有从机场驶出的出租车都必须收取固定价格或者按计程表收费，从450～500瑞典克朗不等，如果提前预订出租车，有些公司会提供更优惠的价格，出租车站设在2、4、5号候机楼
机场大巴	Flygbussarna Bus往来于机场和城市候机楼需要40分钟，花费119瑞典克朗，25岁以下青年票89瑞典克朗，网上购票会便宜20瑞典克朗
	Swe Bus周一至周五每小时1～4班，周六、周日每小时1～2班，需要35～45分钟，成人票99瑞典克朗，学生票和老年票72瑞典克朗

兰德维特尔国际机场

兰德维特尔国际机场（Landvetter）为哥德堡的主要机场，距市中心约25公里，每天都有国际航班在此停靠。机场有巴士通往市区，单程票价70瑞典克朗。同时，该机场也设有租车公司和出租车。从哥德堡中央车站（Nils Erison Platsen）有到机场的大巴，行驶约30分钟，费用45瑞典克朗。

火车

斯德哥尔摩

斯德哥尔摩中央火车站（Stockholm Centralstation）位于斯德哥尔摩市中心，是全瑞典最大的火车站，也是整个北欧地区人流最多的交通中心。既运营城区铁路，也运营长途线路。火车站通过地下通道与地铁的中心车站 T-Centralen 相连。在这里可以转换郊区小火车、公共汽车、地铁和机场班车，还有往返于斯德哥尔摩与哥本哈根、奥斯陆、特隆赫姆和纳尔维克的直达列车，此外这里还有 SL 列车通行。瑞典最主要的国家铁路公司 SJ 在车站大厅设有服务中心，并且其网站上有旅行计划预订服务和售票服务。斯德哥尔摩中央火车站大厅内有餐厅、商店、ATM 机、网吧、公共厕所等。

中央火车站大厅售票处营业时间为：国内周一至周五 07:30 ~ 20:00，周六 08:30 ~ 18:00，周日 09:30 ~ 19:00；国际周一至周五 10:00 ~ 18:00。

Centralplan 1，11120 Stockholm

乘地铁 10、11、13、14、17、18、19 线在 T-Centralen 站下可到

05:00 至次日 00:15

哥德堡

哥德堡中央火车站（Göteborgs Centralstation）是瑞典第二大火车站，仅次于斯德哥尔摩火车站。火车站位于市中心，有通往马尔默、哥本哈根、奥斯陆、斯德哥尔摩以及瑞典南方其他一些城市的直达列车。其中开往斯德哥尔摩的直达高速列车差不多每小时一班，大约 3 小时可到达首都斯德哥尔摩，两地间的火车班次很频繁，普通的直达火车约需 4 个多小时。

长途汽车

斯德哥尔摩中心汽车站（Cityterminalen）位于市中心，是最主要的汽车站，每日都有很多发往瑞典其他城市的汽车班次，并且运营着一些跨国线路。站内设施齐全，有ATM机、外币兑换处、咖啡吧、锁柜和网吧。

Klarabergsviadukten 72,111 64 Stockholm

乘地铁10、11、13、14、17、18、19线在T–Centralen站下可到

03:30～23:45

@ www.cityterminalen.com

水路

斯德哥尔摩

斯德哥尔摩港是瑞典最主要的波罗的海邮轮港口，它的几个码头均有渡轮和班船，分别驶往芬兰（赫尔辛基和图尔库）、爱沙尼亚（塔林）和拉脱维亚（里加）、波罗的海三国和波兰等。乘船成了人们前往斯德哥尔摩的主要方式之一，这也是到目前为止往返于这些城市与斯德哥尔摩之间最便宜的交通方式。

Frihamnen是经营来往于爱沙尼亚（塔林）航线的Tallink公司渡轮和来往于拉脱维亚（里加）航线的Riga sea line公司渡轮的起终点站，可以从公交总站搭乘渡轮公司的大巴或乘公交车1、72、76路到Frihamnen。

经营来往赫尔辛基和图尔库的Silja Line公司的渡轮从Sodermalm东北的渡轮站开往图尔库和赫尔辛基。可从公交总站乘直通大巴（30瑞典克朗）前往，或从T–Slussen向东步行1.5公里也可到达。

哥德堡

哥德堡港是瑞典一个主要的轮渡港，有多个轮渡站，主要来往于丹麦、德国和英国。海运轮渡线（Stena Line）通达丹麦的菲特列港（Fredrikshamn）和德国的基尔港（Kiel）。DFDS seaways公司的渡轮每周两班，从Hisingen 的Frihamnen轮渡站（可乘有轨电车5、6、10路在Frihamnen站下，然后步行约10分钟即到）发往纽卡斯尔。

在市中心附近，Stena Line公司的丹麦线轮渡站位于Masthuggstorget（可乘3、9、11路有轨电车到Stigbergstorget站下）出发；在西边是Stena Line开往德国基尔港的轮渡站（可乘3、9路有轨电车到Chapmans Torg站下）。

轨道交通

斯德哥尔摩人称地铁为 T–banan，地铁站门口都写有大大的“T”字记号，非常容易辨认。红、蓝、绿三条干线铺陈的网络密集，方便又有效率。每条地铁线的首末班的时间都不同，在地铁站的公告栏都有详细的车次时间表。斯德哥尔摩的地铁末班车时间非常晚，02:00 还有车，只是间隔时间可能长达 30 分钟。车票建议购买通票和条票，非常不建议购买单次票。具体信息建议查询网站 www.sl.se。

地铁运营时间为 5 月 1 日至 9 月 15 日：周一至周五 09:00 ~ 19:00，周六 09:00 ~ 16:00，周日 10:00 ~ 16:00；9 月 16 日至次年 4 月 30 日：周一至周五 09:00 ~ 18:00，周六 10:00 ~ 17:00，周日 10:00 ~ 16:00。

斯德哥尔摩的市郊铁路网络（Commuter Rail）能够到达斯德哥尔摩地区的近郊以及远郊，甚至可以到达 Bålsta 和 Gnesta 等位于乌普萨拉省以及 Södermanland 省的小城镇，但是冬天的准点率较低。目前这套交通系统有 50 座车站，两条主要的线路，使用与公交车和地铁相同的车票和通票。

公交车

斯德哥尔摩

斯德哥尔摩的公交系统效率高，可以到达许多地铁无法到达的地方。在市区内，主要的公交线路标号以 1–4 开头，并且都是蓝色的公交车。在工作日，这样的公交线路每隔 3 ~ 10 分钟就发一班车。其他非主要线路，都由红色的公交车运营，工作日每隔 7 ~ 20 分钟发一班车。蓝线是快线，如果有红线和蓝线都到目的地的话，建议选择蓝线。车票同样建议购买通票和条票，非常不建议购买单次票。到每一个地方，只要在下车前按下“Stop”的按钮，司机就知道下站有人要下车了。不知道具体是哪站的话可提前跟司机说好，让他提前告诉你准备在哪里下车。具体信息建议可先查询网站 www.sl.se。

哥德堡

公共交通主要分为有轨电车和公交车。在每个公交站台可以看到本路车的运行时刻表和运行路线。市区内乘坐有轨电车和公交车可以上车买票，每人一次 20 瑞典克朗，在 90 分钟内可不限次数换乘。如果购买交通卡，每次花费约 14 瑞典克朗。

哥德堡有北欧最大的有轨电车网，这里的电车是城里的一道亮丽风景线。全市共有 200 多辆电车在 11 条线路上运行，都在火车站一条街外的 Brunnsparken 站交汇，交通非常便利，去郊外也很方便。如果是市内中偏远距离的旅程最好选择乘坐有轨电车。

观光船

在哥德堡乘坐观光船，沿着古老的护城河游览也是一条绝佳的游览线路。一路行来，可以尽览众多的历史建筑、公园和广场。有导游的观光船可以带你到达哥德堡港口，那里有造船厂、渔码头、船只博物馆、哥德堡歌剧院，还可以带你游览繁荣的开发区——北艾尔夫河岸。游船天天出航，夏季每小时多达 4 班，行程大约需要 50 分钟。

美食

斯德哥尔摩餐厅推荐

Kajsa 鱼餐厅

Hötorgshallen 3-6，Stockholm

08—207262

乘坐地铁绿线至 Hötorget 站下车可到

周一至周四 11:00 ~ 18:00，周五 11:00 ~ 18:30，周六 11:00 ~ 16:00

@ www.kajsasfisk.se

Kajsa 鱼餐厅是斯德哥尔摩最有名的鱼餐厅，坐落在市中心，来这里可以花上 80 瑞典克朗就能享用一碗新鲜美味的法式鱼汤，蔬菜沙拉和面包是免费自取的，相当划算。这里还有三文鱼布丁和新鲜的炸鲱鱼土豆泥可供选择。

绝对冰吧

Vasaplan 4,101 37 Stockholm

16:00 ~ 24:00

@ www.icebarstockholm.se

绝对冰吧是斯德哥尔摩市内最酷的酒吧，也是世界上第一个永久性的冰吧。无论是夏季来清凉一夏，还是冬季来体验下极地严寒，这里都是最佳选择地。酒吧内的所有物品都是由冰做的，配上各色的灯光，十分梦幻。

哥德堡餐厅推荐

Koka

Viktoriagatan 12,411 25 Göteborg

031—7017979

乘坐有轨电车 1、2、3 线在 G teborg Vasa Viktoriagatan 站下车后步行 1 分钟可到

@ www.restaurangkoka.se

这是位于哥德堡的一家非常传统的瑞典餐厅，其装饰简洁时尚，很有瑞典感觉。店内的食物和服务都是五星级的，值得前去品尝。强烈推荐柠檬鸡培根、奶酪、鸡油蘑菇、沙拉等都十分美味。

Sjömagasinet

Adolf Edelsvärds gata 5,41451 Göteborg

031-7755920

乘坐公交车 86、90 路到 G teborg Jaegerdorffsplatsen 站下车可到

@ www.sjomagasinet.se

Sjömagasinet 家餐厅坐落在海边，都是由木制装饰，完全体现出了北欧的风格。餐厅提供最新鲜的海鲜食品，菜系精致，保留了海鲜的原汁原味。推荐前菜龙虾沙拉，搭配红酒十分美味，记得这里的甜点也不可错过。

住宿

斯德哥尔摩住宿地推荐				
名称	地址	电话	网址	参考价格
Grand Hôtel Stockholm	Södra Blasieholm-shamnen 8,103 27 Stockholm	08-6793500	www.grandhotel.se	4020 瑞典克朗
Sheraton Stockholm Hotel	Tegelbacken 6,101 23 Stockholm	08-4123400	www.sheratonstockholm.com	2630 瑞典克朗
Ånedin Hostel	Stadsgårdskajen 156,116 45 Stockholm	08-68410130	www.anedinhostel.com	1110 瑞典克朗
Hotell Anno 1647	Mariagränd 3,116 46 Stockholm	08-4421680	www.anno1647.se	980 瑞典克朗

哥德堡住宿地推荐				
名称	地址	电话	网址	参考价格
Sankt Jör-gen Park	Knipplekullen 8-10,417 49 Göteborg	031-3484000	www.sanktjorgenpark.se	1785 瑞典克朗
Hotel Opera Nordstan	Nils Ericsonsgatan 23,411 03 Göteborg	031-805080	www.profilhotels.se	1090 瑞典克朗
Hotell Onyxen	Sten Sturegatan 23,412 52 Göteborg	031-810845	www.hotellonyxen.se	980 瑞典克朗
Spar Hotel Görda KB	Norra Kustbanegatan 15,416 64 Göteborg	031-7520300	www.sparhotel.se	848 瑞典克朗
Euroway Hotel	Importgatan 2,422 46 Göteborg	031-580750	www.eurowayhotel.se	610 瑞典克朗

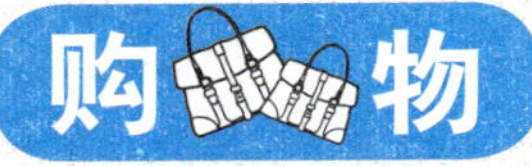

购物

斯德哥尔摩购物地推荐			
名称	地址	网址	营业时间
NK	Hamngatan 18–20,111 47 Stockholm	www.nk.se	周一至周五 10:00 ~ 19:00，周六 10:00 ~ 17:00，周日 12:00 ~ 17:00
Mörby Centrum	Mörby centrum T–bana,182 33 Danderyd,Stockholm	www.morbycentrum.se	周一至周五 10:00 ~ 19:00，周六 10:00 ~ 16:00，周日 12:00 ~ 16:00
Stockholm Quality Outlet	Flyginfarten 2,177 38 Järfälla,Stockholm	www.qualityoutlet.co	周一至周五 11:00 ~ 20:00，周六 10:00 ~ 17:00，周日 11:00 ~ 17:00
Skrapan	Götgatan 78,118 30 Stockholm	www.skrapan.se	周一至周五 10:00 ~ 20:00，周六 10:00 ~ 18:00，周日 11:00 ~ 18:00

哥德堡购物地推荐			
名称	地址	网址	营业时间
Nordstan	Nordstadstorget,411 05 Göteborg	www.nordstan.se	周一至周五 10:00 ~ 20:00，周六 10:00 ~ 18:00，周日 10:00 ~ 18:00
Ex Exklusiv Secondhand	Teatergatan 17,411 35 Göteborg	www.exexklusiv.se	10:00 ~ 20:00
Saluhallen	Kungstorget,411 17 Göteborg	www.storasaluhallen.se	周一至周五 09:00 ~ 18:00，周六 09:00 ~ 15:00
naturkompaniet	Östra Hamngatan 25,411 10 Göteborg	www.naturkompaniet.se	10:00 ~ 19:00
Tvala & Tvaga	Haga Nygata 5F,413 01 Göteborg	www.tvalatvaga.se	周一至周六 11:00 ~ 18:00

娱乐

哥德堡娱乐地推荐			
名称	地址	电话	类型
Göteborgsoperan	Christina Nilssons Gata 411,04 Göteborg	031-131300	歌剧
Nefertiti Jazz Club	Hvitfeldtsplatsen 6,411 20 Göteborg	031-7114076	酒吧/俱乐部
Mitt Andra Hem	Andra Langgatan 31,413 27 Göteborg	031-127770	
Folkteatern	Olof Palmes Plats,Göteborg	031-607560	剧院
Restaurang Valand AB	Vasagatan 41,411 36 Göteborg	031-183093	露天酒吧/餐饮
Tre Små Rum	Kristinelundsgatan 4,411 37 Göteborg	031-181904	

Part 2 北欧地区

无需门票，体验芬兰“心”玩法

Part 2 北欧地区

芬兰

1·旅游信息咨询中心助你玩·

赫尔辛基最大的旅游信息中心位于机场的旁边。你不必担心语言障碍，这里的服务语言有很多种，可以自由选择。在这里可以问路，咨询赫尔辛基新活动以及领取免费地图等。在赫尔辛基一些主要的地铁站内也设有旅游信息中心，十分亲民。

芬兰赫尔辛基旅游信息咨询中心

名称	地址	电话	网址
Helsinki Tourist Information	Norra Esplanaden 19,00130 Helsingfors	09-31013300	www.visithelsinki.fi

2· 免费 Wi–Fi 畅游赫尔辛基 ·

在赫尔辛基的公共图书馆上网是免费的，也有几个咖啡屋和酒吧为顾客提供免费的上网服务。

赫尔辛基免费 Wi–Fi 畅享地				
名称	地址	电话	开放时间	网址
赫尔辛基大学图书馆	Fabiansgatan 30,Helsinki	029–4123920	周一至周五 09:00 ~ 18:00，周六 09:00 ~ 16:00	www.helsinki.fi
Netcup	Alexandersgatan 52 A,00100 Helsinki	029–1213759	周一至周五 10:00 ~ 21:00，周六 09:00 ~ 18:00	www.robertscoffee.com

3· 不要门票怎样能玩 High ·

不花 1 分钱 游览赫尔辛基市内美景

赫尔辛基大教堂：是赫尔辛基的标志性建筑，乳白色绿顶十分显眼，无论身在市内何处都能看到

乘坐有轨电车 3T、3B 线至 Sammonkatu 站下车可到

岩石教堂：是世界上唯一建在岩石中的教堂，除了壮观的建筑本身外，教堂还时常举办音乐会

乘坐有轨电车 3B、3T 线至 Toolon Halli 站下车可到

西贝柳斯公园：是当地市民放松休息的好地方，园内的雕塑最著名，不可错过

零元游芬兰

赫尔辛基

Part2 北欧地区

芬兰

1

• 西贝柳斯公园 •

旅游资讯

Sibeliuksen puisto, Mechelingatan, 00250 Helsinki

乘坐有轨电车3B、3T、4、4T、7A、7B线至Toolon Halli站下，再步行8分钟可到

西贝柳斯公园（Sibelius Park）坐落在赫尔辛基市中心西北面，是为了纪念芬兰的大音乐家西贝柳斯而建，公园内鲜花争妍斗艳、绿草如茵，是市民休憩的好地方。公园里有一座西贝柳斯纪念碑，它以铁管组合成超现实意象表现的风琴造型，洋溢着浓厚的现代气息。此外，公园还有这位作曲家的头像雕塑，这座雕塑表情奇特，至于能令人产生什么样的遐想，那就“仁者见仁，智者见智”了。

不要门票也能 High

你可以在这座绿荫成林的公园里散步，呼吸新鲜的空气，也可以拿起相机和西贝柳斯纪念碑以及西贝柳斯头像雕塑合影留念。听说每年6月，赫尔辛基都要举办“西贝柳斯节”，以这座公园为中心，举办7～10天的各种音乐会，这个节日吸引了很多音乐爱好者前来。

岩石教堂（Temppeliaukion Church）是赫尔辛基最著名的景点之一，是世界上唯一建在岩石中的教堂。整座教堂由石头砌成，22 公里长的通条支撑着直径 24 米的漂亮屋顶，让人欣赏到一种与众不同的美。教堂内壁采用未经任何修饰的岩石装饰，顶部的墙体用炸碎的岩石堆砌而成，原始的色调给教堂增添了一种自然的感觉。金碧辉煌的拱顶与烛光相互映衬，致使整个教堂充满了强烈的艺术感染力。

2 •岩石教堂•

Lutherinkatu 3,00100 Helsinki

乘坐有轨电车 3T、3B 线至 Sammon-katu 站下车可到

6 月 1 日至 8 月 31 日周一至周六 10:00 ～ 17:45，周日 11:45 ～ 17:45；9 月 1 日至次年 5 月 31 日周一至周六 10:00 ～ 17:00，周日 11:45 ～ 17:00

赫尔辛基大教堂（Helsinki Cathedral）是一座路德派教堂，它结构精美、气宇非凡，堪称芬兰建筑艺术上的精华。教堂外形十分引人注目，希腊廊柱支撑的乳白色教堂主体和淡绿色青铜圆顶的钟楼给人一种“遗世独立”的美感。教堂内部有很多精美的壁画和雕塑，欣赏价值很高。

不要门票也能 High

在这里经常可以看到很多芬兰新人的婚礼，因为这座教堂地位极高，芬兰情侣都希望在此举行婚礼，为此他们不惜提前一年半预约。此外，赫尔辛基大学的神学院毕业典礼，每年也都选择在这里举行。每周日晚上，这里都会举办管风琴独奏会和音乐会。

Part2 北欧地区
芬兰

3 •赫尔辛基大教堂•

旅游资讯

Unioninkatu 29, 00170 Helsinki

乘坐有轨电车 1、3B、4、7A 线至 Sen-aatintori 站下车可到

09:00 ～ 18:00，7 ～ 8 月 09:00 ～ 24:00

Part2 北欧地区
芬兰

4 •议会广场•

旅游资讯

Mannerheimintie 30,Helsinki

乘坐有轨电车1、1A、3B、3T线至Kauppatori站下可到

议会广场（**Senate Square**）又称参议院广场，全部是用石板铺就而成，是赫尔辛基的地标。广场周围都是新古典主义样式的华美建筑群，彰显出一种雄伟壮丽的气势。广场的中心坐落着由W. 鲁尔贝格塑于1894年的沙皇亚历山大二世铜像，以纪念他给予芬兰充分的自治。赫尔辛基大教堂就坐落于此，教堂在周边的鹅黄色楼群映衬下，更是纯白无瑕，美轮美奂。

Part2 北欧地区
芬兰

5 •努克西奥国家公园•

旅游资讯

Nuuksio Espooi

在赫尔辛基中心车站乘城际火车S、U、E或L线至埃斯波中心站下车，然后转乘巴士85或85A，在Nuuksionpää站下车可到

@ www.luontoon.fi

努克西奥国家公园（**Nuuksio National Park**）是一处森林公园，位于橡树森林与北极南部森林间地带。高大的杉树和松树直入云霄，阳光从树的缝隙中洒下来，为公园增添了几分柔和之美。公园内随处可见冰河时期所造成的沟壑峡谷，一些鸟类和小动物穿梭其间，非常惹人喜爱。宜人的环境让这里成了一个亲近自然林野的好去处。

不要门票也能 High

公园里有多条徒步线路，有的线路环湖而设，风景极其美丽。假若你想在最短的时间里捕捉到公园的精华美景，那4公里的Haukankierros远足路径是最佳的线路。这个行程可以登山眺望或者探索谷底，游客只要沿着特有的蓝色标志，便能贯穿努克西奥的主要景点。除了徒步，游人在这里还可以休闲骑自行车、垂钓、骑马、攀岩和游泳。夏秋季，国家公园里长满了野生的蘑菇和浆果，可随意采摘。在冬季，这里便成了滑雪的胜地。

芬兰·旅游资讯

交通

飞机

赫尔辛基万塔机场

赫尔辛基万塔机场（Heisinki—Vantaa Airport）距市中心约19公里，曾多次被评为世界最佳机场和欧洲最佳机场。机场航班密集，有几十个往返于欧洲各主要城市的航班，并已开通到北京、上海、广州、香港的直达航班，其中赫尔辛基至北京直达航线全程只需8小时，是北京到达北欧的最短航程。赫尔辛基万塔机场还开通了到芬兰国内所有机场的航班。

赫尔辛基万塔机场到市区交通	
机场大巴	乘坐机场大巴前往市区约需35分钟，营业时间为05:45至次日01:10，20分钟一班，车费4.9欧元
机场的士	乘机场的士前往市中心，费用为18欧元，具体价格取决于乘车人数，你可与其他旅客一起搭乘
地铁	15分钟一班，运营时间直至23:00
公交车	公交车415、451、617和615路也可到达市中心，营业时间为06:00 ~ 23:00，车费约为4欧元
出租车	需20分钟，车费为25欧元

火车

芬兰国内列车分为普通列车、郊区火车、快速列车、（双层）城际列车和高速列车5种。从赫尔辛基火车站有往返于芬兰国内各主要城市的火车。赫尔辛基火车站开设了三列往返于俄罗斯的列车，分别是赫尔辛基至莫斯科间的托尔斯泰号（Tolstoi），赫尔辛基至圣彼得堡间的西贝柳斯号（Sibelius）和列宾号

（Repin）。火车票可直接在火车站购买，可以买一种在规定时间内可无限次换乘其他车次或不同交通工具的车票，3 日票 110 欧元，5 日票 150 欧元，10 日票 199 欧元，但限普通车二等舱。赫尔辛基火车车票及时刻表咨询电话 0100121。赫尔辛基到图尔库的火车大约要 1 小时 53 分钟，单程车票价格为 20.2 ～ 26.8 欧元，每天有 10 ～ 11 班火车往返于赫尔辛基与图尔库之间。

长途汽车

芬兰高速公路发达，其中以赫尔辛普外环线、赫尔辛普至拉赫提、赫尔辛普至坦佩雷、坦佩雷至诺基亚线等为主要线路，长途汽车票价按距离计算。

渡轮

芬兰国内列车分为普通列车、郊区火车、快速列车、（双层）城际列车和高速列车 5 种。从赫尔辛基火车站有往返于芬兰国内各主要城市的火车。赫尔辛基火车站开设了三列往返于俄罗斯的列车，分别是赫尔辛基至莫斯科间的托尔斯泰号（Tolstoi），赫尔辛基至圣彼得堡间的西贝柳斯号（Sibelius）和列宾号（Repin）。

巴士、有轨电车及地铁

赫尔辛基市的巴士、有轨电车和地铁票价相同且通用，可在规定时间内任意换乘。市内交通以环保的有轨电车为主，车票有零票和套票两种。套票分为单程票、团体票和旅客票，一般套票更方便也更优惠，不过会有条件限制。单程票每张有效时间为 1 小时，成人票价 2 欧元，儿童 1 欧元。团体票每张最多可供 6 人使用，其中最多两位成年人，有效时间为 1 日，票价 8 欧元。旅客票通过自动售票机购买，分为赫尔辛基市内使用和地区（包括赫尔辛基、艾斯堡及万塔）使用两种，价格不同。

出租车

赫尔辛基出租车的标识为黄色，顶灯上标有“TAKSI”，车型多为德国产奔驰或瑞典产沃尔沃。出租车工作日白天起步价为 4.15 欧元，夜间、周末及节假日起步价为 6.4 欧元。超出起步价后的部分大约 1 ～ 1.4 欧元 / 公里，等候 1 小时加价 30.3 欧元。

3T 观光汽车

3T 观光汽车是赫尔辛基为旅游者提供的观光车，途经 8 大景点，沿途可随意上下车。买票地点不同，价钱也不同，车票可在车上向司机购买，单程票成人 2 欧元／张，儿童 1 欧元／张。如果从自动售票机上购票，每张票要便宜 0.2 欧元。

啤酒观光电车

乘坐这种经过改装的观光电车，在车内品尝啤酒的同时，也能尽情欣赏赫尔辛基的风景。啤酒观光电车首发站在中央火车站，运营时间为 5 月 31 日至 8 月 9 日周三至周六 14:00 ～ 20:00，票价为成人 7 欧元，儿童 3.5 欧元。

敞篷双层巴士

赫尔辛基的特色敞篷双层巴士，途经市内主要景点，沿途可随意上下车，运营时间为 6、7 月。从赫尔辛基到图尔库的巴士约需 2 小时 25 分钟，单程车票价格为 27.5 欧元，每天约有 40 ～ 45 班巴士由赫尔辛基发往图尔库。

美食

赫尔辛基餐厅推荐

诺卡餐厅

Kanavaranta 7,00160 Helsinki

09—6877330

@ www.ravintolanokka.fi

诺卡餐厅（Restaurant Nokka）主要经营北欧菜系，价格偏贵，但是菜品很好。餐厅的各色菜肴都是通过高级手工采摘的高品质原材料，经过加工后，创造出了属于诺卡餐厅独有的味道。

尤黎

Korkeavuorenkatu 27,00130 Helsinki
09—635732
周一至周五 11:30 ~ 22:00
@ www.juuri.fi

尤黎餐馆的理念是将芬兰的天然食材转变成创新的美食，以满足现代人的口味需求。餐厅的招牌菜是餐前小食，名为“Sapas”。这里最有趣的几种Sapas有：鲱鱼荞麦薄饼、越橘黑布丁，以及烟熏鳊鱼配土豆慕斯和炸黑麦面团。

住宿

赫尔辛基住宿地推荐				
名称	地址	电话	网址	参考价格
Hotel Haven	Unionsgatan 17,00130 Helsinki	09–681930	www.hotelhaven.fi	158 欧元
Scandic Hotel Simonkenttä	Simonsgatan 9,00100 Helsinki	09–68380	www.scandichotels.fi	138 欧元
Park Hotel Käpylä Oy	Pohjolagatan 38,00600 Helsinki	09–799755	www.park.fi	92 欧元
Hotel Arthur	Berggatan 19,00100 Helsinki	09–173441	www.hotelarthur.fi	83 欧元
Eurohostel	Slottsgatan 9,00160 Helsinki	09–6220470	www.eurohostel.fi	42 欧元

购物

赫尔辛基购物地推荐			
名称	地址	网址	营业时间
斯托克曼购物中心	Aleksanterinkatu 52,00100 Helsinki	www.stockmann.com	周一至周五 09:00 ~ 21:00，周六 09:00 ~ 18:00，周日 12:00 ~ 18:00
所库斯购物中心	Siltasaarenkatu 6,00530 Helsinki	www.sokos.fi	
康比购物中心	Urho Kekkosen katu 1,00100 Helsinki	www.kamppi.fi	
弗鲁姆购物中心	Mannerheimintie 14–20,00100 Helsinki	www.cityforum.fi	
伊塔拉玻璃制品中心	Tehtaantie 9,14500 Helsinki	www.iittala.com	周一至周五 10:00 ~ 20:00，周六 10:00 ~ 17:00
马勒蒂尼	Aleksanterinkatu 28, 00170 Helsinki	www.marttiini.fi	周一至周五 10:00 ~ 18:00，周六 10:00 ~ 17:00，周日 12:00 ~ 17:00

娱乐

赫尔辛基娱乐地推荐			
名称	地址	电话	类型
Ateljee Bar	Georgsgatan 26,Helsinki	09–43366340	酒吧
Bar Loose	Annankatu 21,Helsinki	09–5861819	
Shaker	Fredriksgatan 65,00100 Helsinki	09–730200	
Espoo Metro Areena	Idrottsparksvägen 3,02200 Esbo	020–7352180	球场

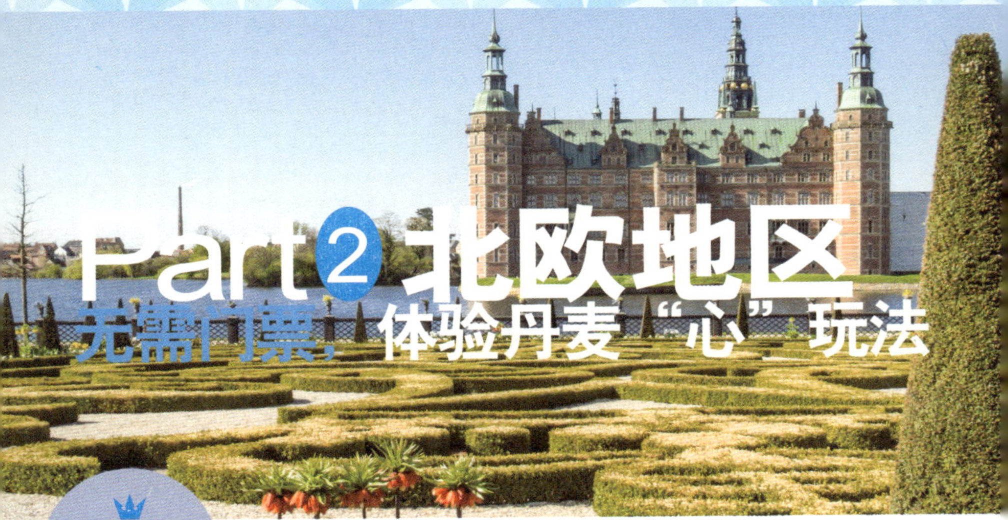

Part 2 北欧地区

无需门票，体验丹麦“心”玩法

Part2 北欧地区 丹麦

1·旅游信息咨询中心助你玩·

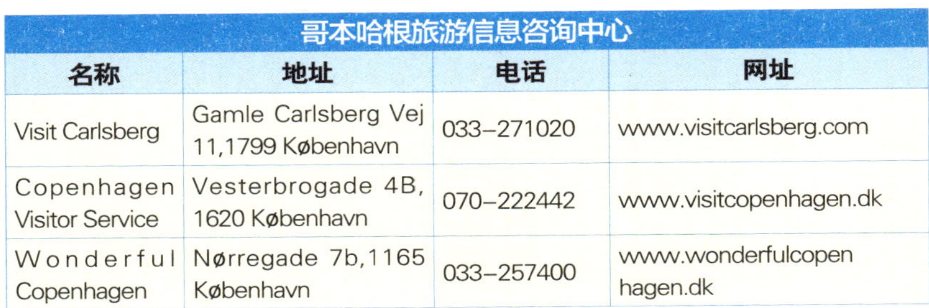

哥本哈根旅游信息咨询中心			
名称	地址	电话	网址
Visit Carlsberg	Gamle Carlsberg Vej 11,1799 København	033-271020	www.visitcarlsberg.com
Copenhagen Visitor Service	Vesterbrogade 4B, 1620 København	070-222442	www.visitcopenhagen.dk
Wonderful Copenhagen	Nørregade 7b,1165 København	033-257400	www.wonderfulcopenhagen.dk

Part2 北欧地区 丹麦

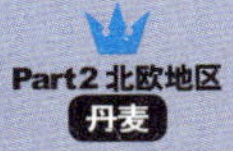

2·遇上庆典别错过·

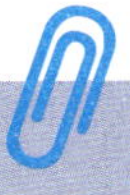

到了丹麦，你会发现那里有丰富多彩的文化活动。一年四季的节庆不断，尤其是很多具有特色的节日不要错过。

哥本哈根民俗节庆活动		
名称	时间	简介
哥本哈根餐厅周	2 月的第 2 或第 3 周	每年 2 月为期一周，多家米其林星级餐厅在内的众多哥本哈根餐馆，都会以低廉的价格推出最有该店特色的正餐套餐，吸引食客品尝
哥本哈根户外音乐节	6 月第 1 周的周三至周日	是哥本哈根最嗨的户外音乐派对，拥有最动感的音乐，最富激情的 DJ 和最欢乐的人群
罗斯基勒音乐节	6 月末或 7 月初的 1 周	是北欧最有名的大型国际音乐节，每年都会请一些大牌音乐家演出，是体验丹麦人对派对和音乐的狂热的好机会
哥本哈根爵士音乐节	7 月第 1 周周末至第 2 周	是以爵士乐为主的节日，演奏主要在哥本哈根的公园和酒吧中。一些全球知名的爵士音乐家也会来到哥本哈根表演。这段时间里，街头洋溢着欢乐的气息与淡淡的怀旧
哥本哈根烹饪美食节	8 月开幕，为期 10 天	是北欧最大的美食节之一，通过美食文化、北欧美食向厨师致敬，并且对外介绍丹麦美食。在此期间可以品尝新北欧料理和世界各地的美食，亲身体验哥本哈根餐厅的繁荣景象
哥本哈根文化之夜	10 月第 2 周的周末	是一个可以更好地了解哥本哈根历史、文化、艺术和美食的节日

3·不要门票怎样能玩 High·

不花 1 分钱游览哥本哈根市内美景

小美人鱼：哥本哈根闻名世界的铜像，坐在一块巨大的花岗岩上

步行约 5 分钟

盖费昂喷泉：由吉菲昂女神和四条牛及套犁组成的铜像，吸引很多人来此许愿

步行约 16 分钟

新港：哥本哈根最具童话色彩的、五颜六色的房子，是酒吧、美食一条街

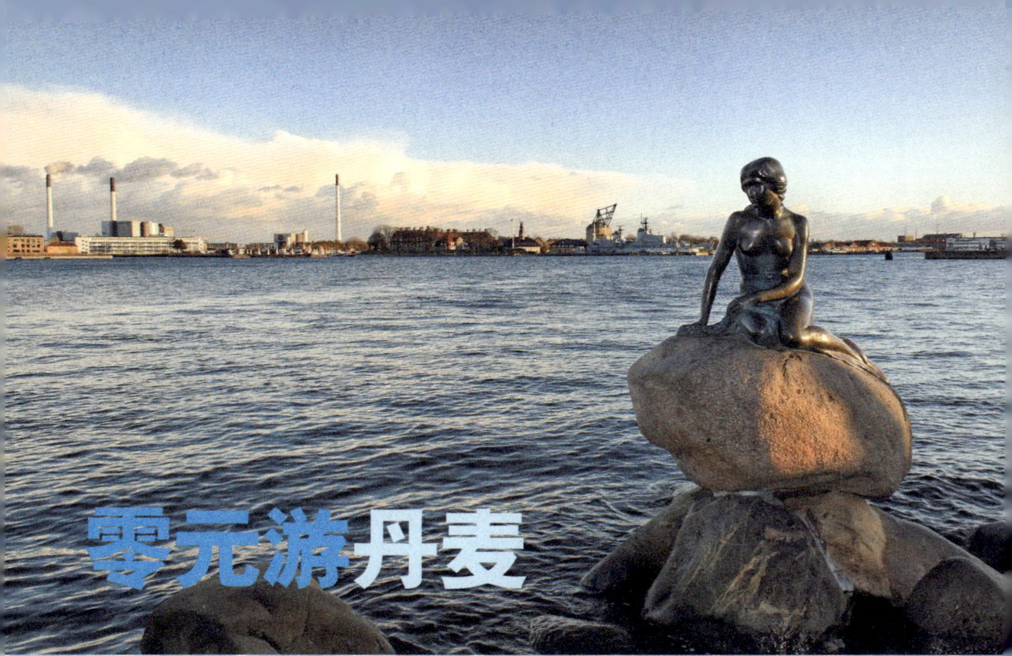

零元游丹麦

哥本哈根

旅游资讯

Langelinie 19, København

乘坐火车或公交车 12 路在 Østerport 站下车，步行 5 分钟可到

小美人鱼（**The Little Mermaid**）是丹麦雕刻家爱德华·艾瑞克森根据安徒生童话《海的女儿》铸塑而成，是一座世界闻名的铜像。远望这条人身鱼尾的美人鱼，只见她坐在一块巨大的花岗石上，恬静娴雅，悠闲自得；近看她却是一个神情忧郁、冥思苦想的少女，极富美感。

盖费昂喷泉（Gefion Fountain）位于小美人鱼铜像周边，同样蕴含着历史悠久的北欧神话。喷泉是由盖费昂女神和四头牛及套犁等一组铜塑组成，看完小美人鱼后，不妨来喷泉边游玩一番。

新港（New Harbor）建于1669～1673年，是游客最常去的景点之一。建造新港运河的目的是将海上交通引进城市中心，从而促进哥本哈根的经济发展。岸边色彩丰富并拥有300多年历史的老屋、鳞次栉比的啤酒屋和餐馆，以及运河里竖着桅杆的各种木船，使新港成了最能品味哥本哈根风情的地方。

旅游资讯

Nyhavn，København

乘坐地铁M1、M2线至Kongens Nytorv站下车后，向东北方向步行可到

@ www.nyhavn.com

市政厅广场（**Rådhuspladsen**）位于哥本哈根市中心。广场上的市政厅由建筑师马丁·纽阿普设计，建筑结合了古代丹麦与意大利文艺复兴时期的风格。富丽堂皇的市政厅大厅主要用于结婚典礼和官方接待。在市政厅正门左侧，有一尊丹麦安徒生的雕像，每个到访的游客都不禁要与这位童话大师合影握手，沾染一下大师的气息。

安徒生铜像（Hans Christian Andersen Statue）位于市政厅广场旁边的角落，安徒生穿着西装长袍，戴着礼帽，嘴角微微带着笑意，向左仰头望着天空。他是大名鼎鼎的童话作家，一生写过《海的女儿》《卖火柴的女孩》《丑小鸭》等150篇不朽童话故事，为世界上千万儿童编织了美丽的童年，被誉为“现代童话之父”。

旅游资讯

City Hall Square 1599，København

在市中心的中央车站步行10分钟可到

Part2 北欧地区 丹麦

4

•国家博物馆•

旅游资讯

Ny Vestergade 10, 1471 København

火车站出发步行10分钟可到

周二至周日10:00～17:00，周一闭馆

@ www.natmus.dk

国家博物馆（National Museet）前身是为丹麦王储与王妃建立的宫殿，馆中的展览包括石器时代、维京时代、中世纪以及文艺复兴时期和现代的丹麦历史，还收藏了许多世界古典文物，其中1890年维多利亚时期的公寓让人有种瞬间穿越的感觉。此外，馆内同时收藏有许多丹麦著名的国宝，很值得前来参观。

不要门票也能 High

国家博物馆周日免费开放，这里你可以看到丹麦最全面的收藏品，其中最令人瞩目的是当年维京海盗的展品、武器装备、文艺复兴时期的展品，以及一些埃及古董。

Part2 北欧地区 丹麦

5

•腓特烈堡•

旅游资讯

Main entrance Frederiksberg Runddel

乘6A线巴士在Zoologisk Have站下车可到

腓特烈堡（Frederiksstaden）是一座荷兰风格的文艺复兴建筑，又被称作“水晶宫”。腓特烈堡气势恢宏，共有60个厅，有“丹麦的凡尔赛宫”之称。腓特烈四世的戴冠加冕仪式曾在该宫殿举行，现在，在这座宫殿里不仅可以看到国王和王妃的房间、谒见大厅、骑士间、礼拜堂、舞蹈室等厅室，还可目睹当时珍贵的装饰品和绘画，也可窥见王室奢华、悠闲的生活。

丹麦 · 旅游资讯

交 通

飞机

哥本哈根机场

哥本哈根机场（Copenhagen Airport）位于哥本哈根市中心以南 8 公里处，是斯堪的纳维亚和北欧地区最大的航空枢纽。哥本哈根机场作为世界主要的机场，它同时为丹麦的哥本哈根和瑞典的马尔默服务。此外，我国北京和上海每天都有航班直达哥本哈根。

哥本哈根机场到市区交通	
地铁	Lufthavnen 地铁站位于 3 号航站楼，大约每 5 分钟就有一班车开往哥本哈根市区，晚上则是 20 分钟一趟，行程约 15 分钟，车票价格大约是 36 丹麦克朗
巴士	巴士车站位于 3 号航站楼外面，从机场可以直接到达市中心，还有到达瑞典和丹麦其他城市的巴士
火车	火车票的售票大厅位于 3 号航站楼，内有电梯与火车月台相接，车票价格大约是 28.5 丹麦克朗
出租车	出租车的停靠点在 1 号和 3 号航站楼的外面，从机场到市区需 15 分钟，价格大约在 190 ~ 250 丹麦克朗

火车

哥本哈根中央火车站（København Hovedbanegard）位于哥本哈根市中心，是丹麦最为繁忙的国际火车站。而且从哥本哈根出发到达国内各城市车次很多，不需要提前买票。除丹麦本国城市外，还能到达如瑞典的马尔默、德国的汉堡以及荷兰的阿姆斯特丹等城市。丹麦的国营铁路为 DSB，可以在官方网站上订购火车票，或者去售票厅购票。

长途汽车

哥本哈根长途汽车站紧邻中央火车站，长途汽车主要由斯堪的纳维亚Eurolines长途汽车公司运营。乘坐长途汽车可以到丹麦其他城市和瑞典的马尔默，此外还有发往柏林、慕尼黑、伦敦、巴黎、维也纳等地的长途汽车。

地铁

哥本哈根所有的地铁站都会有一个红色的“M”标识。共有两条地铁线路，都经过市中心，其中M1线路从Vanlose站通往东阿马格（East Amager）的哥本哈根机场；M2线路从Vanlose站通往西阿马格（West Amager）。每4～6分钟一班，夜间则是15～20分钟一班。

公交车

哥本哈根的公交系统非常方便快捷，日间公交车从06:00至次日01:00都在运行，行车间隔一般在10～20分钟，夜间公交车的运营时间是01:00～05:00。

哥本哈根热门景点多在1～2区间，车票在24丹麦克朗左右，每增加一个区间，增收12丹麦克朗，涵盖全区间的车票是108丹麦克朗。可以在上车时用丹麦硬币购买单次车票，凭收据换乘其他车辆。值得注意的是，乘车时需要在车上的打卡机处打卡，或向司机出示有效车票。

巴士

哥本哈根有日间巴士和夜间巴士两种，日间巴士颜色一般为黄色，还有黄色和红色（A–busses）或黄色和蓝色（S–busses，最快的巴士）。夜间巴士车头前通常都印有字母“n”。乘坐公交游城市很方便，各主要景点几乎都能到达。

出租车

哥本哈根的出租车起步价24丹麦克朗，白天每公里10.2丹麦克朗，夜晚和周末每公里12.6丹麦克朗。

自行车

哥本哈根是公认的自行车城市，在这里几乎每个人都会骑自行车，在市区有上百个自行车租车点中，其中任意一处都可以租用自行车，而且归还很方便，任何一个地点都能归还。骑自行车游览是既经济又省力的游览方式，费用每天15～20丹麦克朗，同时需要另外交付50～100丹麦克朗的保证金。还有一种更为便宜的选择，可以借一辆完全免费的公共自行车环游城市。只要在车站投入20丹麦克朗就可以骑走一辆自行车，骑行结束后可以在任一公共自行车站停放好车，投入的押金就会退还给你。只要参照城市自行车环游地图，便可以骑自行车环游这座城市。

哥本哈根餐厅推荐

Told & Snaps 餐厅

Toldbodgade 2, 1253 København

033—938385

乘坐公交车11路至Nyhavn站下向西步行100米或乘水上公交991、992路至Nyhavn站下向西步行120米可到

@ www.toldogsnaps.dk

Told & Snaps餐厅位于哥本哈根市中心，这里的开口三明治或许并不具创意，但肯定经过精心制作，十分新鲜、可口。正如餐厅名字Told & Snaps的意思“习俗与杜松子酒”所说，这里的菜单上还有另一样特色——杜松子酒。可以在用餐时配上一瓶，或者单独品味。

Noma

Strandgade 93, 1401 København

乘坐公交车2A、9A、40、81N路或乘水上公交991、992路Knippelsbro站下后沿Strandgade路向东北方向步行650米可到

@ www.noma.dk

Noma餐厅位于克里斯蒂安沙根区的一座翻新海滨仓库内，厅内布置十分独特。曾连续三年被《美食爱好者》杂志评为世界最佳餐厅。大厨里恩·莱德赞比非常擅长做斯堪的纳维亚风味美食。

住宿

哥本哈根住宿地推荐				
名称	地址	电话	网址	参考价格
Copenhagen Marriott Hotel	Kalvebod Brygge 5,1560 København	088-339900	www.marriott.com	2685 丹麦克朗
Phoenix Copenhagen	Bredgade 37,1260 København	033-959500	www.phoenixcopenhagen.dk	1870 丹麦克朗
Copenhagen Mercur Hotel	Vester Farimagsgade 17,1606 København	033-125711	www.mercurhotel.dk	1670 丹麦克朗
Saga Hotel Holding ApS	Colbjørnsensgade 18,1652 København	033-244944	www.sagahotel.dk	930 丹麦克朗
City Hotel Nebo	Istedgade 6,1650 København	033-211217	www.nebo.dk	590 丹麦克朗

购物

哥本哈根购物地推荐				
名称	地址	交通	网址	营业时间
玛格辛百货公司	Arne Jacobsens Allé 12,2300 København	乘坐地铁在 Ørest-ad 站下车，出站口即到	www.magasin.dk	周一至周日 10:00 ~ 20:00
琥珀之家	Nygade 6,1164 København	位于哥本哈根市中心步行街（Strøget）入口处	www.houseofamber.com	周一至周六 10:00 ~ 18:00

续表

名称	地址	交通	网址	营业时间
Fields	Arne Jacobsens Allé 12,2300 København	乘坐地铁，或者33路、500S路公交巴士，在Ørestad站下车，出站口即到	www.fields.dk	周一至周五10:00～20:00；周六和周日10:00～18:00毛衣市场
毛衣市场	Frederiksberggade 15, København	哥本哈根Frederiksberggade 15大街上，步行可到	www.sweaterhouse.dk	周一至周四10:00～18:00，周五10:00～19:00，周六10:00～17:00
阿玛中心	Reberbanegade 3,2300 København	乘坐地铁在Amagerbro站下车，出站口即到	www.amagercentret.dk	周一至周五10:00～19:00，周六10:00～17:00，周日11:00～17:00

娱乐

哥本哈根娱乐地推荐		
名称	地址	特色
Søpavillonen	Gyldenløvesgade 24,1369 København	这是一家社会名流经常光顾的俱乐部
Library Bar	Bernstorffsgade 4,1577 København	具有休闲的沙龙风格，是丹麦极具人气的休闲场所
Bryggeriet Apollo	Vesterbrogade 3,1620 København	这是一家名气很大的啤酒吧
Club Mambo	Vester Voldgade 85,1552 København	这是一家集咖啡馆、餐厅及舞厅为一体的俱乐部
Copenhagen Jazzhouse	Niels Hemmingsens Gade 10,1153 København	丹麦及世界各国音乐家的实况舞台，周四至周六有迪斯科舞会

Part3 中欧地区 德国

1 · 旅游信息咨询中心助你玩 ·

德国各城市旅游信息咨询中心

名称	地址	电话	网址
Berlin Tourist Info im Hauptbahnhof	Europaplatz 1,10557 Berlin	030-250025	www.visitberlin.de
Esucherservice Olympiapark	Spiridon-Louis-Ring,80809 M ü nchen	089-30672414	www.olympiapark.de

Part3 中欧地区 德国

2 · 遇上庆典别错过 ·

德国各城市均有各自的独特庆典，德国文化源远流长，其中，艺术，升华了德国的魅力；啤酒，点燃了德国的沉寂。不管是各地的盛会庆典还是全民的传统节日，都会让你沉浸在欢乐氛围中。

德国各地民俗节庆活动			
名称	时间	举办地点	简介
柏林电影节	2 月	柏林	世界三大电影节之一，众多的参赛影片一一上映，电影节的主场地在波茨坦广场的剧院
慕尼黑狂欢节	2 月	慕尼黑	以狂舞而著名，届时，市中心将进行化装游行，在维克图阿里安广场会有舞蹈表演
法兰克福灯展	3 月底到 4 月初	法兰克福	届时整个法兰克福张灯结彩，每栋建筑都展现着它的绚丽，此时可乘坐免费班车穿梭于各个景点之间
柏林文化嘉年华	5 月中旬	柏林	每年此时举办的这个嘉年华，主题为各国文化展示，吃穿用玩都有，还有盛大的花车游行
美茵节	8 月	法兰克福	法兰克福夏季最美好的节日，此时会提供多种德国传统美食，夜晚还会有焰火秀
博物馆堤岸节	8 月		届时各大博物馆通过各种特色展出展现自己的风采。最后一天晚上，美茵河上有焰火秀
慕尼黑啤酒节	10 月	慕尼黑	啤酒节在特蕾西亚草坪广场举行，连续两周。除了啤酒之外，还举行一系列丰富多彩的娱乐活动

3 · 不要门票怎样能玩 High ·

不花 1 分钱 游览柏林市内美景

勃兰登堡门： 柏林的象征，游览柏林的起点

步行约 5 分钟

国会大厦： 了解德国历史、政治和法律的最佳地

步行约 13 分钟

菩提树下大街： 欧洲最有名的街道之一，街道两旁商店林立，汇集了世界各大品牌

乘坐轻轨 S1、S2、S25 在 Potsdamer Platz 站下车可到

波茨坦广场： 夜景十分美丽，是柏林重要的商业中心和交通枢纽，非常繁华

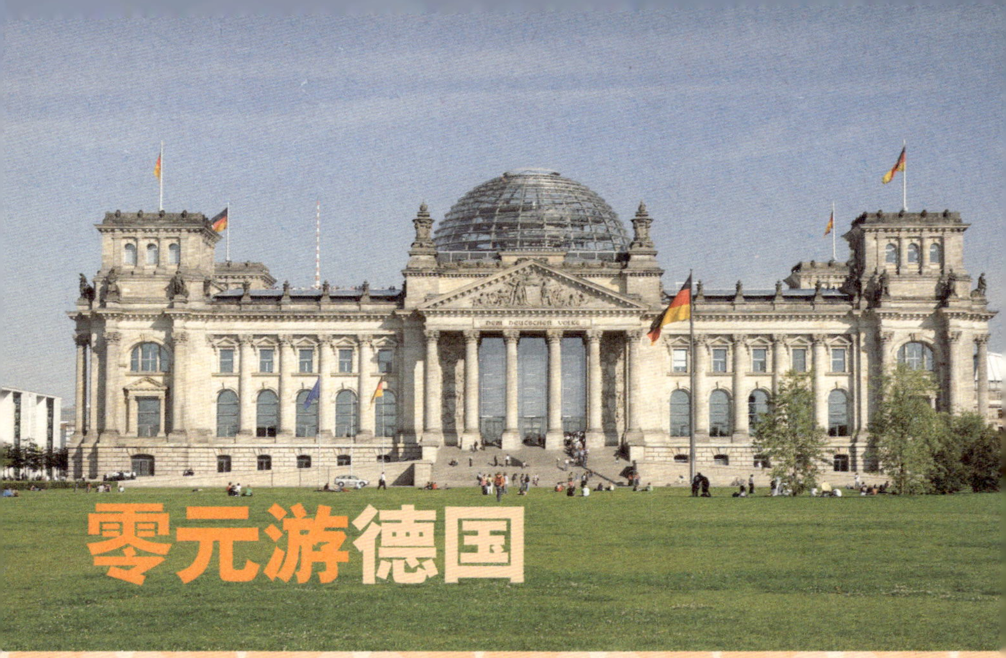

零元游德国

Part3 中欧地区
德国

1
·国会大厦·

旅游资讯

Platz der Republik 1,11011 Berlin

030–22732152

乘坐地铁 U55 线到 Bundestag 站下可到；或乘坐公交车 M85、100 路在 Bundestag、Reichstag 站下车可到

08:00 ～ 20:30

@ www.bundestag.de

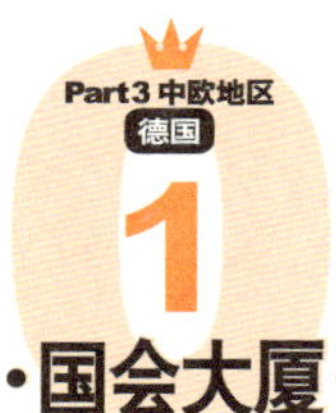

柏林

国会大厦（Reichstagsgebaude）位于柏林市中心，这座建筑融合了古典式、哥特式、文艺复兴式、巴洛克式等多种风格，是德国统一的象征。德国国会大厦内陈列着多位艺术家的各种艺术品，展厅内挂满了大厦的历史照片。其屋顶的穹形圆顶是最受欢迎的游览胜地，在此可以眺望柏林市全景。现在这儿是联邦议会的所在地。

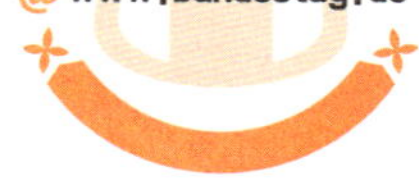

不要门票也能 High

如果想要进入德国国会大厦需要提前做好准备，像中国游客来这里就需要先在中国驻德国大使馆办理手续。进入国会大厦里的图书馆也需要到大厦内的游客接待处办理手续，办理手续时需要出示国会议员的介绍信。

勃兰登堡门（**Brandenburger Tor**）位于柏林市中心，是柏林的标志，也是德国的国家标志。勃兰登堡门建成于 1791 年，具有新古典主义风格的建筑特点，是以雅典卫城城门为蓝本修建，门顶上是张开翅膀的胜利女神驾驶四轮马车的铜像，女神手中的权杖上有橡树花环、铁十字勋章和展翅的鹰鹫，象征着战争的胜利。

Part3 中欧地区 德国

2 ·勃兰登堡门·

旅游资讯

Pariser Platz, 10117 Berlin

030-3339509

乘轻轨（S-Bahn）S1、S2、S25 线在菩提树下大街站（Unter den Linden）下车可到；或乘公交车 100、200 、248 路等 在 Brandenburger Tor 站下车可到；或乘地铁 U55 线在 Brandenburger Tor 站下车可到

09:30 ~ 18:00

东边画廊（**East Side Gallery**）并非有着众多名家名作的画廊，而是遗留下来的最长、名声很响的一段画廊。这段柏林墙有 1.3 公里，是 3 段中游客最多的一段，因许多当代艺术家在这里自由创作了大量的涂鸦作品而名声在外。

Part3 中欧地区 德国

3 ·东边画廊·

旅游资讯

East Side Gall-ery, Mühlenstraße, 10243 Berlin

乘坐地铁 U1 路在 Warschauer Brücke 站下车可到，乘坐轻轨 S3、S7、S9 等路在 Ostbahnhof 站下可到，或乘坐巴士 347 路在 Warschauer Stra e 站下可到

@ www.eastsidegallery.com

不要门票也能 High

如果你对柏林的街头艺术感兴趣，一定要来这里。墙上有许多很有历史味道的涂鸦，其中不少是讽刺漫画。在满是涂鸦的墙边拍照，一个不经意的镜头就会很有画面感，或是到河边一处的沙滩上晒太阳，很惬意。

Part3 中欧地区 德国

4 •菩提树下大街•

旅游资讯

Unter den Linden, 10117 Berlin

乘坐轻轨 S1、S2、S25 号线在 Brandenburger Tor 站下，或乘坐公交车 100、200 路在 Brandenburger Tor、Unter den Linden、Staatsoper 等站下可到

菩提树下大街（**Unter den Linden**）是一条宽阔的林荫大道，西起勃兰登堡门，东至博物馆岛，是柏林最为迷人的道路之一。街道上铺满了一块一块的石板，有三排整整齐齐的菩提树将宽阔的道路分成两条街道，街道两边有许多著名的建筑，其中最西侧为使馆区，最为显眼的建筑是用白色大理石建造的俄罗斯大使馆；东段有 1933 年纳粹焚书事件的事发地倍倍儿广场以及老皇家图书馆；北侧有老国家图书馆、洪堡大学主楼、新岗哨、德国历史博物馆。

Part3 中欧地区 德国

5 •波茨坦广场•

旅游资讯

Potsdamer Platz, 10785 Berlin

乘坐轻轨 S1、S2、S25 在 Potsdamer Platz 站下，乘坐公交车 200、M41、M48 路在 Potsdamer Platz 站下可到

@ www.potsdamerplatz.de

波茨坦广场（**Potsdamer Platz**）位于勃兰登堡门以南 1 公里处，是柏林一个非常有魅力的地方。它在很早之前就是柏林的交通枢纽和商业中心，如今这里更是高楼林立，车水马龙。在这里，你能见到由赫尔穆特　雅恩（Helmut Jahn）设计的索尼中心，其内部有众多咖啡馆、餐厅、会议中心和电影院，其中包括著名的阿卡丹购物中心。

不要门票也能 High

夜晚游览波茨坦广场时，一定不要错过参观索尼中心。它在夜晚的时候特别漂亮，露天的帐篷屋顶在夜晚灯光的照射下炫彩夺目。

柏林电视塔（Berliner Fernsehturm）位于市中心的亚历山大广场上，是柏林最高的建筑，深受游客的喜爱。塔高 300 多米，塔上的观景台高 200 多米，在观景台上可将整个柏林尽收眼底，天气晴好的时候，从这里还能看到 40 公里以外的地方。

旅游资讯

Panoramastr 1A, 10178 Berlin

乘坐轻轨 S3、S6、S7、S9 线或地铁 U2、U5、U8 线在亚历山大广场站（Alexanderplatz）下车可到

登塔 12 欧元

3～10 月 09:00～24:00；11 月至次年 2 月 10:00～24:00

@ www.tv-turm.de

柏林市政厅（Berliner Rathaus）又名红色市政厅，位于米特区亚历山大广场附近的市政厅大街上，建于 19 世纪，是柏林市政府官方办公所在地，也是柏林著名的地标之一。市政厅为意大利文艺复兴风格的建筑物，门前有黑熊城徽，内部的徽章厅、大宴会厅、圆柱厅等几个厅都对外开放，非常值得参观。

旅游资讯

Rathausstraße 15, 10178 Berlin

乘坐轻轨 S3、S5、S7、S75 在 Alexanderplatz 站下可到

周一至周五 09:00～18:00

@ www.berlinstadtservice.de

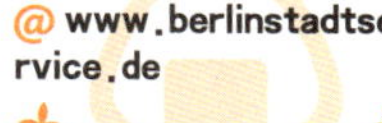

亚历山大广场（Alexanderplatz）是柏林东部的城市生活中心，更是柏林的交通枢纽和商业中心。广场被一批著名建筑所围绕，有红色市政厅、世界时钟、柏林电视塔等，附近还有古老的尼古拉教堂。这里还是一处繁华的购物区，聚集了百货大楼和大型购物中心，这里的服装、首饰以及美容产品吸引着大批的购物者前来购物。

旅游资讯

Alexanderplatz, Berlin

乘坐轻轨 S3、S6、S7、S9 线或乘坐地铁 U2、U5、U8 线在亚历山大广场站（Alexanderplatz）下车可到

不要门票也能 High

亚历山大广场周围有很多有名的建筑，交通也非常方便，而且附近商场、餐厅、商店一应俱全，来这里购物的年轻人比较多。最有意思的是广场上的世界时钟，可以同时显示世界多地的时间。

慕尼黑

•国王广场•

旅游资讯

Knigsplatz 1,80333 München

乘坐地铁 U2 线到 Konigsplatz 站下车可到

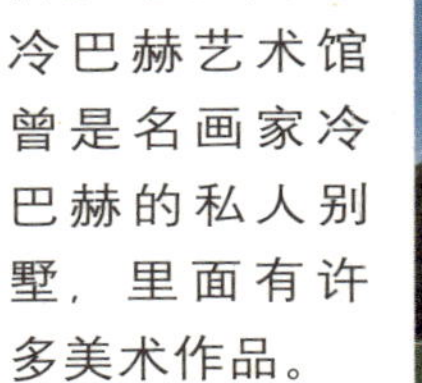

国王广场（**Knigsplatz**）是一座新古典主义风格的广场，建于 19 世纪。广场附近最受欢迎的是希腊博物馆、文物博物馆和冷巴赫艺术馆这 3 座博物馆。其中，希腊博物馆里收藏了很多古希腊和古罗马的精美雕塑；文物博物馆里的收藏了许多小型的古希腊和古罗马艺术品；冷巴赫艺术馆曾是名画家冷巴赫的私人别墅，里面有许多美术作品。

不要门票也能 High

国王广场上最有看点的是 3 座博物馆，其中最令人印象深刻的是文物博物馆，里面收藏了许多精致的花瓶、首饰、陶瓷和武器等，每件藏品都是极其精美，简直让人流连忘返。如果你夏天来到国王广场，这里还会举行露天演唱会。

•玛利亚广场•

旅游资讯

Marienplatz 1, 80331 München

由中央火车站向步行街方向走，穿过卡尔斯广场，可以到达玛丽亚广场

玛利亚广场（**Marienplatz**）位于慕尼黑市中心，以其中央的圣母玛利亚雕像而出名。这座广场历史悠久，从周围建筑可以看出慕尼黑的历史底蕴和文化积淀。广场北面是哥特式建筑市政厅，西北面引人注目的洋葱头圆顶建筑是圣母教堂，可以登上塔楼俯瞰慕尼黑全城，这里也是拍摄玛利亚广场的好地方。这里非常热闹，经常会举办一些传统的圣诞市场。

宝马世界（**BMW Welt**）是一座多功能建筑，外形非常独特，看起来是一个类似螺旋桨的银色扭曲钢结构，成为慕尼黑的一个时尚新坐标。这里是一所集销售和体验为一体的汽车展示中心，其中有技术与设计工作室、画廊、青少年课堂、休闲酒吧等。其中宝马科技体验展示区最吸引人，可以亲自观看、倾听和体验宝马的科技和设计，非常有趣。

Part3 中欧地区 德国

3

·宝马世界·

旅游资讯

Am Olympiapark 1,80809 München

乘坐 36 路公交车到 Petuelring 下车即到；或者乘坐地铁 U2 或 U3 线到 Petuelring 站下可到

周一至周六 07:30 ~ 24:00；周日 09:00 ~ 24:00

@ www.bmw-welt.com.de

英国花园（**Englischer Garten**）始建于 1789 年，由于建造方法模仿英国，因此而得名。花园景色秀美，草地开阔，野鸭戏水河中，呈现出一派祥和氛围，是慕尼黑市民休闲生活的好去处。园中建筑还有建在山坡上的圆形神庙以及一座仿造中国古建修筑的中国塔，塔下是著名的啤酒花园。啤酒花园为游客提供饮料、娱乐休闲项目和绝佳的观赏地。

Part3 中欧地区 德国

4

·英国花园·

旅游资讯

Liebergesellstr. 8, M ü nchen

乘坐地铁 U3、U6 号线至 Odeonsplatz 站、Universit t 站或 Giselastraße 站均可到

@ www.muenchen.de

Part3 中欧地区 德国

5 ·玛利亚教堂·

旅游资讯

Frauenplatz 12, 80331 München

乘坐地铁 U3、U6 线至 Marienplatz 站下即可到达

周六至周三 07:00～19:00，周四 07:00～20:30，周五 07:00～18:00

@ www.muenchner-dom.de

玛利亚教堂（**Frauenkirche**）始建于 1488 年，一直作为慕尼黑的主教堂，是慕尼黑的标志之一。教堂外表呈八角形，耸立在阶梯的台基上，巨大的圆屋顶覆盖着六个礼拜堂的高墙，屋顶与下面用漩涡形装饰物联结，八面墙壁都有精美的壁龛和雕像。而后于 17 世纪内部整修，将巴洛克风格石膏装饰代替文艺复兴风格，成为同类装饰中的杰出作品。

不要门票也能 High

教堂周边还有几座不同时期、不同风格的教堂也可观赏，可以体会到不同建筑风格的精妙。还要注意进入教堂要脱帽，拍照时尽量避免使用闪光灯。

Part3 中欧地区 德国

6 ·皇家啤酒屋·

旅游资讯

Platzl 9,80331 München

乘坐公交车 132 路在 Tal 站下车步行即到，或乘坐地铁到至 Marienplatz 站下可到

09:00～23:30

@ www. hofbraeuhaus.de

皇家啤酒屋（**Hofbräuhaus**）建于 1589 年，号称是世界上最大的啤酒屋，可以同时容纳 3500 人。由于这里声名远播、游客云集，整个啤酒屋的气氛更是兴奋到了极点，同时还会有钢管乐演奏和传统的巴伐利亚民族歌舞表演等。历史上，皇家啤酒屋更是名人政客聚会的绝佳场所，茜茜公主、歌德、列宁等名人都曾是啤酒屋的嘉宾。

法兰克福

罗马广场（**Römerberg**）位于老城的中心，是法兰克福的政治、宗教、商业集市的中心。罗马广场有着悠久的历史，可以追溯到中世纪时期，广场虽然在历史进程中曾经被毁，但是经过重建后的广场仍然保持着中世纪的面貌。

圣尼古拉教堂（Alte Nikolaikirche）位于罗马广场南侧，是一座为了纪念中世纪批发商和贸易商的保护神Nicholas而建的教堂。这座建筑的颜色红白相间，后期的哥特式风格使它成为一座非常吸引人的建筑。教堂早期的时候是宫廷的礼拜堂，后来经过不断的演变而成为了城市议员的弥撒和祷告堂。

Part3 中欧地区
德国
1
•罗马广场•

旅游资讯

Römerberg, Frankfurt am Main

乘坐地铁U4、U5线在Dom、R mer站下可到

法兰克福大教堂（**Cathedral of St. Bartholemew**）又称为“皇帝大教堂”（A iserdom）。15世纪哥特式塔楼，高95米，至今已有600年的历史。1562～1792年，罗马帝国的加冕典礼在此举行，教堂的宝库里还有大主教们在加冕典礼时所穿的华丽衣袍。在距离地面40米和75米的地方有两个观景平台，风景很不错。

Part3 中欧地区
德国
2
•法兰克福大教堂•

旅游资讯

Domplatz 14, Frankfurt am Main

069-2970320

乘坐地铁U4、U5线到Dom、R mer站下可到

09:00～12:00、14:30～18:00，中午和周五早上不开放

Part3 中欧地区
德国

3 ·老歌剧院·

旅游资讯

Untermainanlage 11,60313 Frankfurt am Main

乘坐地铁 U6、U7 线在 Alte Oper 站下车，或乘坐有轨电车 S1–6、8 线在 Taunusanlage 站下可到

周一至周五 10:00 ~ 18:30，周六 10:00 ~ 14:00

@ www.alteoper.de

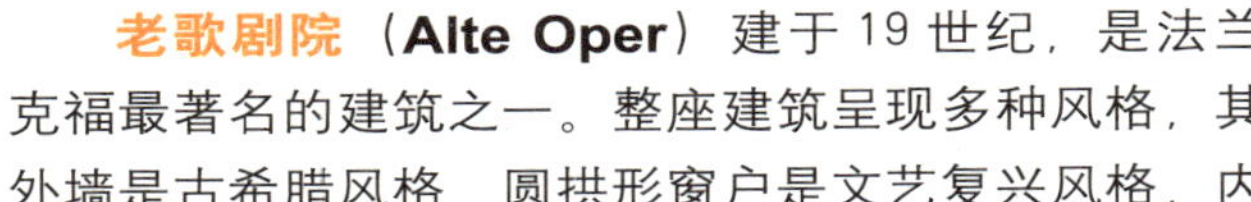

老歌剧院（**Alte Oper**）建于 19 世纪，是法兰克福最著名的建筑之一。整座建筑呈现多种风格，其外墙是古希腊风格，圆拱形窗户是文艺复兴风格，内部则是富丽堂皇的巴洛克风格。现在这座歌剧院被人们当作音乐厅和会议中心使用，演出季还会上演大型音乐会。

不要门票也能 High

这座歌剧院曾被战火破坏过，重建后有着古朴的外观，乳白色的外墙给人一种安静高雅的感觉。每当夜色降临，里面的灯光亮起来，歌剧院又呈现出与白天不一样的风格。

Part3 中欧地区
德国

4 · 铁桥 ·

旅游资讯

Eiserner Steg, Frankfurt am Main

乘坐地铁 U4、U5 线至 Dom、R mer 站下可到

铁桥（**Eiserner Steg**）横跨在美因桥上，连接了法兰克福的南岸和北岸。这是一座新哥特式风格的钢架结构人行桥。桥的一侧是繁忙的老城区，另一侧有许多漂亮别致的建筑，在这里，你可以拍到法兰克福的很多美景。

欧洲中央银行（**Europaische Zentralbank**）位于法兰克福繁忙的市中心，周围高楼林立，景观设计很有现代感。它是市区中一个重要的地标性建筑，也是法兰克福作为欧洲金融中心之一的象征性建筑。

Part3 中欧地区

德国

5

·欧洲中央银行·

旅游资讯

Kaiserstraße 29, 60311 Frankfurt am Main

乘坐地铁U1–U5线在Willy–Brandt–Platz站下车后步行可到

@ www.ecb.europa.eu

不要门票也能 High

欧洲中央银行周围有许多高大的建筑，给人一种时尚现代的感觉。门口有经常在电视上出现的著名的欧元标志，游人来到这里总要跟这个标志合影。

圣保罗教堂（**Paulskirche**）位于罗马广场附近，这里发生过很多重要的历史事件。第一届法兰克福国会就在这里举行，德国第一部统一宪法也是在这里诞生，因此圣保罗教堂可以说是法兰克福最具历史意义的建筑物。现在，这里不仅是宗教活动的场所，也是许多重要政治、文化活动的举办场所。

Part3 中欧地区

德国

6

·圣保罗教堂·

旅游资讯

Paulsplatz 11, Frankfurt am Main

乘坐地铁U4、U5线在Dom、R mer站下可到

周一至周五 10:00 ~ 17:00

德国·旅游资讯

交通

飞机

泰格尔国际机场

泰格尔国际机场（Flughafen Berlin-Tegel,TXL）位于柏林市区西北的泰格尔，是德国首都柏林的主要国际机场。目前北京、上海、香港、成都等城市都有航班飞往这里。机场设有4个航站楼，绝大多数航空公司停靠于第一和第二航站楼，第三航站楼是柏林航空专用，第四航站楼主要停靠廉价航空公司航班。

泰格尔国际机场到市区的交通	
地铁	在机场附近的 Jakob-Kaise-Platz 站，可乘坐地铁 U7 线前往西柏林的中部地区、动物园火车站周围
公交车	乘坐公交车 NosX9、109 路可到达市区，车程约 30 分钟，票价约 2.2 欧元
出租车	乘坐出租车前往柏林市区约 20 欧元

舍纳菲尔德机场

舍纳菲尔德机场（Berlin Sch nefeld Airport,SXF）位于柏林的东南方向约18公里处，目前是Germanwings、Easyjet等航空公司的基地机场。北京、上海、香港、广州等城市都有航班飞往这里。

舍纳菲尔德机场到市区的交通	
巴士快车	可乘坐 SXF1 号巴士快车到市区，这种车每 20 分钟一班，运营时间为 05:00 ~ 23:00，车程约 20 分钟
机场快线	往返于柏林中央火车站和舍内菲尔德机场的区域火车 RE7、RB14，每半小时一班，全程约 28 分钟
出租车	乘坐出租车前往柏林市区需 35 欧元以上

弗兰茨·约瑟夫·施特劳斯国际机场

弗兰茨·约瑟夫·施特劳斯国际机场（Munich Airport，MUC）位于慕尼黑市东北部，目前有 100 多家航空公司有航班在这里起降。北京、上海、香港有直达慕尼黑航班，其中上海每天会有 2 次航班飞往慕尼黑。如果在广州、深圳等其他城市想要前往慕尼黑，需在北京、上海等地转机。

弗朗茨·约瑟夫·施特劳斯国际机场到市区的交通	
机场巴士	乘坐机场巴士前往慕尼黑市中心地区，该机场巴士首班车时间 05:10，末班车时间为 19:50，每 20 分钟一班，票价成人单程 10.5 欧元、往返 17 欧元，儿童（6 ~ 14 岁）单程 5.5 欧元。该车经停施瓦宾站、慕尼黑机场 2 号航站楼、1 号航站楼 A 门、机场中心、1 号航站楼 D 门、市中心地区。到火车总站附近的 Arnulf Strasse 街约需 40 分钟
轻轨 S1、S8 号线	连接机场与慕尼黑市中心，票价为 10 欧元（日票：11 欧元 / 天），另有最多可供 5 人使用的团体票单程 20 欧元。每 5 ~ 20 分钟就有一班列车，从机场到中心车站大约要花 40 分钟。发车时间：04:10 至次日 01:00；间隔 20 分钟一趟车。该次列车到达火车总站约需 40 分钟
出租车	在机场附近可以搭乘出租车至老城区，火车站总站附近搭乘出租车至机场需 40 分钟，费用大概为 60 欧元
自驾	机场位于 A92 号公路边，从机场可以自驾前往慕尼黑市中心地区，大约要开 40 公里路程，正常交通情况下需要约 40 分钟

法兰克福国际机场

法兰克福国际机场（Frankfort International Airport，FRA）位于市中心西南 12 公里处，是德国最大的国际机场。从中国飞往德国，通常以法兰克福机场为终点站，该机场每天都有从北京、上海直达法兰克福的航班。

法兰克福国际机场到市区的交通	
火车	在 1 号机场大楼乘坐前往市中心的火车 S – bahn 至法兰克福总站 haup – hahnhof 简称 hbf，大概每 10 分钟一班。另外需要注意的是，如果前往德国的其他城市，可在该机场火车站的旅游中心取票（开放时间：平常 08:00 ~ 22:30、12 月 24 日及周日 08:00 ~ 18:00）
出租车	乘坐出租车前往法兰克福市中心，费用为 20 ~ 30 欧元。需要特别注意的是，一般情况下在 22:00 至次日 06:00 这段时间车费可能会高一些
轻轨 S8、S9 线	该城铁线路可以到达火车总站和市中心的其他地方，可以在法兰克福火车总站、Hauptwache、Konstablerwache 以及威斯巴登站和美因茨下；用时 15 分钟，费用为 3.7 欧元
公交车	可以乘坐 61 路公交车往返于萨克森豪森区的火车南站和一号航站楼之间

法兰克福汉恩国际机场

法兰克福汉恩国际机场（Frankfurt Hahn-Airport,HHN）位于法兰克福西部，是法兰克福的第二座机场。其主要服务于往返欧洲和德国境内客运廉价航空，航空公司有瑞安航空 Ryanair、SunExpress 和 Wizzair 等。

机场到市区

从法兰克福汉恩机场至法兰克福中央火车站每天有固定大巴（有瑞安 Ryanair 标识）往返，每小时一班，车程大约 2 小时。每天从中央火车站南广场斯图加特大街或曼海姆大街路口出发，单程价格为 14 欧元，往返 20 欧元。

火车

柏林

柏林的铁路网络覆盖范围很广，可从这里乘坐火车前往德国的汉堡、法兰克福、纽伦堡、慕尼黑等地，也可以前往欧洲其他地方，如华沙、布拉格、阿姆斯特丹等。柏林中央火车站（Berlin Hauptbahnhof）是柏林主要的火车站，乘坐地铁 S-Bahn 和 U-Bahn 线可到在中央火车站下可到，从勃兰登堡门步行 15 分钟即可到达。

慕尼黑

慕尼黑中央火车站是德国南部的铁路交通枢纽，可从这里乘坐火车前往德国的法兰克福、汉堡、柏林、科隆等地，也可以前往欧洲其他地方，如苏黎世、维也纳、布拉格等。慕尼黑中央火车站（München Hauptbahnhof）是慕尼黑主要的火车站，乘坐地铁 S-Bahn 和 U-Bahn 线可到达。除此之外，还有城间高速（ICE）、城市加快（SE）、区间加快（RE）和地区列车（RB）。在火车总站旅行中心的通票售票处或通过官方网站购票。

法兰克福

法兰克福铁路系统完善，有两座火车站，分别为法兰克福中央火车站（Frankfurt Hauptbahnhof）和法兰克福南站（Frankfurt Südbahnhof）。其中法兰克福中央火车站是德国客流量最大的火车站，也是欧洲最繁忙的火车站之一。这里有很多条重要的国际列车，可到达巴黎、巴塞尔、米兰、哥本哈根等欧陆大城。此外，由此往北可至科隆、卡塞尔、不来梅、汉诺威、汉堡、柏林，往南可至纽伦堡、慕尼黑、奥格斯堡、海德堡、福莱堡等，几乎可达全国各角落，由于进出列车频繁，搭乘时应先确定月台和发车时间。而法兰克福南站是位于法兰克福南方的火车站，经常停靠一些长途列车和区域性列车。

法兰克福中央火车站

Im Hauptbahnhof，60329 Frankfurt am Main

乘坐地铁 U4、U5 线在 Frankfurt Hauptbahnhof 站下车可到

法兰克福南站

Mörfelder Landstr. 13，60598 Frankfurt am Main

乘坐有轨电车 14、15、16 路在 Südbahnhof 站下车可到

柏林

柏林汽车总站在柏林西区的会展中心附近，目的地包括德国境内和境外的许多城市。主要经营 BerlinLinienBus 公司和 Eurolines 公司的线路，汽车票可以在网上预订或在车站购买。

Masurenallee 4-6，14057 Berlin

乘坐地铁 U2 线至 Kaiserdamm 站下车后，向南步行 300 米可到

慕尼黑

慕尼黑长途汽车总站位于慕尼黑火车总站以西约 1 公里的阿努尔夫路上，它是慕尼黑重要的国际和国内交通枢纽。慕尼黑长途汽车总站由许多独立的汽车公司运营，其中，欧洲长途汽车联盟所运营的长途汽车线路几乎覆盖德国大多数城市。

Arnulfstraße 21，80335 München

@ www.brk-muenchen.de

法兰克福

法兰克福长途汽车站位于中央火车站以南的曼海姆街上，这里每天都有开往德国各城市和欧洲其他国家的长途汽车。它由欧洲巴士公司和汉莎航空公司承运，欧洲巴士公司的长途汽车从火车总站南面出发，提供前往大多数欧洲城市的服务；汉莎航空公司的长途汽车则往返于机场和海德堡、曼海姆及斯特拉斯堡等特定城市。

柏林

轨道交通主要包括轻轨（S—Bahn）、地铁（U—Bahn）和地方快车，它们运行的网络覆盖了柏林大部分景点，其班次频繁，方便快捷。其中地铁是柏林最便捷的公共交通工具，共有 10 条线路，在 04:00 ～ 24:00 之间运行，周五、周六和周日除 U1、U4 和 U12 线外所有地铁都会通宵运行。相对于地铁来说，轻轨的停靠点比较少，因此比较适合稍长距离的旅行，尤其是去市区的近郊。当然，如果想去更远一些的地方，就需要搭乘地方火车和地方快车。

慕尼黑

慕尼黑市内的轨道交通主要包括铁路（S—Bahn）和地铁（U—Bahn），覆盖了慕尼黑大部分景点，地铁从不同方向与各条铁路线相交错，提高了交通密度。其中铁路共有 10 条线路，连接市区、郊区和周边城镇。S1 至 S8 号线均横穿市中心，于火车总站、玛利恩广场与地铁相连，交通非常方便。铁路和地铁在 04:00 至次日 01:00 运行，而地铁在周五、周六末班车时间延长至约 02:00。

法兰克福

法兰克福市内的轨道交通主要包括轻轨和地铁，覆盖整个法兰克福。轻轨和地铁分别有 9 条线路贯穿市区，地铁是清晰的蓝色 U 标志，轻轨是黄绿色 S 标志，

很容易辨认。此外，轨道交通会有清晰的路线示意图，十分方便。轻轨的路线相对来讲比地铁路线复杂一些，在乘坐之前一定要注意看清轻轨示意图，以免乘坐时出现错误。乘轻轨出行时，需要注意上下车时要按门上的按钮，车门才会打开。轻轨的营运时间为05:00至次日01:20，地铁的营运时间为04:00至次日01:30。

公交车

柏林

柏林的公交车分为M打头两位数的主干线、三位数的辅线，和X打头的大站车快速线。公交车线路复杂，下车时，游客需按车上的“Stop”按钮告知司机停车。

柏林的地铁、轻轨、公交车这几种交通工具都统一使用一种车票，分为A、B、C三个环状区进行收费，其中AB区指的是柏林市区，而ABC区则将紧邻柏林的波茨坦也纳入其中。另外，泰戈尔机场位于AB区内，车票却属于ABC区内。

票价信息		
种类	范围	价格
单程票	AB区	2.4欧元
	ABC区	3.1欧元
优惠价（6～14岁）	AB区	1.5欧元
	ABC区	2.2欧元

慕尼黑

慕尼黑公交车分为三种：两位数路号的Metrobus有11条，三位数路号的Stadtbus有43条，以及N开头的夜班线路有11条，其中夜班线路又分为每日夜班线路（N40至N45）和假日夜班线路（N46至N49及N81）。公交车首班车时间约为05:00，末班车时间为18:00至次日01:00不等，另外一些Stadtbus线路仅在周一至周五运营，建议多注意查看站台或站牌上的时刻表。慕尼黑比较有名的公交车公司有辛巴达公司和Berlin Linien Bus公司。

观光列车

法兰克福有一种观光列车叫作苹果酒专列，可以坐在列车上一边品尝着美酒，一边环绕罗马广场、动物园等景点进行游览观赏。这是一列由老式列车改造而成的观光列车，车身通体红色，车厢上描绘着歌德醉卧图以及法兰克福的名胜古迹，内部装饰成酒吧风格，非常有特色。该列车每隔 40 分钟发车一趟，费用大概为 3 欧元。上车地点在列车总站、罗马广场等市内列车的停靠站。

美食

柏林餐厅推荐

嘉乐酒店

Am Kupfergraben 4–4A，10117 Berlin

030—20059500

乘坐有轨电车 12、M1 路在 Georgenstr.、Am Kupfergraben 站下车可到

11:30 ~ 23:00

www. restaurant-jolly.de

嘉乐酒店（Restaurant Jolly）位于柏林市中心，与博物馆岛有一河之隔，店里气氛良好。店里的特色菜是烤鸭，另提供各种川菜、粤菜及各色点心、汤圆等面食。另外，酒店内还提供泰国风味菜。

东方红餐厅

Grolmanstr. 21，10623 Berlin

030—60940932

乘坐有轨电车 M49 路在 Savignyplatz 站下可到

周一至周五 12:00 ~ 22:00

www.east-restaurant.de

东方红餐厅（East Restaurant）是当地的一家中餐厅，主要提供馄饨、春卷、面条、炒饭、烤鸭以及时令蔬菜等，环境优雅安静。

慕尼黑餐厅推荐

Tantris

Johann-Fichte-Straße 7,80805 München

089-3619590

www.tantris.de

Tantris 是一家有着 300 年历史的巴伐利亚风味的餐厅，位于玛利亚广场旁边。这里拥有慕尼黑最顶尖的美食，曾被著名的高勒·米罗美食指南（Gault Millau）授予 19 分的高分。餐厅定位高端，菜品丰富，服务非常周到。

Ratskeller

Marienplatz 8,80331 München

089—2199890

www.ratskeller.com

Ratskeller 是一家典型的巴伐利亚传统风味餐厅，以供应肉食为主。在这里，你能品尝到慕尼黑著名的烤猪肘子、白香肠、鸭腿以及面饼汤等。这个餐厅比较有特色的地方在于菜单上很贴心地放了一些动物的照片或图片，你可以一眼就知道美食的主要成分。

法兰克福餐厅推荐

Zum Storch am Dom

Saalgasse 5,60311 Frankfurt am Main

069-284988

www.zumstorch.de

Zum Storch am Dom 的历史可追溯到 1317 年，相传著名诗人歌德都曾到此光顾。这家餐厅虽然历史悠久，但菜式却是非常朴素亲民的，简单中透着不凡。

Vinum

Kleine Hochstraße 9,60313 Frankfurt am Main

069—293037

乘坐地铁 U6、U7 号线在 Alte Oper 站下可到

@ www.vinum-frankfurt.de

Vinum 是一家由葡萄酒窖改造而成的餐厅，在当地很有名气。整个餐厅从外到内都充满了浓浓的复古气息，让人仿佛回到了 19 世纪。餐厅内有各种精心挑选的葡萄酒，连食物都是配合葡萄酒制成的。

住宿

柏林住宿地推荐				
名称	地址	电话	网址	参考价格
Regent Berlin	Charlottenstraße 49,10117 Berlin	030–20338	www.regenthotels.com	255 欧元
Hilton Berlin	Mohrenstraße 30,10117 Berlin	030–202300	www.hilton.com	135 欧元
Crowne Plaza Berlin City Centre	Nürnberger Str. 65,10787 Berlin	030–210070	www.cp–berlin.com	116 欧元
Hotel Eurostars Berlin	Friedrichstraße 99,10117 Berlin	030–7017360	www.eurostarsberlin.com	96 欧元
NH Berlin Kurfürst–endamm	Grolmanstraße 41–43,10623 Berlin	030–884260	www.nh–hotels.de	66 欧元

慕尼黑住宿地推荐				
名称	地址	电话	网址	参考价格
Holiday Inn Munich-City Centre	Hochstraße 3,81669 München	089-48030	www.holidayinn.com	275 欧元
The Westin Grand München	Arabellastraße 6, 81925 München	089-92640	www.westingrandmunich.com	228 欧元
Hotel Rothof	Denninger Str. 114, 81925 München	089-9100950	www.hotel-rothof.de	180 欧元
Eurostars Book Hotel	Schwanthalerstraße 44,80336 München	089-5999250	www.eurostarsbookhotel.com	118 欧元
Hotel Haberstock	Schillerstraße 4,80336 München	089-557855	www.hotelissimo.com	68 欧元

法兰克福住宿地推荐				
名称	地址	电话	网址	参考价格
The Westin Grand Frankfurt	Konrad-Adenauer-Straße 7,60313 Frankfurt am Main	069-29810	www.westingrandfrankfurt.com	245 欧元
Hotel NH Collection Frankfurt City	Vilbeler Str. 2,60313 Frankfurt am Main	069-9288590	www.nh-hotels.de	175 欧元
Hilton Garden Inn Frankfurt Airport	Flughafen Frankfurt, 60549 Frankfurt am Main	069-45002500	www.hiltongardeninn3.hilton.com	132 欧元
The Corner Hotel	Mainzer Landstraße 73,60329 Frankfurt am Main	069-25626550	www.thecornerhotel.de	60 欧元
Hotel Haberstock	Schillerstraße 4,80336 München	089-557855	www.hotelissimo.com	68 欧元

购物

柏林购物地推荐				
名称	地址	交通	网址	营业时间
Mall of Berlin	Leipziger Pl. 12,10117 Berlin	乘坐地铁U2在Potsdamer Platz站或Mohrenstrasse站下可到	www.mallofberlin.de	周一至周六 10:00～21:00
Galeries Lafayette Berlin	Friedrichstraße 76-78,10117 Berlin	乘坐地铁U6线至Französische Straße站下可到	www.galerieslafayette.de	周一至周六 10:00～20:00
Kaufhaus des Westens	Tauentzienstraße 21-24,10789 Berlin	乘坐地铁U1、U2、U3线至Wittenbergplatz站下可到	www.kadewe.de	周一至周四 10:00～20:00，周五10:00～21:00，周六09:30～20:00
Potsdamer Platz Arkaden	Alte Potsdamer Straße 7,Berlin	乘坐地铁到波茨坦广场站	www.potsdamer-platz-arkaden.de	周一至周六 10:00～21:00

慕尼黑购物地推荐			
名称	地址	网址	营业时间
Oberpollinger	Neuhauser Straße 18,80331 München	www.oberpollinger.de	09:00 ~ 18:00
Alois Dallmayr	Dienerstraße 14, 80331 München	www.dallmayr.de	09:30 ~ 19:00
Seb Wesely	Rindermarkt 1,80331 München	www.wesely-schnitzereien.de	09:00 ~ 18:30
Olympia Einkaufszentrum	Hanauer Straße 68, München	www.olympia-einkaufszentrum.de	周一至周五 09:30 ~ 20:00

法兰克福购物地推荐				
名称	地址	交通	网址	营业时间
Rossmann	Königsteiner Straße 17A, 65929 Frankfurt am Main	乘坐 11 路至 Zuckschwerdtstraße 站下可到	www.rossmann.de	周一至周五 09:00 ~ 20:00
Lorey	Schillerstr. 16, 60313 Frankfurt am Main	乘坐 S1、S2、S3 线有轨电车至 Frankfurt(M)Hauptwache 站下车可到	www.lorey.de	10:00 ~ 19:00
Koffer-Klein	Rossmarkt 10, Frankfurt am Main	乘坐 U1、U2、U3 线地铁至 Hauptwache 站下车可到	www.kofferklein.de	10:00 ~ 19:00
Karstadt	Karstadt,Zeil 90,60313 Frankfurt am Main	乘坐 S-Bahn 到 Konstablewache 站下可到	www.karstadt.de	周一至周六 10:00 ~ 20:00

Part 3 中欧地区

无需门票，体验瑞士“心”玩法

Part3 中欧地区
瑞士

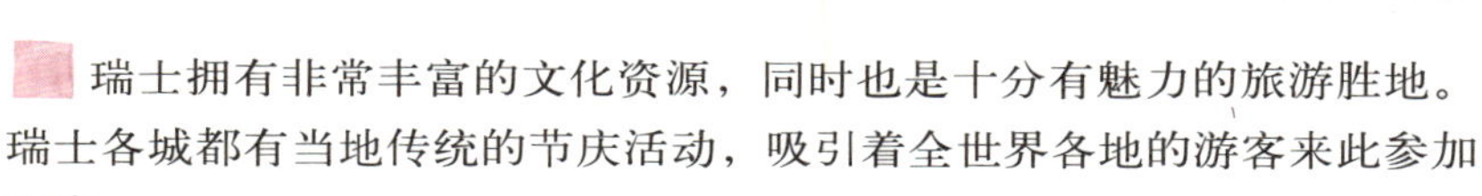

1 · 遇上庆典别错过 ·

瑞士拥有非常丰富的文化资源，同时也是十分有魅力的旅游胜地。瑞士各城都有当地传统的节庆活动，吸引着全世界各地的游客来此参加观摩。

瑞士各地民俗节庆活动			
名称	时间	举办地点	简介
卢塞恩狂欢节	2 ~ 3月	卢塞恩	是瑞士第二大狂欢节，人们以各式的装扮，如妖魔鬼怪、动物萌物，一家大小齐出动。狂欢队伍演奏着音乐，走街串巷，忘我地享受着这欢乐时光，整个小镇热情高涨
苏黎世节	7月初	苏黎世	在利马特河两岸集中庆祝，搭建很多大型游乐场、路边小吃摊等，而傍晚举办的音乐节也为当地人增添了更多盛夏欢乐的气氛
卢塞恩音乐节	7月	卢塞恩	是欧洲主要的音乐节之一，包含三个大的节主题：复活节、夏日、钢琴。节日期间可以看到很多知名的明星来此，不要错过

续表

名称	时间	举办地点	简介
电子音乐游行	8 月第 2 个周六	苏黎世	已经成为世界最大的夏季音乐节之一，每年能够吸引数十万来自世界各地的电子乐爱好者或是舞者汇集苏黎世，尽情狂欢
苏黎世葡萄酒节	11 月	苏黎世	是在船上举办展览会，苏黎世湖上就会布满展览葡萄酒的各种船只，十分盛大

2· 不要门票怎样能玩 High ·

不花 1 分钱 游览卢塞恩美景

豪夫教堂： 十分壮观，沿着湖边步行可前往，教堂内的管风琴最值得观赏

从教堂后侧出来，步行约 8 分钟

狮子纪念碑： 被喻为世界上最令人难过、最让人动情的石头

步行约 16 分钟

穆赛格城墙： 瑞士保存最好、长度最长的防御性城墙之一，日落时分，景色最美

零元游瑞士

苏黎世

市政厅 (Rathaus) 建于 1694 ~ 1698 年，是苏黎世最漂亮的建筑之一。这座文艺复兴晚期式的建筑是苏黎世的一座重要大厦和建筑学纪念碑，更见证着苏黎世一直以来的转变。经过了多次整修，如今市政厅跟周围典雅的建筑相比显得异常耀眼而非凡，是来苏黎世游览的必到之处。

旅游资讯

Limmatquai 55, Zürich

乘坐有轨电车 4、15 路至 Rathaus 站可到

苏黎世湖（**Zurichsee**）是有名的冰蚀湖，呈新月形，由东南向西北延伸29公里，西北部较深，最深处143米，东南部较浅。湖岸坡度徐缓，遍布葡萄园和果园，向南可以远眺阿尔卑斯山。这里同时也是众多水鸟的栖息地和游玩的天堂，除了游弋在湖面中的洁白的天鹅之外，还有成群的鸽子和海鸥，它们都为美丽的苏黎世湖增添了一层神秘的色彩。这里经常会有不少游客来到湖边为飞来的海鸥和鸽子喂食，一派祥和宜人的场景。

Part3 中欧地区
瑞士
2
·苏黎世湖·

旅游资讯

Burkliplatz Zürich

乘坐有轨电车2、5、8、9、11路至Burklipl.站下车后步行3分钟可到

苏黎世大教堂（**Grossmünster**）最古老的部分在11～12世纪初建成，其走廊和雕刻属于罗马建筑风格，而它也是瑞士最大的罗马式大教堂。瑞士现代艺术大师阿尔伯特·贾科梅蒂（Alberto Giacometti）创作的彩画玻璃也很有名，地下还藏有凯撒大帝的画像。不过其最独特之处在于它的双塔造型，现在它还是苏黎世大学神学院的一部分。该大教堂还是宗教改革的发祥地，1519年，著名的宗教改革者茨温利曾在此传教，倡导人们在工作之余也别忘了祷告。

Part3 中欧地区
瑞士
3
·苏黎世大教堂·

旅游资讯

Zwinglip1atz,8001 Zürich

044-2525949

乘坐有轨电车3、4、6、7、9、11、15路至Helmhaus站下车可到

3～10月10:00～18:00；11月至次年2月10:00～17:00

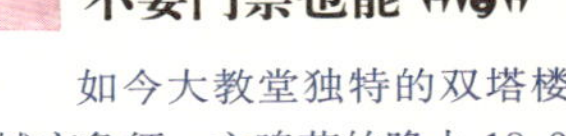

不要门票也能High

如今大教堂独特的双塔楼已经成为了苏黎世的城市象征，六鸣节的晚上18:00，还会撞响大教堂的钟，届时敲响的钟声也就等于宣告大家一个崭新的春天到来。

•圣母大教堂•

旅游资讯

Fraumünster Kirche, Fraum ü nsterstrasse 25,8001 Z ü rich

044-2212063

乘坐有轨电车 2、6、7、8、9、11、13 路至 Aradeplatz 站下车可到

1～2 月 10:00～17:00，3～10 月 10:00～18:00，11～12 月 10:00～16:00

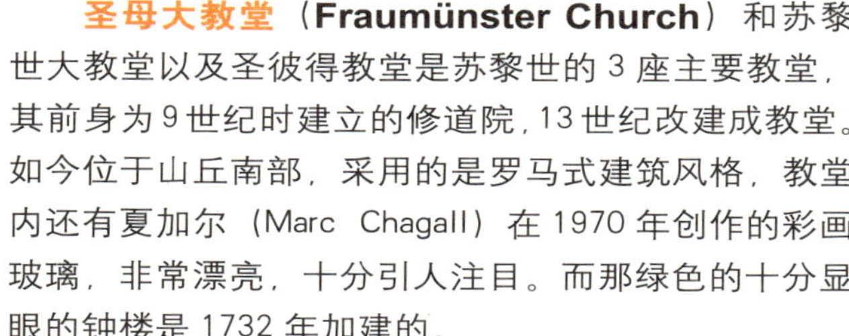

圣母大教堂（Fraumünster Church）和苏黎世大教堂以及圣彼得教堂是苏黎世的 3 座主要教堂，其前身为 9 世纪时建立的修道院，13 世纪改建成教堂。如今位于山丘南部，采用的是罗马式建筑风格，教堂内还有夏加尔（Marc Chagall）在 1970 年创作的彩画玻璃，非常漂亮，十分引人注目。而那绿色的十分显眼的钟楼是 1732 年加建的。

•圣彼得大教堂•

旅游资讯

Sankt Peterhofstatt, 8001 Zürich

044-2112588

乘坐有轨电车 2、4、5、11、17 路至 Paradeplatz 站下车可到

周一至周五 08:00～18:00，周六 10:00～16:00；周日 11:00～17:00

圣彼得大教堂（Kirche St. Peter）历史十分悠久，建造时间可以追溯到公元 857 年，是苏黎世当之无愧最古老的教堂。该教堂最引以为傲的是建于 1534 年的钟楼，它拥有欧洲最大的钟盘，直径达 8.7 米，时针长 3 米，分针长 4 米，堪称欧洲之最。

不要门票也能 High

圣彼得大教堂还有一座用于监视火灾的教堂塔。曾经有看火人住在里面随时监视，一旦发生火灾，看火人就把一面旗伸向发生火灾的方向，以此指示救火的具体方向。

Bahnhofstrasse, 8001 Zürich

乘坐有轨电车 3、7、11、14 路至 Bahnhofstrasse 站下车可到

班霍夫大街（**Bahnhofstrasse**）是世界上最富有的街道，位于苏黎世的利马河西侧，长 1.4 公里，始建于罗马统治时期，曾是全城最繁华、最“昂贵”的街道之一。 与纽约第五街齐名。沿着街道可以找到瑞士最高档的商店，这里有最顶尖的设计师设计的服装、鞋子、首饰、瓷器和珠宝等高档商品，可供选择，当然，还有瑞士手表。

从葡萄酒广场北面拾阶而上，就可到达苏黎世这座城市的发源地，一处临近河岸、植满林木，名叫林登霍夫（Lindenhof）的山丘。林登霍夫山丘位于苏黎世的城市中心，是古罗马时期的海关所在地和罗马帝国时期重要的关卡，史前人类曾在此居住，从此处还可以俯瞰老城区的优美景色。

旅游资讯

苏黎世城内

苏黎世周边

·苏黎世→施泰因

施泰因（**Stein am Rhein**）位于莱茵河畔，又被称作“莱茵河畔的宝石”。在这个长只有400多米、宽只有200多米范围的小镇内，放眼望去都是中世纪古老的建筑，每家每户的窗口都开满五颜六色的鲜花。而最令人赞叹不止的，则是建筑外的那些产生于上世纪初的湿壁画（Fresco）。小镇中心是市政厅广场，在那里的教堂上可见到栩栩如生的龙头，外面还有美丽的喷泉。

前往施泰因

从苏黎世的中央火车站（Zürich HB）乘坐火车，大约1小时可到施泰因的Stein–Säckingen。

·苏黎世→沙夫豪森

沙夫豪森（**Schaffhausen**）位于莱茵河的右岸、博登湖之西，建成于1045年，其意思是“船之家”，沙夫豪森也的确因莱茵河的商业交易而繁荣起来。这里文化遗产众多，老城区内的房屋均有壁画装饰，附近更是有许多值得一游的观光风景区，尤其是欧洲著名的莱茵瀑布，以其欧洲第一的水流量及雄伟壮观的场景，令每个前去欣赏的人都叹为观止。

前往沙夫豪森

从苏黎世的中央火车站（Zürich HB）乘坐火车约需40分钟。

·苏黎世→圣加仑

圣加仑（**St.Gallen**）是瑞士东北部城市，圣加仑州的首府。由于在城市两旁山上建有很多台阶，所以圣加仑又被人们称为“千阶之城”。18世纪初期时圣加仑的亚麻工业曾发展到最顶点，直至今天，圣加仑的纺织业在世界上一直享有盛名。如今，圣加仑开设了纺织博物馆，向人们展示着和纺织有关的藏品。另外，在市民剧场还有歌剧、音乐会上演，如果你是个艺术爱好者不妨一看。圣加仑还是全国农产品和乳制品博览会、两年一次的国际赛马会的举办地。

前往圣加仑

从苏黎世出发向东车行约1个小时就可到达。

·苏黎世→巴登

巴登（**Baden**）位于瑞士北部，从罗马时代起就是著名的温泉之乡，这里有47℃的硫磺泉，由于其具有多种疗效功能，因此被广泛用于饮用法、沐浴法来治疗疾病。巴登还有展示塞尚等印象派画家名画的“朗格玛特基金会”以及“巴登博彩中心”等，看点很多。它的中心就是火车站，火车站下面是通道和商店，上面也可以自由出入，都是开放的。巴登的四周都是小山，山坡上是草坪，山上是树木，因而整个城市空气非常好，很适合来度假。

前往巴登

从苏黎世坐快车过来需要15分钟，每30分钟一班；坐近郊火车需要25分钟，每一小时一班。

卢塞恩

旅游资讯

Denkmalstrasse 4,6006 Luzern

041–2271717

乘坐有轨电车 23 路在 Zuerichstr 站下，步行 5 分钟可到

狮子纪念碑（**Lion Monument**）是为了纪念在 1792 年法国大革命时期，暴民攻击法国杜乐丽宫（Tuileries）时，誓死保护法王路易十六而牺牲的 786 名瑞士军官和警卫而雕刻的。这座纪念碑被马可 · 吐温誉为“世界上最哀伤，最感人的石雕作品”。这座雕刻在整块崖壁上的石像，是由丹麦的雕刻家特尔巴尔森设计的，有着强烈的艺术感染力，使得所有站在它面前的人都有着无可抑制的悲伤。

旅游资讯

Museggstraae, Schirmtorweg,6004 Luzern

041–2271717

乘坐公交车 3 路或 5 路可到，乘坐有轨电车 12、16 路也可到

4 ~ 11 月 08:00 ~ 19:00

穆塞格城墙（**Museggmauer**）建于 14 世纪，目前仍然保存得比较完整，现有 900 多米，该旧城墙遗址环绕整个卢塞恩城市，是瑞士保存最好、最长的防御性城墙之一。来到城墙上可一览城镇及湖泊的景色，是一个观赏卢塞恩美景的地点。城墙上还建有 9 座样式各异的瞭望塔，现在仅 Männliturm、Zeitturm、Schir–merturm 这 3 个城楼在冬天之外的时候对公众开放。

卡佩尔木桥（**Kapellbruecke**）是一座木制廊桥，在卢塞恩享有盛名。由于该桥的附近有一座圣彼得教堂（St.Peter's Chapel），所以也有人称其为教堂桥。该桥建于14世纪，屋檐内大约有110幅彩绘装饰于桥的廊顶上，在行走于桥上时，还可以观看这些描述当年景象的画作。它们多是描述卢塞恩在17世纪时发生的一些事件，可以说是城市历史的再现。在1993年的火灾中该桥受到了严重的焚毁，其中大多数的画作也遭到了损坏，尽管之后迅速地进行了修复，但是大火所造成的损失已经无法弥补。现在再观看的时候，你可以非常清晰地辨认出桥顶画作的新旧痕迹。

·卡佩尔木桥·

旅游资讯

Luzern Tourismus AG Zentralstrasse 5,6002 Luzern

在火车站边上，由火车站出来右转到老城（Altstadt）步行5分钟即到

豪夫教堂（**Hofkirche**）坐落在湖边，曾是一座罗马式建筑，当时它是一座本尼迪克特派修道院，后到了14世纪改建成了哥特式风格，17世纪的一场大火严重破坏了教堂，在随后的改建中，教堂又建成了文艺复兴样式，从此成为了瑞士最重要的文艺复兴式教堂。其美丽的尖塔与17世纪制作的管风琴非常有名，该风琴共有近5000根风琴管，至今仍在卢塞恩的夏季音乐节上使用。

·豪夫教堂·

旅游资讯

Haldenstrasse, Luzern

乘坐有轨电车24路到Haldenstrasse站下可到

周二至周日09:00～18:00；周一休息

·斯普罗伊尔桥·

旅游资讯

Spreuerbrucke, Luzern

乘坐有轨电车 9、12、18 路以及公共汽车 61、62、51、52、53 路均可到达

斯普罗伊尔桥（**Spreuerbrucke**）也可译作糓糠桥，位于卡佩尔木桥的下游，同样也是一座木顶的桥。该桥建于 1408 年，长约 80 米，廊檐下的梁上也有彩绘，是卡斯帕·梅格林格尔（Casper Meglinger）于 1626 年以当时肆虐横行的瘟疫为题材创作的木版画。斯普罗伊尔桥的中部有一个小礼拜堂，桥下是水闸，蔚为壮观。

不要门票也能 High

在那些木版画中，最吸引人的便是三角形木版画《死亡之舞》（*The Dance of the Death*）的图画故事。而对于此桥的命名其实还有一个典故，就是源于昔日人们都在此桥将麦子的糠秕倒入河中，渐渐地此桥便以此命名。

卢塞恩周边

·卢塞恩→铁力士山

铁力士山（**Mount Titlis**）海拔 3020 米，是瑞士中部的最高峰，坐落在距离卢塞恩不远的小镇英格堡（Engelberg）中。这里是瑞士的冬季滑雪胜地，无论任何季节，都会吸引众多来自世界各地的游客。铁力士山的山顶终年积雪，山上有万年冰川，并以终年不化的冰川和冰川裂缝闻名世界。为了方便游客游览，山顶上建有一座全景酒店、眺望台和餐厅，这使其成为了阿尔卑斯山最有名的景点。

前往铁力士山

从卢塞恩乘坐 Luzern–Stans–Engelberg 火车约 1 小时到达英格堡（Engelberg），每小时一班，再乘坐缆车前往。

·卢塞恩→瑞吉山

瑞吉山（**Rigi**）的文献最早出现在14世纪，从17世纪开始有“山峦皇后Regina Mountium”之称，“瑞吉”意为“山峦皇后”。瑞吉山位于阿尔卑斯山的最前沿，也是瑞士中部最有名的瞭望台。由于在这里观赏日出和日落的角度格外迷人，加上在山顶的瞭望台上可以欣赏到阿尔卑斯山脉的全景观和延伸到德国的黑森林与法国平原，使得这里吸引了众多名人、贵族的眼光。19世纪前期，韦伯、门德尔松、维克多雨果等文化名人就都到访过这里。1864年，英国维多利亚女王也曾亲临瑞吉山。

前往瑞吉山

从卢塞恩出发乘船或者搭乘高山铁路1.5小时就可抵达瑞吉山。

·卢塞恩→皮拉图斯山

皮拉图斯山（**Pilatus**）位于卢塞恩的西南15公里处，在这里有相当多关于龙的传说，这也使其在瑞士的群山之中最具神秘色彩。由于皮拉图斯山位于卢塞恩湖之西，在峰顶可见曲折幽深的卢塞恩湖，而站在山上向南远眺，则可见北部阿尔卑斯山的全景，向北望，德国黑森林便尽收眼底，有时还可见云海，景观绝美异常。而皮拉图斯山最吸引游人的，还是那世界少有的齿轨式火车，连着阿尔纳斯特（Alpnachstad）和皮拉图斯－库尔穆（Pilatus–Kulm）的铁路也是欧洲坡度最大的齿轨铁路。

前往皮拉图斯山

从卢塞恩湖的Alpnachstad搭乘齿轮火车可到，也可在市区乘1路巴士至佳仑斯（Kriens），再乘小型吊车直达海拔1415米的Frakmuntegg，再转乘较大的吊车前往皮拉图斯山。

· 卢塞恩→因特拉肯

因特拉肯（**Interlaken**）是瑞士中部城镇，原意为“两湖之间”，所以又名湖间镇，对它来说，这是一个名副其实的名字，因为它就位于图恩湖（Lake Thun）及布里恩湖（Lake Brienz）之间，是一个因观光而兴起的小镇。因特拉肯是前往少女峰的重要门户，也是瑞士著名的度假胜地。这里出产著名的手纺精细网织品、传统的手工彩陶制品，还有勃利恩茨的木刻，都是当地的名产，深受游客青睐。因特拉肯全年气候温和，湖光山色，环境优美，最适合各种休闲的活动与运动。它古老而充满文化气息的氛围，更使它充满了魅力。

前往因特拉肯

因特拉肯火车站分为东站（Ost）与西站（West），这两个车站之间步行仅需 20 分钟，连接它们的便是因特拉肯最重要的一条街道，最适合徒步观光。瑞士很多往来于主要城市的火车，如卢塞恩、伯尔尼、苏黎世、巴塞尔等都有经过因特拉肯的班次。伯尔尼、苏黎世机场、巴塞尔每小时都有特快列车直通因特拉肯。乘火车从卢塞恩往因特拉肯，约需 1 小时 55 分钟。

· 少女峰 ·

旅游资讯

Jungfraujoch, 3801 Wengen, Switzerland

乘从因特拉肯出发 2.5 小时可到

上山 06:35 ~ 14:05

少女峰（**Jugfraujoch**）是瑞士著名的山峰，尤其是由少女峰、僧侣峰及艾格峰这 3 座山峰所形成的三峰鼎立的连绵山色，更是少女峰地区让人难忘的经典画面。而全欧洲最长的阿雷奇冰河，也同样吸引全球各地的登山客，不远千里前来寻幽访胜。少女峰是欧洲的最高峰，海拔 4158 米，也是伯尔尼高地最迷人的地方。这座风景秀丽的山峰把伯恩州和瓦莱（Valais）州隔开，是伯恩阿尔卑斯山的一部分。山峰上终年银装素裹，远望就像一位少女披着长发，恬静地仰卧在白云之间。在天清气朗的时候极目四望，景象更是十分壮丽。欧洲最高的火车站可直达这里，而少女峰登山铁路本身也是 20 世纪初的一大工程奇迹。

·图恩湖·

图恩湖(Thunersee)是瑞士伯尔尼州阿尔卑斯山区的一个湖泊，该湖和布里恩茨湖一起被人们称为上帝的左眼和右眼。图恩湖两岸有着数不胜数的美景：青山、绿水、木屋、游艇、宁静的树林、如诗如画的村庄等，所有这些美景无不让来到这里的人们流连忘返。图恩湖畔中有一座中世纪的城堡矗立于此，该城堡已经按照当年的风格重新修葺一新了。从北岸还可隔着粼粼湖波南望阿尔卑斯山，别有一番情趣。透过宽大的玻璃窗，在这里居住的人们都可以不出家门，就能欣赏到湖光山色的美景。

瑞士伯尔尼州阿尔卑斯山区

4～9月

Part3 中欧地区 瑞士

3

·雪朗峰·

雪朗峰（**Schilthorn**）主峰海拔2970米，007系列影片之一《女王密令》中惊心动魄的打斗场面就是在此拍摄的，这使得雪朗峰一举成名。相比近邻的少女峰、勃朗峰，它也许不那么显眼，但它山顶上的旋转餐厅，却是观赏阿尔卑斯山全景的绝对首选。乘车到达雪朗峰的途中，看着两旁漫山遍野的植被、山坡上零星点缀的木屋、路边清澈的湖水、亮丽的山光水色，自然天成，仿佛置身仙境之中。

因特拉肯市正南处的阿尔卑斯山群之中

从因特拉肯东站坐火车（20分钟）经卢德本纳（Lauterbrunnen）换缆车，至Gruetschalp（11分钟）再换车可到达米伦（Muerren），最后从Muerren可到达雪朗峰，往返票价94瑞士法郎

Part3 中欧地区 瑞士

4 ·米伦小镇·

旅游资讯

少女峰地区西侧，距离因特拉肯13.3公里

可从因特拉肯乘坐火车前往

米伦小镇（**Muerren**）是卢德本纳山谷悬崖上的一个小山村，与东部的格林德尔瓦尔德相望。这里风景优美，空气清新，由于禁止机动车驶入，使这里十分难得地保存了阿尔卑斯朴素的山村氛围。从这里出发换乘缆车，只需20分钟就可以到达雪朗峰。这里还有旋转餐厅和眺望台，是饱览200多座山峰的绝佳地。春季和秋季缆车停运的时候，游客都可以乘缆车到达艾尔蒙德呼贝尔（Allmen-dhubel），单程只需约4分钟。

Part3 中欧地区 瑞士

5 ·翁根小镇·

旅游资讯

瑞士中部

可在因特拉肯乘坐火车前往

翁根小镇（**Wengen**）位于可以俯瞰卢德本纳的高地上，是个住宿设施相当齐备的观光度假村。和米伦一样，这里也是禁止机动车行驶的，所以有着很棒的环境，可以给你带来一个宁静的假期。克莱纳谢德格是通往少女峰的起点，乘坐WAB铁路可以直接到达。在翁根乘坐缆车5分钟便可到达曼丽申，交通相当便利。在这里除了可以观赏各个雄伟的山峰外，还有多条徒步线路可供选择。

瑞士·旅游资讯

交通

飞机

苏黎世国际机场

苏黎世国际机场（Zurich International Airport, ZRH）是瑞士最大、最繁忙的机场，同时也是瑞士最大的航空口岸，机场位于苏黎世东北郊区不到10公里处的克洛滕。机场将苏黎世和瑞士的各大城市或欧洲重要城市连接起来。目前中国北京、上海有直飞苏黎世的航班，前往瑞士十分方便。

苏黎世国际机场到市区交通	
火车	乘坐火车从苏黎世机场到达市中心大概需要12分钟的车程，一般情况下，往返火车大概需要10～15分钟左右一趟，需要注意的是，因为该火车在清晨和深夜发车间隔较平时长，因此如果在这个时间段乘坐火车的话，建议提前将列车时刻表查询清楚
巴士	从机场可以乘坐前往苏黎世丰泰地区（Winterthur region）的巴士
穿梭巴士	乘坐穿梭巴士可以从机场前往市区里的很多大型酒店、宾馆，这些穿梭巴士大多都停靠在1号航站楼进港出口的右侧

火车

国际特快列车运行信息

目的地	车程	班次	票价
苏黎世→德国斯图加特	3小时	每2小时一班	61瑞士法郎
苏黎世→德国慕尼黑	4小时15分钟	每天3班，分别是07:16、09:16和13:16发车	86瑞士法郎
苏黎世→奥地利茵斯布鲁克	3小时45分钟	每天5班，分别是09:40、13:40、17:40、21:40和22:40发车	66瑞士法郎
苏黎世→意大利米兰	4.5小时	每2小时有一班	72瑞士法郎

国内城际列车运行信息			
目的地	运行时间（分钟）	班次	费用
苏黎世→伯尔尼	1 小时 10 分钟	每小时一班	48 瑞士法郎
苏黎世→卢塞恩	50 分钟	每小时一班	22 瑞士法郎
苏黎世→巴塞尔	65 分钟	每小时一班	32 瑞士法郎
苏黎世→意大利米兰	4.5 小时	每 2 小时有一班	72 瑞士法郎

卢塞恩前往各大城市的列车信息			
目的地	距离	火车需时	费用
卢塞恩→苏黎世	60.5 公里	50 分钟	19 瑞士法郎
卢塞恩→伯尔尼	89.5 公里	1.5 小时	30 瑞士法郎
卢塞恩→因特拉肯	75 公里	2 小时 15 分钟	26 瑞士法郎
卢塞恩→洛桑	205.6 公里	2 小时 40 分钟	58 瑞士法郎
卢塞恩→日内瓦	265 公里	3 小时 15 分钟	70 瑞士法郎

长途汽车

苏黎世长途汽车站就在火车总站的后面，除了开往瑞士其他地方外，也有不少开往其他国家的班车。

开往瑞士其他城市的长途汽车运行信息		
前往地	距离	所需时间
卢塞恩	60.5 公里	48 分钟
伯尔尼	136.7 公里	1 小时 20 分钟
因特拉肯	134.2 公里	1 小时 53 分钟
洛桑	242.4 公里	2 小时 12 分钟

公交车

苏黎世

电车或公交车已经成为了苏黎世人们出行的一种必不可少的交通工具，城市中的电车和公交车路线也不难辨析。如果担心因为对路线不熟悉而耽误自己行程的话，不妨在乘坐电车或公交车之前，先在苏黎世旅游局要一个旅游指南路线的小册子，方便查阅。在乘坐电车和或是公交车时候，上车之前，只需要按一下车门旁边的按钮，门便会很快被打开了。下站之前，只需要按一下车中扶手上面的按钮就可以了。车票的话，乘车时在自动售票机处购买即可，既可以购买到达目的地的一次性车票，也可以买到一日性乘车券。

卢塞恩

卢塞恩的公共汽车线路效率很高，而且覆盖整座市中心和市郊地区。车票可从自动售票机购买，价格以乘车距离的长短而定。

除此之外，还可以在卢塞恩中央火车站租借自行车作为交通工具，除了人力自行车外，还可以租借电动自行车。而步行游览卢塞恩也是非常不错的选择，卢塞恩旧城很小，大多数的景点之间距离步行不会超过20分钟。

游船

游船沿着车站一直走到苏黎世湖，大概只要20分钟。这里也是观光船的发船处，停泊在码头的大船都可以使用欧铁通票，有饱览美景的半日游船，也有在湖上花1个多小时就再返回的船。

自行车

选择租赁自行车畅游整个苏黎世的人不在少数，夏天租赁的人相对较多，因为夏季时可以凭借驾照和护照、支付20瑞士法郎的押金就可以免费租到自行车。如果自行车租过夜的话，需另外支付10瑞士法郎的租金。租赁地可以选择苏黎世主火车站，这里有专门的自行车租赁处，一般情况下，租赁处的营业时间为08:00～21:30。

环城小火车

乘坐卢塞恩市内的环城小火车游览整个城市的风景也有很大的乐趣，这是一种白蓝两色的小火车，大约40分钟的行程，可以让你对这座秀美的城市有一个大致的了解。

美食

苏黎世餐厅推荐

Raemistrasse 4,8001 Zürich
044—2629900
www.kronenhalle.com

Kronenhalle不仅仅是一家餐厅，它的悠久历史已使这家餐厅成为苏黎世的一座纪念碑式的地方。如今，这家餐厅依然保持着当年的风采，一直是苏黎世艺术家们钟爱的地方。这家餐厅的招牌菜是Robespierre，可以与瑞士炸土豆搭配食用。当然这里还供应充足的当地鱼类和地中海鱼类，同时，各种瑞士美酒也是少不了的。

Restaurant Zunfthaus zur Zimmerleuten

Limmatquai 40,8001 Zürich
044—2505363
@ www.zunfthaus-zimmerleuten

Restaurant Zunfthaus zur Zimmerleuten 是苏黎世最古老的餐厅之一。现在的建筑物改建于 1708 年，楼梯被装饰得很漂亮。在这家餐厅你可以吃到用苏黎世湖中的鱼所做成的汤，还有 3 种黄油酱风味的里脊肉加烤土豆条等。这里也是苏黎世当地人很喜爱光顾的餐厅。

卢塞恩餐厅推荐

Galliker

Gibraltarrain 548,6003 Luzern
041-2405917

Galliker 是卢塞恩十分著名的餐厅，在设计时髦的餐厅内天天都坐满了顾客。据店主 Peter Galliker 说，这家餐厅的历史已经有上百年了。在这里可以品尝到真正卢塞恩的拿手菜 Kuegelipastetli，它是用奶油腌制的牛羔肉球的西点，并且是与洋白菜、胡萝卜、大蒜香肠和脊椎搭配的一种传统汤菜，另外，羊肉、牛头和香肠也是这里的特色。来卢塞恩观光，不妨到 Galliker 看看。

Balances

Weinmarkt 5,6004 Luzern
041—4182828

Balances 是一家高品质的优质餐厅，用餐环境浪漫而优雅，服务也非常周到。在这里用餐的同时还可以看到美丽的湖面与桥梁。主菜价格为 29 ~ 49 瑞士法郎范围内，沙拉和汤的价格差不多。饭菜十分可口，加上美不胜收的景色，来这里用餐绝对不会后悔。

Old Swiss House

Lowenplatz 4,6004 Luzern

041—4106171

Old Swiss House是一个美丽的餐厅。如果你问卢塞恩人，当地最好的肉类食物在哪里，他们很可能会回答是在这儿，所以如果你是个炸肉排爱好者，千万不要错过这里。餐厅的维也纳炸肉排非常可口，虽然价格有些贵，但绝对物有所值。另外，这里的饮品价格不贵，味道也不错。

住宿

苏黎世住宿地推荐				
名称	地址	电话	网址	参考价格
Zürich Marriott Hotel	Neumuehlequai 42, 8006 Zürich	044-3607070	www.marriott.com	348 瑞士法郎
RAMADA Hotel Zürich City	Badenerstrasse 537,8048 Zürich	044-4379900	www.h-hotels.com	248 瑞士法郎
Hotel Krone Unterstrass	Schaffhauserstrasse 1,8006 Zürich	044-3605656	www.hotel-krone.ch	170 瑞士法郎
Zurich Youth Hostel	Mutschellenstrasse 114,8038 Zürich	043-3997800	www.youthhostel.ch	50 瑞士法郎

卢塞恩住宿地推荐				
名称	地址	电话	网址	参考价格
Renaissance Lucerne Hotel	Pilatusstrasse 15, 6003 Luzern	041-2268787	www.marriott.com	273 瑞士法郎
Hotel Monopol	Pilatusstrasse 1,6002 Luzern	041-2264343	www.monopolluzern.ch	185 瑞士法郎
Hotel des Alpes	Furrengasse 3,6004 Luzern	041-4172060	www.desalpes-luzern.ch	138 瑞士法郎
Hotel Alpha	Zähringerstrasse 24,6003 Luzern	041-2404280	www.hotelalpha.ch	125 瑞士法郎
Lion Lodge Luzern	Zürichstrasse 57,6004 Luzern	041-4100144	www.lionlodge.ch	35 瑞士法郎

购物

苏黎世购物地推荐				
名称	地址	交通	网址	营业时间
Globus	Schweizergasse 11,8001 Zürich	乘坐有轨电车3、4、14路到Zürich、Sihlpost站下车可到	www.globus.ch	周一至周六 09:00 ~ 20:00
Grieder	Bahnhofstrasse 30,8001 Zürich	乘坐有轨电车6、7、11、17路到Zürich、Rennweg站下车，步行5分钟可到	www.bongenie-grieder.ch	周一至周五 09:30 ~ 19:00，周六09:30 ~ 18:00
Jelmoli	Seidengasse 1,8021 Zürich	乘坐有轨电车6、7、11路到Zürich、Rennweg站下车均可到	www.jelmoli.ch	周一至周五 09:00 ~ 20:00，周六09:00 ~ 17:00
VMC Jeans & Sportswear	VMC Jeans & Sportswear AG Rindermarkt 8,8001 Zürich	乘坐有轨电车3路，或公交车31、33路到Zürich、Neumarkt站下车可到	www.vmcoriginal.com	10:00 ~ 20:00
Migros Express	Mühlegasse 11, 8001 Zürich	乘坐公交车30、78路到Bahnhof Altstetten站下车可到	www.migros.ch	周一至周六 08:00 ~ 21:00
Bucherer	Bahnhofstrasse 50,8001 Zürich	乘坐有轨电车6、7、11、13路到Rennweg站下车可到	www.bucherer.com	周一至周五 09:00 ~ 19:00，周六09:00 ~ 17:00

卢塞恩购物地推荐			
名称	地址	网址	营业时间
宝嘉尔连锁表店	Schwanenplatz 5,6004 Luzern	www.bucherer.com	周一至周六 08:30 ~ 19:30，周日 09:00 ~ 19:00
Casagrande	Grendel 6,6004 Luzern	www.casagrande.ch	周一至周六 08:00 ~ 21:00，周日 09:00 ~ 19:30

娱乐

苏黎世娱乐地推荐			
名称	简介	地址	网址
Oliver Twist	酒吧提供爱尔兰、英国、澳大利亚和南非啤酒	Rindermarkt 6,8001 Zürich	www.pickwick.ch
Cafe Odeon	酒吧看起来很有质感，墙面都是大理石的，还有内饰的大吊灯，显得很高档	Limmatquai 2,8001 Zürich	www.odeon.ch
Bonnie Prince Pub	城市里最古老的酒吧之一，也是最吸引游客和当地人的休闲娱乐场所	Zähringerstrasse 38,8001 Zürich	www.bonnie.ch
Ba Ba Lu	酒吧内总有听不完的音乐、现场乐团表演和 DJ 的高超技艺	Schmidgasse 6,8001 Zürich	www.babalubar.ch

Part3 中欧地区
奥地利

1·遇上庆典别错过·

奥地利的维也纳是欧洲历史最悠久的文化名城之一，皇家贵族文化值得体验。这里有浓重的古典音乐文化熏陶的音乐厅，一年四季都有丰富的节庆活动值得参与。

奥地利维也纳民俗节庆活动		
名称	时间	简介
维也纳艺术节	5 月 12 日至 6 月 18 日	活动持续 5 周，每年在市政厅举行开幕式，来自多个国家的众多优秀音乐、艺术作品在此展示
维也纳音乐电影节	6 月底至 9 月初	在市政厅广场举行，在一个巨大的屏幕上免费为大家放映世界著名指挥家指挥的音乐会、芭蕾舞剧、轻歌剧和爵士乐节片段
维也纳博物馆之夜	10 月第一个周六	是维也纳秋季最重要的节庆活动。这一天，晚客只要凭一张 13 欧元的博物馆之夜门票就可以参观维也纳 122 个博物馆，非常划算
维也纳狂欢节	11 月 11 日至次年 2 月底	每年 11 月 11 日的 11 点开始，一直持续到次年的 2 月底。节日期间人们通过吃斋饭、参加化装舞会等各种活动，庆祝节日的到来

2・免费 Wi-Fi 畅游维也纳・

维也纳的机场、咖啡厅、快餐店等地都有免费 Wi-Fi 可供使用，需连接 Wi-Fi 信号后登录网页激活连通。此外，如果拥有欧洲其他大学提供的校际免费无线网络 Eduroam 的学生账号，那么维也纳所有大学区域里的 Wi-Fi 都可以免费使用。维也纳很多地方能免费使用带有无线网络功能的平板电脑、手机或是笔记本上网，你可登录 www.freewave.at/hotspots（德语、英语界面）和 www.wlanmap.com（德语界面）查询维也纳的无线网络覆盖区域。

3・不要门票怎样能玩 High・

不花 1 分钱 游览维也纳市内美景

国会大厦：宏伟大气，具有希腊风格，大厦正前方的雅典娜雕像值得观赏

步行约 25 分钟

斯蒂芬大教堂：是维也纳市中心的哥特式教堂，有“维也纳的精魂”之称，非常美

步行约 15 分钟

维亚纳城市公园：环境非常好，是娱乐休闲的最佳地

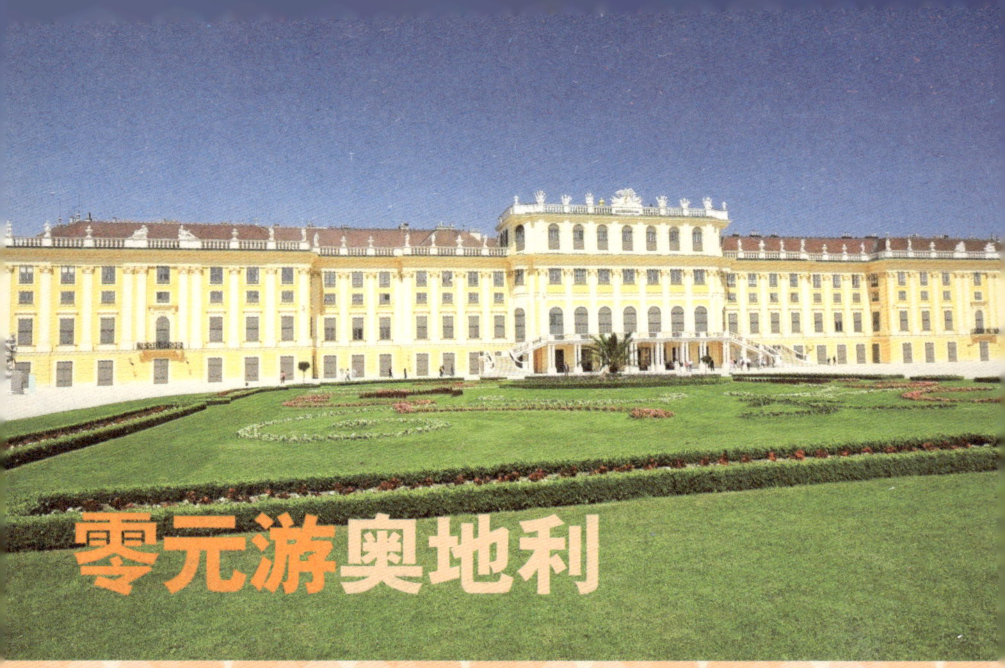

维也纳

旅游资讯

Stephansplatz 3, Wien

01–515523054

乘坐地铁 U1、U3 号线到 Stephansplatz 站下可到

教堂免费，导游讲解 3.5 欧元

周一至周六 06:00 ～ 22:00，周日及节假日 07:00 ～ 22:00

斯蒂芬大教堂（**Domkirche St. Stephan**）坐落在维也纳的中央，所以又称为“维也纳心脏”。教堂塔高 136.7 米，仅次于科隆教堂和乌尔姆教堂，居世界第三位，是维也纳的象征。左侧的布道坛是教堂内最精美的一座哥特式艺术品，“倚窗眺望人”更是不可错过的景点。登上 343 级台阶的南塔，可以俯瞰维也纳内城，还可以将 23 万片彩瓦组成的教堂顶部看得一清二楚。

维也纳城市公园（**Wiennr Stadtpark**）坐落在维也纳河的左右两侧，是维也纳城内第一座英国式市民公园。园中有很多纪念碑和铜像，如圆舞曲之王小约翰·施特劳斯的镀金铜像，是最有名的以及被拍摄最多的纪念物之一。公园内除了施特劳斯的雕像外，还有古典音乐大师弗朗茨·舒伯特、交响乐和宗教音乐作曲家安东·布鲁克纳、轻歌剧作家弗朗茨·雷哈和罗伯特·施多尔茨等人的雕像。

•维也纳城市公园•

旅游资讯

Landstra er Ha-uptstraße 7,1030 Wien

01-40008042

乘坐地铁 U4 号线到 Stadtpark 站下即可

国会大厦（**Osterreichisches Parlament**）是奥地利国会两院的所在地，建于 1874 年至 1883 年，其占地面积庞大，是整个戒指路沿线最为庞大的建筑物之一。同时也是维也纳知名的旅游景点，这座壮观的国会大厦，最著名的特色之一是雅典娜雕像和喷泉。国会大厦有 100 多个房间，其中最重要的为众议院、参议院和原帝国下议院，此外，还设有图书馆、餐厅、酒吧和健身房等娱乐休息场所。这里是十分重要的国家典礼场地，最引人注目的，当属奥地利总统宣誓就职仪式以及每年 10 月 26 日举行的国庆节发表国会演讲活动。

Part3 中欧地区
奥地利
3

•国会大厦•

旅游资讯

Dr.-Karl-Renner-Ring 3,1017 Wien

乘坐有轨电车 1、2、D 路到 Stadiongasse 或者 Parlament 站，步行 75 米可到

进入内部参观需 5 欧元

周一至周五 08:30 ~ 18:30，周六 09:00 ~ 17:00

Part3 中欧地区
奥地利

4

·金色大厅·

旅游资讯

Musikvereinsplatz 1, Wien

乘坐地铁 U1、U2 号线到卡尔广场站下可到

@ www.musikverein.at

金色大厅（**Musikverein**）建于 1867 年，全称为维也纳音乐协会金色大厅。金色大厅因殿堂中有 30 尊镀金的女神立像而赫赫有名。当然金色大厅里的音响效果也得到了音乐界人士的一致好评。这里几乎每天都会举办大型的音乐会，除了爱乐乐团本身的演出之外，还有莫扎特乐团等，每年 4 月至 10 月还有专题演出。我国的宋祖英、熊曼玲、谭晶、李云迪、李玉刚等艺术家都曾在这个音乐殿堂中一展风采。

Part3 中欧地区
奥地利

5

·维也纳市政厅·

旅游资讯

Rathausplatz 1, 1010 Wien

乘坐有轨电车 1、2、D 至 Rathausplatz、Burgtheater 站下车可到

周一至周五 08:00～18:00

维也纳市政厅（**Rathaus Wien**）是一座典型的新哥特式建筑，也是维也纳市长和市议会的驻地。其拱廊、凉廊、阳台、尖头窗、豪华的雕刻等无不体现着新哥特式的典型风格。大厅前面的 98 米高塔被视为维也纳的吉祥物。7、8 月夏季音乐会的时候，在有拱廊的天井和大厅前的广场上都有表演活动。圣诞节的前一个月，这里还是圣诞节市场。另外，展览和商品交易有时会在宴会大厅举行。每年 5 月初，市政厅广场上的维也纳艺术节与年终音乐会是这里最热闹的节日。

奥地利·旅游资讯

交通

飞机

维也纳国际机场

维也纳国际机场（Flughafen Wien-Schwechat）是奥地利最大、最繁忙的国际机场，也是奥利地航空和尼基的枢纽机场。机场坐落在施威夏特，距离市区16公里，交通便利。这里每天都有直飞北京的航班。在维也纳国际机场和维也纳市中心之间，也有多种公共交通可以选择。

维也纳国际机场到市区的交通	
城市机场快线	从机场乘快线直达市中心，需16分钟，单程票价为10欧元，往返票价18欧元，可以直接在车上购票
城铁	可在航站楼地下层乘坐，其运行时间为05:00～24:00，城铁的郊区线路S7线到达维也纳市区，车程约需26分钟，单程票4欧元，往返票价8欧元
机场巴士	可在机场到达厅外乘坐，按期往返于维也纳国际机场与市区固定地点。由Postbus公司运营，到达市区需40分钟，单程票价为6欧元，往返票价11欧元
出租车	维也纳的出租车没有固定的费用，在上车前应确认好价格，前往任意地点费用在25～30欧元

布拉迪斯拉发机场

布拉迪斯拉发机场（Bratislava Airport）是大部分欧洲廉价航空公司的停靠机场，从该机场可直接乘坐机场巴士到达维也纳，车程约1小时10分钟，大巴经停布拉迪斯拉发市中心和维也纳机场，票价10欧元。

布拉迪斯拉发机场到市区的交通	
机场特快列车	连接机场和市区最快捷、最方便、最舒适的交通工具，运行时间 05:37 ～ 23:36，单程票价 8 欧元，往返票价 15 欧元
机场班车	乘坐机场班车往返于机场和维也纳市，既方便又快捷。机场班车有两条路线，一条是从市区的希尔顿大酒店到机场，另外一条是从维也纳西火车站经停南火车站前往机场，单程票价 6 欧元，往返票价 11 欧元
轻轨 S7 线	往返机场与市区的经济便捷的交通方式，从机场抵达市区约半个小时，单程票价 4 欧元
出租汽车	出租汽车开往维也纳的费用大约为 35 ～ 45 欧元

火车

维也纳有多个火车站，火车站的站名都以德语的“Wien”开头。铁路由 OBB（奥地利联邦铁路）运营。国际列车通常运行前往邻近国家和地区的火车，夜火车和快速的 Euro-city 火车多数前往欧洲其他中心城市。

维也纳火车西站：目前是维也纳最大的国际火车站，位于市内第 15 区，交通便捷，往来于慕尼黑、苏黎世、法兰克福、布达佩斯等地的火车主要在此经停。

Europaplatz 2，1150 Wien

乘地铁 U3、U6 号线；轻轨 S50 号线到 Westbahnhof 站下可到

维也纳南火车站：是维也纳最大的主火车站，线路主要连接东欧斯洛伐克、匈牙利、波兰、保加利亚等地以及西欧的斯图加特、巴黎、威尼斯、雅典等城市。

Laxenburger Stra e 4，1100 Wien

维也纳中央车站：是地铁 U3 号线 Landstra e 站点，虽然不是国际车站，但许多到达维也纳的火车进入市区后都会以轻轨的行驶经过这里。这里也是机场直达快轨 CAT 的市区的发车／停靠站，以及轻轨 S7 线路的停靠站点。

Alfred-Adler-Stra e 107，1100 Wien

乘坐地铁 U3 号线到 Landstraße 站下可到

Meidling 火车站：承接除西站外大部分国际线路运输工作，往来于华沙、布拉格、柏林等地的列车在此经停。

Eichenstra e 25，1120 Wien

乘坐地铁 U6 号线到 Philadel-phiabrücke 站下可到

长途汽车

长途汽车也是从周边其他国家城市或者奥地利其他城市往返于维也纳不错的选择。维也纳有两个长途汽车站一个是 Erdberg 车站另一个是 Praterstern 车站。注意，购买国际大巴票需要护照。

Erdberg 车站：是维也纳主要的长途汽车站，同时也是许多国际大巴的市内停靠站，主要运营公司包括著名的 Euroline 公司，可以往返于德国、意大利、捷克、荷兰等国家的大城市以及 Westbus 公司往返于。

乘坐地铁 U3 号线到 Erdberg 站下可到

周一至周五 06:30 ~ 20:30；周六至周日 06:30 ~ 11:30，16:30 ~ 20:30

Praterstern 车站：是著名的廉价国际大巴 Student Agency 公司的长途汽车在此停靠，往返欧洲各大主要城市。

乘坐地铁 U1、U2 号线到 Praterstern 站下可到

轨道交通

维也纳的轨道交通包括地铁、城铁和有轨电车。其中维也纳地铁（U—Bahn）由维也纳路线网运营，目前共有 5 条路线（U1、U2、U3、U4、U6），此外还有修建 U5 线的计划。这几条地铁线路覆盖了城市大多数重要区域和经典线路，是维也纳出行最常用的交通方式，每隔 2 ~ 7 分钟有一班车发出。维也纳城铁（S—Bahn）主要在近郊范围内运营，大部分站都会停车。维也纳市内的有轨电车线路总共有 27 条线路，有轨电车的名称均以数字命名，通常是慢慢欣赏更多城市风光的很好选择。

自行车

在当地人眼中，骑自行车是一种不错的休闲活动，当然这也算是一种惬意的出行方式。在维也纳的主要街道、公园、河边都有自行车道，你可以在1个小时内骑车到达城市中的大部分景点。值得注意的是，当地法律规定在车道没有被封闭的情况下，如果有自行车道，你必须在车道内骑行。在夜间骑车时，车灯及车闸是必备的装备。

美食

维也纳餐厅推荐

颇兹那餐厅

Riemergasse 10, Wien

01—5126357

@www.puerstner.com

颇兹那餐厅（Restaurant Pürstner）是一家非常古老的奥地利餐厅，店内装饰非常典雅复古，木质座椅配着传统服饰，十分具有当地特色。这里最有名的美食是传统的奥地利烤排骨，香辣美味，值得尝试。

普拉楚塔餐厅

Wollzeile 38, 1010 Wien

01—5121577

@www.plachutta.at

普拉楚塔餐厅（Plachutta Wollzeile）是维也纳地标式餐厅，位于城市公园旁，在逛完公园后可来此就餐。餐厅提供特色的奥地利美食，来到这里不妨点一份维也纳炸猪排，味道十分美味，土豆沙拉也值得尝试。

住宿

维也纳住宿地推荐				
名称	地址	电话	网址	参考价格
Das Capri	Praterstraße 44–46,1020 Wien	01–2148404	www.dascapri.at	130 欧元
Best Western Hotel Reither	Graumanngasse 16,1150 Wien	01–8936841	www.bestwestern–ce.com	56 欧元
Hotel Hillinger	Erzherzog–Karl–Straße 105,1220 Wien	01–20446460	www.hillinger.at	50 欧元
A&O Wien Hauptbahnhof	Sonnwendgasse 11,1100 Wien	01–60206173800	www.aohostels.com	20 欧元

购物

维也纳购物地推荐				
名称	地址	交通	网址	营业时间
多瑙购物中心	Wagramer Straße 81,1220 Wien	乘坐地铁 U1 线或有轨电车 26 路到 Kagran 站下车可到	www.donauzentrum.at	周一至周五 09:00 ~ 20:00，周六 09:00 ~ 18:00
维也纳总火车站购物中心	Hauptbahnhof, 1040 Wien	乘坐地铁 U1 号线可到达	www.hauptbahnhofcity.wien	周一至周五 09:00 ~ 21:00，周六 09:00 ~ 18:00
北大商场	Ignaz–Köck–Straße 1,1210 Wien	乘坐地铁 U6 号线或轻轨到 Floridsdorf 下车，然后换乘 31 路有轨电车坐两站	www.scn.at	周一至周三 09:00 ~ 19:00，周四、五 09:00 ~ 20:00，周六 09:00 ~ 18:00
维也纳世纪城	Handelskai 94–96,1200 Wien	乘坐地铁 U6 或者轻轨 Schnellbahn 坐到 Handelskai 下车，步行 2 分钟	www.millenniumcity.at	周一至周五 09:00 ~ 19:00，周六 09:00 ~ 18:00
G3 购物中心	G3 Platz 1, 2201 Gerasdorf bei Wien	乘坐地铁 U6 号线或者轻轨 Schnellbahn 坐到 Floridsdorf 下车可到	www.g3–shopping.at	周一至周三 09:30 ~ 19:00，周四、五 09:30 ~ 20:00，周六 09:00 ~ 18:00

零元游奥地利周边

· 奥地利→匈牙利

匈牙利（**Hungary**）是一个位于欧洲中部的内陆国家，著名的多瑙河从斯洛伐克南部流入匈牙利，把匈牙利分成东、西两部分。匈牙利的国名来源于民族的名称，起源于东方游牧民族——马扎尔游牧部落，“匈牙利”的含意是“十个部落”。该国受地中海气候与大西洋暖流的影响，夏季凉爽，冬季温暖，一年四季都适合游玩。

前往匈牙利

从奥地利前往匈牙利的交通十分方便，火车比较慢，飞机是最方便快捷的方式。从奥地利的维也纳机场至匈牙利的布达佩斯机场乘坐飞机，只需50分钟。

链子桥（**Széchenyi Lánchíd**）是布达佩斯的标志，正如伦敦塔是英国的标志性建筑一样。它于1839年起建，1849年竣工，是连接布达与佩斯两座城市之间9座大桥中最古老、最壮美的一座桥。桥两头各有一对狮子雕塑，4只狮子的爪子紧紧抓住两岸，象征布达佩斯紧紧相连。到了布达佩斯，清晨一起挽着爱人的手，两人并肩步行在链子桥上，感受一下布达佩斯的浪漫，肯定毕生难忘。

Part3 中欧地区 奥地利周边

1 ·链子桥·

旅游资讯

Sz é chenyi L á n-ch í d,Budapest

乘坐地铁M1线到V r smarty tér站，或乘坐2路有轨电车到Sz é chenyi Istv á n tér站下车可到

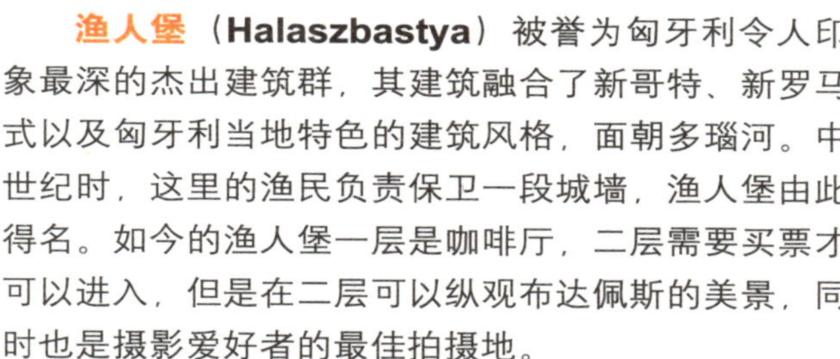

渔人堡（**Halaszbastya**）被誉为匈牙利令人印象最深的杰出建筑群，其建筑融合了新哥特、新罗马式以及匈牙利当地特色的建筑风格，面朝多瑙河。中世纪时，这里的渔民负责保卫一段城墙，渔人堡由此得名。如今的渔人堡一层是咖啡厅，二层需要买票才可以进入，但是在二层可以纵观布达佩斯的美景，同时也是摄影爱好者的最佳拍摄地。

Part3 中欧地区 奥地利周边

2 ·渔人堡·

旅游资讯

Szentháromság tér5, 1014 Budapest

乘坐公交车16路在Szentharomsag ter站下车可到

Part3 中欧地区
奥地利周边

3 ·瓦茨大街·

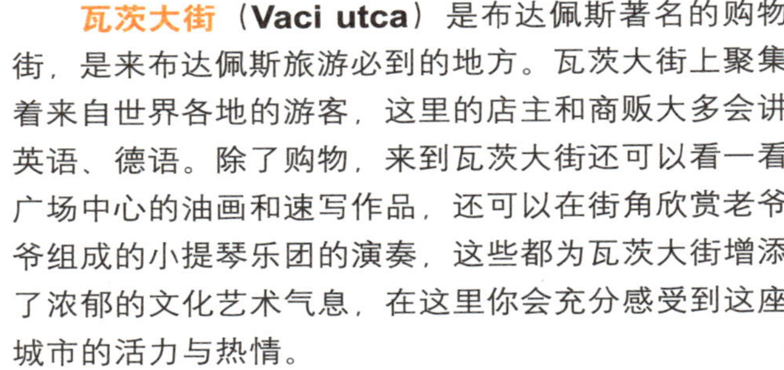

瓦茨大街（**Vaci utca**）是布达佩斯著名的购物街，是来布达佩斯旅游必到的地方。瓦茨大街上聚集着来自世界各地的游客，这里的店主和商贩大多会讲英语、德语。除了购物，来到瓦茨大街还可以看一看广场中心的油画和速写作品，还可以在街角欣赏老爷爷组成的小提琴乐团的演奏，这些都为瓦茨大街增添了浓郁的文化艺术气息，在这里你会充分感受到这座城市的活力与热情。

旅游资讯

Váci utca，Budapest

乘坐地铁M1号线在Vorosmarty ter站下车，或乘坐地铁M3号线在Ferenciek tere站下车可到

10:00～20:00

城市公园（**Városliget**）是布达佩斯最大的公园，面积约有1平方公里。这里有温泉、动物园、游乐场、植物园，不仅适合年轻人，老年人和小孩也都非常喜欢来这里。公园内的温泉泳池Szechenyi是布达佩斯有名的几个温泉中风景极为优美、而且也很舒适，加上价格比较低，深受人们的喜爱，你不妨也来试试！

Part3 中欧地区
奥地利周边

4 ·城市公园·

旅游资讯

VI.Dózsa György út,Budapest

乘坐地铁M1号线至H s k tere站下车，穿过英雄广场可到

瓦茨街

Part 3 中欧地区

无需门票，体验捷克"心"玩法

Part3 中欧地区
捷克

1・遇上庆典别错过・

捷克的布拉格是一座充满神秘和浪漫的城市，这里的每个节庆活动都会让你流连忘返。

捷克布拉格民俗节庆活动		
名称	时间	简介
布拉格狂欢节	2～3月	每年的2月底和3月初在布拉格举行，活动遍及公共场所，如宫殿、博物馆、画廊和剧院，以及餐厅和商店
捷克啤酒节	5月	节日期间可以品尝到70多种品牌的顶级捷克啤酒，以及捷克厨师、小商贩和面包师准备的美味佳肴
布拉格之春国际音乐节	5月12日至6月3日	是一个有国际影响的音乐盛事，许多国际知名的乐团都会来此演出，可以走到查理大桥观赏表演

2·不要门票怎样能玩High·

不花1分钱 游览布拉格市内美景

查理大桥：是拍摄美景的最佳地，两岸的建筑与桥上的雕塑构成一幅美丽的画卷

步行约18分钟

跳舞的房子：是布拉格十分驰名并具代表性的建筑，造型如同两人相拥而舞

乘坐地铁A、C线在Muzeum站下可到

瓦茨拉夫广场：是享受夜生活的最佳地，素有布拉格的香榭丽舍大道之称

零元游捷克

布拉格

Part3 中欧地区
捷克

1 ·查理大桥·

旅游资讯

Charles Bridge, Old Town, Praha

乘坐地铁绿色 A 线至 Staroměstská 站下车，步行可到

免费，登塔需收费

查理大桥（**Charles Bridge**）横跨伏尔塔瓦河，以其悠久的历史和建筑艺术成为布拉格最著名的古迹之一。这座古老的桥上有 30 尊圣者雕像，全部为 17 ～ 18 世纪巴洛克艺术大师的杰作，被欧洲人称为“欧洲的露天巴洛克塑像美术馆”。大桥右侧的第 8 尊圣约翰雕像，是查理桥的守护者，围栏中间刻着一个金色十字架位置，这是当年圣约翰被人从桥上扔下的地点。

老城桥塔（Old Town Bridge Tower）位于查理大桥东端进入十字军广场处，被视为欧洲最美丽的哥特式建筑之一。这座壮美的高塔，在历史上不仅用作防御工事，还是昔日帝王加冕游行的必经之路。

十字军广场（Krizovnicke namesti）自1848年定型为今日的模样，靠近查理大桥和皇家之路。它虽然属于布拉格最小的广场之一，却是游客最多的地方之一。十字军骑士广场上的救主堂侧立面上，各式的传奇人物，站满了小小的平台，它们淡然地看着广场上的人来人往。

老城广场（**Old Town Square**）也称旧城广场，是11～12世纪中欧贸易最重要的集市之一，也是众多政治事件的发生地。广场周围分布着巴洛克、洛可可、罗马、哥特式等不同风格的建筑，其中包括世界闻名的天文钟、市政厅塔、蒂恩大教堂、雄伟的圣尼古拉斯教堂等建筑。

布拉格老市政厅（Staromestska radnice）建立于14世纪，是当时的波希米亚国王下令建设的。现在的老市政厅已经成为了新人举办婚礼的地方，天气晴好时，会有多对新人在此排队举行婚礼。

天文钟（Astronomical Clock）位于老城市政厅塔南墙上，它运转了几个世纪至今仍能精确地显示出时间、日期、太阳的位置、月相以及基督日历上的节日。每到正点，大钟便会发出响亮的声音。看过天文钟之后，可以登上老城市政厅的钟塔上，观赏熙来攘往的旅游人群以及整座老城广场全景。

旅游资讯

Staromestke Na-mesti,Praha

乘坐地铁绿色A线至Staroměstska站，沿着Kaprova大街向东步行可到

圣尼古拉教堂（Church of St. Nicholas）为巴洛克建筑风格，是欧洲最漂亮的巴洛克建筑之一，也是布拉格的一个至高点。教堂内的管风琴历史悠久，18世纪时期莫扎特曾使用这座管风琴进行演奏。大教堂内装饰富丽堂皇，可以在此聆听音乐会，每天都有来自世界各地的人们慕名前来参观。

泰恩教堂（Church of Our Lady Before Tyn）是老城广场上最醒目的建筑物之一，自14世纪起就是该区的主要教堂。教堂的钟楼高达80米，塔顶4个小尖顶很显眼。教堂内四壁悬挂着关于耶稣受难的油画，是教堂的一大亮点。

扬·胡斯纪念碑（Jan Hus Monumet）位于老城广场的一端，其纪念的是波希米亚的反教廷威权学者扬·胡斯、胜利的胡斯派勇士和新教徒。

不要门票也能 High

从老市政厅旁的游客服务中心进去，可以搭电梯登钟楼，那里是观赏布拉格的绝佳位置。在老市政厅大门正上方是史毕勒的名为《向布拉格致敬》的马赛克壁画，上面描绘着布拉格的历史。

3
·跳舞的房子·

旅游资讯

Raš í novon á be í , Praha

乘坐有轨电车14、17、21路在Jiraskovo namesti站下，或乘地铁B线在Karlovo namesti站下可到

@ www.tancici-dum.cz

跳舞的房子（**Dancing House**）也叫“弗莱德和金格之楼”，是一栋形状奇特的楼房，也是捷克最广为人知的现代建筑典范。这座外形扭曲的大楼，设计灵感来自于在美国红极一时的踢踏舞明星弗莱德和金格。这座大楼顶层是个别致的球形餐厅，从外面看餐厅酷似一顶礼帽，四面都是玻璃窗，从餐厅窗口能看到布拉格不一样的美丽景色。

瓦茨拉夫广场（**Wenceslas Square**）又名布拉格广场，位于布拉格老城区与新城区交界处，是布拉格的主要广场之一，也是布拉格新城的商业及文化生活中心。广场位于主教广场北侧、邻近比斯特日采河畔，已有600多年的历史。广场还是奥洛莫乌茨市最主要的普热美斯宫所在地，宫旁是昔日皇家教堂的圣瓦茨拉夫教堂及圣安娜小教堂。广场周围商店林立，行人如织，热闹非凡，是购物的好地方。

Part3 中欧地区
捷克
04
· 瓦茨拉夫广场 ·

旅游资讯

Václavskénáměstí 33,110 00 Praha

乘坐地铁A、C线在Muzeum站下可到

不要门票也能High

不少人来到布拉格都想看一看蔡依林《布拉格广场》这首歌中所唱到的布拉格广场，不过真正的布拉格广场上并没有歌曲中所描绘的“许愿池”，所以不少游客想要“在许愿池投下希望”的想法都难以实现。不过这里确实有“那群白鸽背对着夕阳，那画面太美我不敢看”的美丽景色。

Part3 中欧地区
捷克
05
· 小耶稣雕像 ·

旅游资讯

Karmelitska 9, Praha

@ www.pragjesu.info

小耶稣雕像就存放在位于小城区的圣母玛利亚胜利教堂（Monastery of the Infant Jesus of Prague）中，这座教堂也因为小耶稣雕像的存在受到了来自世界各地人的膜拜。每天，数百位信徒在小耶稣雕像面前鞠躬行礼，信徒们到这里寻求救赎、治愈，或是祈求和平，甚至还有人希望圣主耶稣能恩赐给他们一个孩子。

捷克·旅游资讯

交通

飞机

布拉格哈维尔国际机场

布拉格哈维尔国际机场（Václav Havel Airport Prague,PRG）在布拉格西北处，离市区约20公里，是捷克境内最大的机场。每周，从这个机场出发的航空公司有五十来个，它们飞向全球130多个城市。此机场一共有三座航站楼，一号航站楼主要服务于非申根国家航线，二号航站楼主要服务于申根国家航线，三号航站楼多用于私人用途。

布拉格哈维尔国际机场到市区的交通	
公交大巴	公交大巴连接市区，119、110路，午夜可乘坐510路，白天车程20分钟左右，午夜70分钟左右，单程票40捷克克朗
机场快线	每半小时一班，从市区通向机场的运营时间为06:35 ~ 22:05，从机场通往市区的运营时间为05:45 ~ 21:15单程票价60捷克克朗，上车购买即可
巴士	每半小时一班，车费每人130捷克克朗，运营时间07:30 ~ 19:00
出租车	从机场打车到市区的价格为700 ~ 900捷克克朗

火车

布拉格共有4个火车站，可以乘火车抵达德国、奥地利、斯洛伐克、波兰等地，此外火车站还有地铁线运行，交通十分方便。

布拉格中央火车站：是布拉格最大的火车站，布拉格的大部分国际列车都停靠在这座火车站，包括连通德国、奥地利、波兰、斯洛伐克、匈牙利等地的Regio-Express区域火车，国际车票均可在火车站3楼的26 ~ 36号窗口购买。

Wilsonova 300/8,12000 Praha 2–Vinohrady

乘坐地铁 C 线至 Hlavní Nadrazí 站下车可到

布拉格 Praha–Holesovice 火车站：是位于布拉格市区北部的国际火车站，主要用于分担中央火车站的运输压力，有通往柏林、维也纳、布达佩斯等城市的国际线路。

Partyzanska 24,17000 Praha

乘坐地铁 C 线至 Nadrazí Holesovice 站下车可到

布拉格 Praha–Masarykovo Nadrazí 火车站：紧邻中央火车站，是蒸汽火车时代诞生在布拉格的第一座火车站，也是除中央火车站外国内线路停靠最多的一座火车站。

布拉格中央火车站以北约 500 米处

乘坐地铁 B 线至 Náměstí Republiky 站下车可到

布拉格 Praha–Smíchov 火车站：是伏尔塔瓦河西岸最大的火车站，主要用于布拉格西南部与国内其他城市之间的铁路交通。

Nadrazí 1，Smíchov 5,15000 Praha

乘坐地铁 B 线至 Smichovské Nadrazí 站下车可到

长途汽车

布拉格主要的长途汽车站为 Florenc，位于城东地铁 B 线和 C 线中间的 Praha 8。Eurolines 和 Student Agency 公司运行的长途汽车连接布拉格和主要的欧洲城市。

地铁

布拉格地铁系统由 A（绿）线、B（黄）线、C（红）线 3 条路线组成，共有 50 多个地铁站，地铁标志为倒三角形中有一个字母“M”。布拉格地铁在 05:00 ～ 24:00 运行，繁忙时每 2 ～ 3 分钟便有一班车。布拉格大部分地铁站都很大，乘坐时要注意找到正确的出口，否则出站后可能还要多走 5 ～ 10 分钟才能到达目的地。

公交车

布拉格的公共交通使用共同的售票系统，可以在地铁、电车与公交上面买票。公交车发车间隔时间较长，周末时非中心区常常一小时只有两班，部分班次周末都不开。无论是上车还是下车都需要自己先主动摁铃或者摆手示意。在车站，如果看到站名后标示有两把交叉斧子的表示周一至周五运营，十字架则表示周日运营。若站名后打叉则表示这是个“Irregular”的车站，如果要下车应事先按铃，否则司机在这些站不会停车。

布拉格的地铁、电车、巴士车票通用，购买 12 捷克克朗的车票即可在一天内的 1 个小时里，不限次数乘坐任何交通工具。可乘地铁很方便地游览市区。此外，布拉格的电车历史悠久，游客可乘坐当地有名的 91 路“怀旧电车”，饱览市内风光。

住宿

布拉格住宿地推荐				
名称	地址	电话	网址	参考价格
Esplanade Hotel Prague	Washingtonova 1600/19,110 00 Praha	02-24501111	www.esplanade.cz	3858 捷克克朗
Art Nouveau Palace Hotel Prague	Panská 897/12,111 21 Praha	02-24093111	www.palacehotel.cz	3268 捷克克朗
Vienna House Easy Chopin Prague	Opletalova 960/33, 110 00 Praha	02-25381111	www.viennahouse.com	1580 捷克克朗
Hotel Tyl	Tylovo náměstí 668/5,120 00 Praha	02-21595711	www.hotel-tyl.cz	1420 捷克克朗

购物

布拉格购物地推荐			
名称	地址	交通	营业时间
黄金小巷	Zlatá ulička Hradčany	乘坐有轨电车22路至Malostranská站下车步行700米可到	4～10月09:00～18:00，11月至次年3月09:00～16:00
Vinohradský Pavilon购物中心	Vinohradskai 50,Vinohrady	乘坐地铁A线至Náměstí Míru站下车步行300米可到	周一至周六09:30～21:00，周日12:00～20:00
Tesco百货商场	Národní 63/26, 110 00 Praha	乘坐有轨电车22路至Národní třída站下车步行可到	周五08:00～21:00，周六09:00～20:00，周日10:00～20:00

娱乐

布拉格娱乐地推荐			
名称	地址	电话	网址
幻想剧院（Ta Fantastika）	Karlova 186/8,110 00 Praha	02-22221366	www.tafantastika.cz
地铁剧院（Divadlo Metro）	Národní 961/25, 110 00 Praha	02-21085201	www.divadlometro.cz
维诺赫拉迪剧院（Divadlo na Vinohradech）	Náměstí Míru 1450/7,120 00 Praha	02-24253870	www.divadlonavinohradech.com

零元游捷克周边

·捷克→波兰

波兰（**Poland**）拥有厚重历史的华沙、古老的克拉科以及永远警示世人的奥斯维辛小镇，都注定了波兰的不凡。而波兰那悠久的历史更使其充满了迷人的东欧风情，吸引着无数人前来只为一领它那独特的风姿。无论是谁，都可以在这里度过一段充满文化气息或运动活力的时光。它或许没有英国的时尚、法国的浪漫，却有一份恰到好处的安闲与真实。

前往波兰

从捷克前往波兰的交通十分便利，火车、长途汽车路程较远，速度较慢，飞机是最方便快捷的方式。从捷克的布拉格机场至波兰的华沙机场，只需1.5小时。

城堡广场（Plac Zamkowy w Warszawie）是华沙市最美丽的地方之一，也是通往华沙老城的入口。广场中心立有蒙特三世的纪念碑，这根圆柱形纪念碑由基格蒙特三世的儿子瓦迪斯瓦夫四世所建，是华沙较古老的纪念碑，也是华沙的象征之一。广场上的建筑曾在“二战”中被毁，之后才得到修复。城堡广场上经常会聚集很多游客和当地居民，他们或是在观看街头表演，或是参加集会，又或者是观看演唱会。

Part3 中欧地区 捷克周边

1 ·城堡广场·

旅游资讯

Plac Zamkowy, Warszawa

乘坐有轨电车13、23、26、32路在Stare Miasto站下可到

瓦津基公园（Royal Baths Park）是华沙最大的公园，因公园内立有肖邦雕像，很多人还把它称为“肖邦公园”。公园为英国园林式风格，内部分布着宫殿、楼阁、花园、草地，环境十分优美。著名的建筑有瓦津基宫，宫殿富丽堂皇，与水中倒影浑然一体，美不胜收。肖邦雕像在公园西边，矗立在巨大的喷泉旁，是游客必到的参观地之一。

Part3 中欧地区 捷克周边

2 ·瓦津基公园·

旅游资讯

Ujazdow, Warszawa

乘坐地铁M1线到Politechnika站下东行可到

圣十字教堂（**Holy Cross Church**）为哥特式建筑，是华沙最著名的巴洛克教堂之一，因收藏有波兰最伟大的钢琴家肖邦的心脏而著名。这间教堂曾是肖邦居住过的地方，他的心脏收藏在教堂左边第二根廊柱中，廊柱上雕有肖邦生平事迹，用作装饰。教堂内肃穆宁静，经常有人在此默默地虔诚祈祷。

旅游资讯

Ul.Krakowskie Przedmiescie 3, Warszawa

乘坐地铁M2线到 Nonwy Swiat-Vniwersytet 站下车可到

周一至周六 10:00 ~ 16:00，周日 14:00 ~ 16:00

• 捷克→斯洛伐克

斯洛伐克（**Slovakia**）素有“欧洲的心脏”之称，在幅员并不辽阔的土地上，却拥有独特、多姿的风景。未经人工雕琢的自然风光静谧迷人，无数历史人文景点遍布其中，可谓是一个不错的旅游之地。此外，斯洛伐克作为世界上城堡数量最多的国家之一，更是令人充满了向往。

前往斯洛伐克

从捷克前往斯洛伐克的交通十分便利，火车每隔 3 小时一班，约 2 小时 45 分钟到达，长途汽车比火车还慢，不建议乘坐；飞机是最快捷的方式，从捷克的布拉格机场至斯洛伐克的伊万卡机场只需 1 小时，单程票价 25 欧元起。

Part3 中欧地区 捷克周边

1

·布拉迪斯拉发城堡·

旅游资讯

Bratislavsky hrad Zamocka 2,811 06 Bratislava

乘坐公交车203、207、516路在Zámocká站下车后步行可到

城堡免费，历史博物馆成人3欧元

4～9月09:00～21:00，10月至次年3月09:00～18:00

布拉迪斯拉发城堡（**Bratislavsky hrad**）位于老城旁多瑙河岸边的一座丘陵上，最初为古罗马城堡，最早在907年被提及。如今最古老的部分在公元13世纪进行了重建，并在15世纪为抵御胡斯的抢劫加固了城堡，后来匈牙利国王又下令在城堡中建设了宫殿，而后被烧毁，又被重建，如今有一部分建筑被辟作斯洛伐克国家博物馆。由于城堡位居高地，因而游客可在建筑主体外围的丘陵上俯瞰多瑙河以及整座城市。

Part3 中欧地区 捷克周边

2

·大广场·

旅游资讯

Hlavne Namestie, 811 01 Bratislava

乘坐有轨电车1、7、9、10路在Námestie SNP站下可到

大广场（**Hlavnenamestie**）是布拉迪斯拉发市中心最大的广场，广场中央是建于1527年的罗兰喷泉（Roland's Fountain），其可谓是城里最古老的喷泉，也是16世纪为庆祝马克西米连国王加冕礼而建。喷泉顶端手持宝剑、身穿盔甲的勇士形象酷似马克西米连，因而这座喷泉又有马克西米连喷泉之称。广场旁的老市政厅（Stararadnica）建于1421年，1868年被辟为市政博物馆(Mestske Muzeum)。

•守望者雕像•

旅游资讯

老城 Panska 和 Rybarska 交叉路口

乘坐有轨电车 4、10、11、12、13、14 路在 Jesenskeho 站下可到

守望者雕像（Cumil）是一个十分有趣的雕像，呈现为一个趴在井盖上的管道工形象。雕像由当地艺术家维克托·胡里克（Viktor Hulik）在 1997 年创作完成，旨在为重修的老城带来一丝生气。实践证明这种做法是可取的，因为现在看来，这似乎是布拉迪斯拉发城中上镜率最高的明星，也是老城几个雕像中最著名的一个，每个前来旅游的人都会和他合影。守望者雕像作为这里的旅游热点，很吸引人，虽然姿势很难摆，但仍有不少热情的游客趴到地上模仿着雕像，与其乐此不疲地拍照。

布拉迪斯拉发风光

Part 4 南欧地区

无需门票，体验希腊“心”玩法

Part 4 南欧地区 希腊

1·遇上庆典别错过·

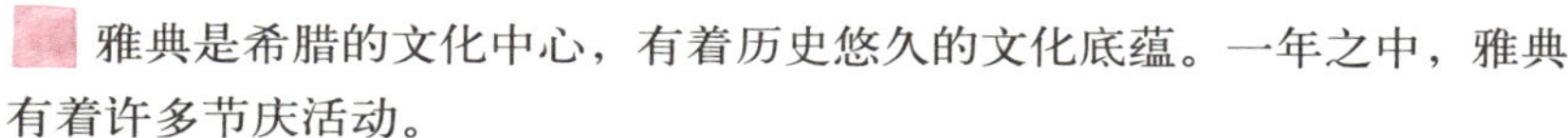

雅典是希腊的文化中心，有着历史悠久的文化底蕴。一年之中，雅典有着许多节庆活动。

希腊民俗节庆活动		
名称	时间	简介
雅典娜节	1 月	是希腊非常具有影响力的节日，整个节日也是以竞技比赛为主，不过娱乐性质偏多
酒神节	3 月	酒神节是希腊最隆重的节日之一，从古希腊流传至今。人们会在酒神节用花环或酒杯象征酒神，并举办一些与酒相关的舞蹈和娱乐活动，将节日欢闹的气氛推向高潮
月亮节	8 月	象征着人们对月亮节殷切期盼，雅典卫城便会彻夜灯火通明。漫步在月光下的雅典卫城，逛逛罗马集市，在露天剧院欣赏精彩的民族舞蹈，在古典音乐的伴奏中享受仲夏夜的宜人气氛

2·免费游客中心助你玩·

游客中心的希腊语简称是 EOT，意思是希腊旅游组织。在游客中心有免费的雅典信息介绍手册和地图提供给你。公共设施服务人员都可以用英语沟通，除了英语很多人还会意大利语、法语或者德语。游客中心在雅典机场和宪法广场各设有一处。

宪法广场游客中心

Amalias 26A, Athina

0210–3310392

周一至周五 09:00 ~ 20:00，周六和周日 10:00 ~ 15:00

@ www.athensguidi.org

1·不要门票怎样能玩 High·

不花 1 分钱 游览雅典市内美景

宪法广场：最大的亮点就是传统的卫兵交接仪式，可一睹希腊军人的风采

步行约 7 分钟

国家花园：是雅典市内最佳的休闲地

步行约 13 分钟

哈德良拱门：是罗马时代的凯旋门，将雅典城分为新、旧两区

乘坐地铁 3 号线在 Monastiraki 站下车后步行 2 分钟可到

风塔：保存最好的古罗马建筑之一，也是希腊最著名的古天文建筑

零元游希腊

雅典

Part4 南欧地区 希腊

1

·宪法广场·

旅游资讯

2, Vas. Sofias Street, Athina

乘坐地铁 3 号线在 Syntagma 站下可到

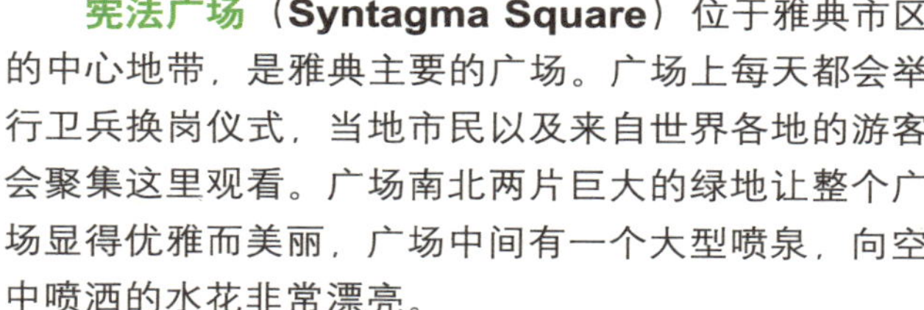

宪法广场（**Syntagma Square**）位于雅典市区的中心地带，是雅典主要的广场。广场上每天都会举行卫兵换岗仪式，当地市民以及来自世界各地的游客会聚集这里观看。广场南北两片巨大的绿地让整个广场显得优雅而美丽，广场中间有一个大型喷泉，向空中喷洒的水花非常漂亮。

无名战士纪念碑（Tomb of Unknown Soldier）位于宪法广场上，建于 20 世纪 20 年代末，是为纪念在摆脱土耳其统治的战争中，捐躯的希腊无名英雄而建的。纪念碑的主体部分是无名战士浮雕，一位古希腊战士头戴盔甲、手执盾牌，卧于疆场。浮雕两边镌刻着两句名言“这里是全世界杰出战士之墓”“是安放无名战士的灵床”。浮雕下方刻有几十个地名，这些地方是历史上希腊军队曾经战斗过的地方。

哈德良拱门（**Arch of Hadrian**）坐落在雅典市中心，建于公元2世纪，为了纪念哈德良对雅典的贡献而建造的凯旋门。拱门以科林斯圆柱为支撑，大门上层构出3个门洞，拱门的扶壁也用科林斯圆柱装饰，柱头有多重的叶子装饰，基座饰以线形花纹，造型气派且不失优雅。拱门的精巧设计和精雕细琢的工艺向人们展示了当时古希腊工匠们的绝世技艺。

Part4 南欧地区

希腊

2

•哈德良拱门•

旅游资讯

Leoforos Vasilissis Amalias, Athina

乘坐地铁2号线到Akropoli站下可到

国家花园（**National Gardens**）原为王宫专用花园，由希腊国王奥托一世的王妃主持设计，现在已经向市民开放。花园内绿树成荫，草木茂盛，虽然处在热闹的雅典市中心，内部却独有一份宁静。除了茂盛的草木，这里还有各种小动物、供孩子玩耍的大运动场，有鸭子戏水的池塘和树荫下的咖啡馆。

Part4 南欧地区

希腊

3

•国家花园•

旅游资讯

Amalias 1, Athina

乘坐地铁3号线在Syntagma站下可到

旅游资讯

Kirristou, Athina

乘坐地铁3号线在Monastiraki站下车后步行2分钟可到

风塔（**Tower of the Winds**）是保存得最好的古罗马建筑之一，也是希腊最著名的古天文建筑之一。它是一个用白色大理石建造的正八边形建筑，由于八个侧面标志东、南、西、北、西北、西南、东北和东南八个风向，故得名风塔。古时风塔顶部曾安有风向标，它每一个侧面的上部都刻有八面风向神的浮雕和日晷的标志。

Part4 南欧地区
希腊

5 ·古安哥拉遗址·

旅游资讯

Archea Agora Athinon, Athina

乘坐地铁 1、3 号线到 Monastiraki 站下车后步行可到

7 月 1 日 至 10 月 31 日 周 一 12:00 ~ 19:00，周二至周日 08:00 ~ 19:00

古安哥拉遗址（**Ancient Agora**）又称为雅典古市场，曾是集政治、教育、哲学、戏剧和运动等功能于一身的大型建筑物。如今在这里可以看到保存完整的火神赫淮斯托斯神庙以及许多精美的雕像，如十二神像、海神像等。相传这里也是著名哲学家苏格拉底经常与人探讨哲理的地方，因此吸引了无数的学者、游客来到这里，探寻早期智慧的摇篮。

赫淮斯托斯神庙（Temple of Hephaestus）位于古安哥拉遗址的西北侧，是世界上保存较完好的一座古希腊神庙，最初是多立克柱式建筑。神庙中供奉着古希腊神话中的火神和匠神赫淮斯托斯。

阿塔罗斯柱廊（Stoa Of Attalos）建于公元前 2 世纪，是当时的大百货商场。柱廊是典型的希腊化时期建筑风格，多立克、爱奥尼亚柱头并用，比起古典时期的建筑尺寸更大，也更细致。它是希腊遗迹中唯一被完全复原的建筑，现已经开辟成古安哥拉博物馆。

Part4 南欧地区
希腊

6 ·碑文博物馆·

旅游资讯

Tositsa 1, Athina

乘地铁 3 号线至 Evangelismos 站下步行可到

周二至周日 08:30 ~ 15:00

碑文博物馆（**Epigraphical Museum**）是世界上第三大收藏古代碑文的博物馆。博物馆收藏有古代碑文文物及文献上万余件，多以拉丁文书写在羊皮、布帛上，飘逸美观，古色古香，散发着浓浓的历史气息。

爱琴海

·罗德岛

骑士大街（**Avenue of the Knights**）是罗德古城中一处迷人的景点，街道两旁高贵而庄严的建筑、巨大的入口和拱形的窗户，似乎在告诉人们这是骑士们曾经生活过的地方。现在在每一栋建筑的门上还都镶有大理石雕刻的团徽。

如果你是夏季来到这里，可以去蝴蝶谷（The Valley of the Butterflies）看一看。这里树荫浓密，流水潺潺，是罗德岛乃至整个希腊的避暑胜地。每年的6月中旬至9月，松树树脂的独特香味引来了大量的飞蛾，这些小精灵挥舞着五彩斑斓的翅膀，将这里装扮得格外美丽。

旅游资讯

从 Arnaldo Gate 进入古城后右手边椭圆形的大街即是

Part4 南欧地区
希腊
2
•蝴蝶谷•

旅游资讯

Petaloudes 851,06 Greece

旺季每天上午有2班车到蝴蝶谷，从前往西部方向的巴士站乘坐巴士可到，用时约50分钟；或者乘坐出租车也可

旺季5欧元左右，淡季免费

夏季08:30～19:00，冬季09:00～15:00

· 米克诺斯岛

Mitropoleos Geor-gouli, Mykonos

米克诺斯岛曾被威尼斯人占据，所以岛上处处可见威尼斯的浪漫风情，尤以米克诺斯**小威尼斯**（**Mikri Venetia**）最具代表性。那里有一整排沿滨海而筑的彩屋，远看犹如海上悬宫，说不出的梦幻。另外，小威尼斯还有绝美夕阳景以及靠近海边提供绝味美食的餐厅。

米克诺斯风车（**The Windmills**）建于16世纪，位于米克诺斯岛的半山，是米克诺斯岛的另一个标志。米克诺斯岛主要有5座基克拉泽式的风车，屋顶铺着稻草，叶扇是用粗绳绕成一个大圆。起初，米克诺斯风车是用来磨麦制作面包及各种面食的，但现在却成了岛上一道美丽的风景线。米克诺斯风车所在的地方地势较高，可以俯瞰全市美景。

帕拉波尔蒂阿尼教堂（**Panagia Paraportiani Church**）是米克诺斯最著名的教堂，希腊许多明信片上出现的白色教堂就是这座教堂。帕拉波尔蒂阿尼教堂包括4个底层的小礼拜堂，以及一个在上层通过楼梯相连的小礼拜堂，外观很漂亮，是一个适合拍照地方。需要注意的是，教堂在举行仪式时不可进入参观。

图尔利亚尼斯修道院（**Moni Panagias Tourlianis**）位于米克诺斯镇以东 7 公里处的岛上内陆居住区迈拉（Ano Mera）。这里有一座精美的大理石制的多级钟塔，上面有精美的雕刻图案，还有 16 世纪克里特学院成员的绘画。18 世纪晚期在佛罗伦萨雕刻的木质圣壁，令这里引以为豪。

Part4 南欧地区
希腊
04
· 图尔利亚尼斯修道院 ·

旅游资讯

Ano Mera, My-konos

09:00 ～ 13:00, 14:00 ～ 19:30

· 圣托里尼岛

伊亚（**Oia**）是费拉市西北尽头的一个美丽城镇，这里的日落景色最为迷人。每到黄昏，游人便会纷至沓来。威尼斯城堡或风车总是人满为患，因为在这里才能欣赏到圣托里尼岛最著名的“日落爱琴海”的美景。伊亚的建筑最让游人感兴趣的是石洞屋，这种被称为“鸟巢”的房屋不再是原始的黄色穴洞，而是白色门墙屋顶、蓝彩窗棂，摆上几盆红花，表现出基克泽斯群岛的建筑风格。这种朴实又美丽的建筑吸引了许多艺术工作者住在这里，激发创作灵感。爱悠闲宁静的人不妨在这里多住几天。

旅游资讯

Santorini

从费拉市可乘巴士直达

卡玛里海滩（**Kamari Beach**）是一个长方形的黑色沙滩。圣托里尼岛独特的火山地质造就了卡玛里独特的黑色沙滩。黑色海滩名气不小，海水清凉、干净，据说还有美容作用。如果说，伊亚是文人雅士之所爱，那么卡玛里就是游人夜生活的天堂。入夜之后，这里的酒吧、餐馆热闹非凡。鳞次栉比的一家家音乐酒吧和餐馆仿佛让人置身于一座浪漫的不夜城。

旅游资讯

Kamari

希腊·旅游资讯

交通

飞机

雅典国际机场

雅典国际机场（Eleftherios Venizelos International Airport，ATH）位于市中心以东约25公里处，是目前南欧最繁忙的机场之一。该国际机场分为东、西两个机场，西机场为希腊奥林匹克航空公司专用，东机场为其他航空公司使用。我国与希腊客流来往不是太频繁，所以国内暂时还没有直达希腊的航班，从我国的北京、上海、广州等城市到雅典至少也需要一程中转。

雅典国际机场到市区的交通	
机场巴士	乘坐机场巴士可到市区，票价为2.9欧元，发车时间从每30分钟一趟到每40分钟一趟不等
地铁	机场有开往雅典市区的地铁专线，发车时间为05:30～23:00，每半小时一班，费用为6欧元
出租车	在入境大厅3号门外可乘出租车到达市中心，出租车白天的收费标准约为35欧元，夜里约为50欧元

格拉斯机场

格拉斯机场（Rhodes International Airport）位于罗德市西南部16公里处，每天都有从雅典飞抵这里的航班，旅程约1小时左右。圣托里尼岛每周有三班航班飞抵罗德岛。国内与罗德岛来往不是那么方便，可以先从北京、上海、广州等城市乘坐飞机到达雅典，到了雅典之后换乘能够直飞罗德岛的航班。

格拉斯机场到市区的交通	
公交车	机场公交站在航站楼外的空地上，每半小时左右会有一班开往市区的公交车，周六、周日车次会减少。从机场到市区用时约 20 分钟，车费在 2 欧元左右
出租车	机场的出租车站在机场的正面，那里有许多等待的出租车；在公交站附近也有一些出租车等候。乘出租车到市区费用一般在 15 欧元左右，如果你不指定目的地，司机通常会把你送到新老城区交界处的出租车站

米克诺斯机场

米克诺斯机场（Mykonos Airport）位于米克诺斯市中心南部 4 公里之外，米克诺斯岛没有国际航班，国际旅客需要先抵达雅典，然后转机前往，该机场与雅典、罗德岛以及圣托里尼岛都有航班往来。从雅典起飞需要 45 分钟抵达米克诺斯岛，80 欧元左右。不过要注意雅典市区交通拥堵，要提前 2.5 小时出发，才可以避免耽误航班。

圣托里尼国际机场

圣托里尼国际机场（Santorini National Airport，JTR）距离费拉大约 6 公里，是前往爱琴海旅游的必经之地，这里有飞往希腊任何地方的航班，如果航班时间好，可以在机场看到圣岛美丽的日出。圣托里尼机场的交通比较便利，可以乘巴士或出租车前往费拉镇，巴士票价 2 欧元，出租车 12 ～ 20 欧元，在费拉可以换乘到其他镇上的公交，圣岛的很多酒店也提供机场接机服务，价格相较出租更贵，但更加方便。

火车

雅典除了有国内铁路网外，还开通了开往中欧、北欧的国际线路。不过，雅典的铁路设施并不发达，火车速度普遍比汽车慢，但票价也相对便宜，同时购买返程票还可以享有 20% 的优惠。如果买了欧洲火车通票，在希腊也是可以用的。

拉里萨（Larissa）中央火车站是雅典市区最主要的一座火车站，通往希腊中北部地区的列车均由此出发。此外，拉里萨中央火车站每天还有一班开往伊斯坦布尔的列车，中途会停靠塞萨洛尼基，单程所需时间在 12 小时以上。

渡船

雅典

比雷埃夫斯港（Piraeus Port）是希腊最大的港口，也是雅典与爱琴海诸岛之间的交通枢纽，大多数游览爱琴海的船只均由此港出发。想要具体了解渡船信息，可前往希腊国家旅游组织旅游办事处，那里有每周的渡船时刻表。具体信息可拨打电话210–3310392，也可以登录网站www.gnto.gr查询。雅典的另一个港口——拉菲娜港（Rafina Port）提供前往米克诺斯岛的渡船。

前往爱琴海岛屿的客运船公司信息		
名称	电话	网址
Bluestar公司	18130	www.bluestarferris.gr
Minoan Lines公司	801–1175000	www.minoan.gr
Super Jet公司	021–04121001	www.seajets.gr

爱琴海

爱琴海诸岛交通已经日渐完善，但如果想对群岛有个全面的了解和体验，最好的交通工具是渡船。在这座充满神话的领域，天气是否适合乘船取决于海神波塞冬的心情和其他嗜酒的希腊诸神是否在休假。如果你是在复活节来到爱琴海诸岛旅游，最好提前买好往返的船票。

大部分在爱琴海诸岛内运营的渡船都到达大陆上的港口比雷埃夫斯、Lavrio或Rafina。

长途汽车

雅典有 2 个城际 KTEL 汽车，终点站 A（Kifisou 汽车站）和 B（Liosion 汽车站），除此之外，雅典所在的 Attica 省有省内长途汽车站，前往本省的各个目的地。

Kifisou 汽车站（A）：位于雅典北郊 Kifisia 地区，从这里出发的汽车开往伯罗奔尼撒、伊奥尼亚群岛等希腊西部地区。此外，这里还提供前往土耳其的伊斯坦布尔的长途线路，单程票价约 60 欧元，但行程所需时间长达 16 ~ 20 小时。

Kifisou 100, Kifisia

车站的公交车 51 路（05:00 ~ 24:00）来往于市区，每 15 分钟发一班车

Liosion 汽车站（B）：是雅典最重要的一座汽车站，通往希腊中北部地区的长途汽车均在此进出。车站每天 07:00 ~ 21:00 都会有 5 ~ 6 班的汽车发往迈泰奥拉，单程所需时间为 5 小时，票价 30 欧元起。

Liosion 260, Peristeri

乘坐地铁 1 号线或公交 420、704、719、B12 路可到达市区

Attica 汽车站：是雅典所在的 Attica 省的长途汽车站，主要运营省内沿海的几条长途线路，游客从这里可以搭乘前往雅典以南约 70 公里的波塞冬海神庙的大巴，每 2 小时发一班车，单程约 80 分钟。

雅典市内交通

地铁

雅典有 3 条地铁线路，分别为绿色 1 号线、红色 2 号线和蓝色 3 号线。雅典地铁在每天的 05:30 ~ 23:30 运营，辐射范围覆盖了雅典市区的大部分景点。

雅典地铁信息	
路线	详情
1 号线（绿线）	从 Kifissia 至比雷埃夫斯的路线。经过比雷埃夫斯（可去港口）、Monastiraki、Omonia 广场（市中心）、Viktorias 广场（国家考古博物馆）和 Irini（奥林匹克体育场）。1 号线分为 3 个区间：比雷埃夫斯 – Monastiraki；Monastiraki – Attiki 以及 Attiki – Kifissia。其中一个区间的票价为 0.7 欧元，乘坐两个区间或以上票价为 0.8 欧元
2 号线（红线）	从西北部的 Sepolia 到东南部的 Dafni 的线路。途径 Larisa（可到火车站）、Omonia 广场、Panepistimiou、Syntagma 广场（市中心）和 Akropoli（Makrigianni）。票价 0.8 欧元
3 号线（蓝线）	从 Syntagma 广场向东北至 Ethniki Amyna。其中在 Evangelismos 站可去 Vasilissis Sofias 大街的博物馆，在起点 Syntagma 广场站可换乘 2 号线，终点 EthnikiAmyna 有开往机场的公交车。票价 0.8 欧元

公交车

雅典的公交车主要有蓝色和黄色2种。蓝色公交的车牌号为3位数，往返于市中心和郊区，票价约为0.4欧元；黄色公交车牌号为2位数，主要通往市内各旅游景点，共17条线路，观光常用的有1、5、9、10等路，票价约0.2～0.3欧元。

雅典公交车一般从05:00至次日00:15运营，部分线路可能不同。公交车多无人售票，因此你需要在车站、指定摊点等地提前购买车票。如果想要了解更多关于雅典的城市交通情况，可拨打电话815咨询，或上网www.oasa.gr查询。

有轨电车

雅典市区的有轨电车主要有3条线路，基本能覆盖从宪法广场到雅典南部沿海的主要观光区域。有轨电车的单程票价约为0.6欧元，需要提前购买；有轨电车的运行时间在工作日是05:00至次日01:00，周五晚上到周日则是24小时运营。

如果你在行程中需要换乘地铁或公交车等交通工具，也可以购买售价1欧元的单程通票，这种通票可在90分钟内无限次换乘市内的地铁、公交车和有轨电车。

观光巴士

对于到雅典旅行的游客来说，观光巴士也是个不错的交通方式，目前观光巴士线路有红线和蓝线两条线路。红线巴士主要在雅典市内、卫城周边游览，运行时间90分钟，价格为18欧元；蓝线巴士主要是从卫城周边到Piraeus码头，运行时间70分钟，价格约22欧元。

两条观光巴士线路各有20多个停靠站点，乘客可持票在任意站点上下车，并在一天内可以无限次乘坐相关线路。观光巴士的车票可以提前在车站购买，也可以选择在网上（www.citysightseeing.gr）预订电子票。

自行车

在雅典，如果你当天的行程距离不是太远，还可以选择骑自行车游览。Athens by bike公司提供自行车租赁服务，凡是年满18岁周的游客都可以凭护照租赁自行车。自行车的基本租金是3小时为5欧元、6小时为8欧元、24小时为12欧元。自行车租金需要提前支付，另外还需支付一定比例的押金。自行车租赁公司可以按照指定的提车点安排车辆，但需要根据距离支付额外的提车费。

罗德岛内交通

渡船

如果你想从罗德岛到附近的科斯岛或者锡米岛，可以选择渡船前往。下表列出旅游旺季从罗德岛到附近岛屿的渡船具体信息：

罗德岛到附近岛屿的渡船			
去往岛屿	渡船班次	用时	船票价格
米克诺斯岛	每天 2 班	约 3.5 小时	14 ~ 19 欧元
锡米岛	每天 2 班	1 ~ 2 小时	7 ~ 14 欧元
哈尔基岛	每天 1 班	1 ~ 2 小时	约 8 欧元
卡尔帕索斯岛	每周 5 班	3 ~ 5 小时	18 ~ 22 欧元

公交车

公交车是罗德岛上最主要的交通方式之一，罗德市内有东、西两个公交站。东部公交站每天都有很多班车开往Faliraki（车票约1.8欧元）和林都斯（车票约4.7欧元）；西部公交站邻近新市场，每天有多班公交车发往岛上的各个地方，从这里到机场可以乘坐开往 Paradisi 的公交（车票约 2 欧元），去蝴蝶谷则可以乘坐前往佩塔路德斯方向的公交（车票约 4 欧元）。

出租车

如果你的行李较多，或者远行时不想受末班车时间限制，可以乘坐出租车。罗德岛市内的出租车站在 Plateia Rimini 的东边。一般来说出租车是按里程计价，不过有些司机会根据固定距离收取固定费用，如从市区到机场约 17 欧元，到林都斯约 38 欧元。

米克诺斯岛内交通

长途汽车

米克诺斯有两个主要的长途汽车站，即北部长途汽车站和南部长途汽车站。去往天堂海滩是去南部车站坐车。车票在街边的小亭子、旅游商店和小市场等地有能买到，上车前就要买好票，在12:15到次日06:00之间，所有的票价都是一样的，约1.5欧元。

出租车

在米克诺斯的出租车广场（Plateia Manto Mavrogenous）可以租到出租车，出租车广场就在公交车站旁边。

圣托里尼岛内交通

公交车

每半小时就会有公交车从菲拉开往Oia(1.2欧元)。从菲拉、Kamari等地开往Athinios港口的公交车会在多数渡船起航前1.5小时出发。开往菲拉的公交车会等你带所有的渡船，是理想的靠岸港口。

出租车

在主广场上有一个出租车站点，从菲拉到Oia的费用为10欧元。

缆车和驴子

缆车在菲拉和菲拉斯卡拉港口之间运行，一般20分钟车程，开放时间为07:00～22:00（冬季至21:00）。单程票价为成人4欧元，儿童2欧元，行李2欧元。也可以骑驴走完全程，票价为4欧元。

美食

雅典餐厅推荐

Platanos Taverna

Diogenous 4, Athina

021—03220666

Platanos Taverna 是当地一家传统的小餐馆，装饰朴实而温馨。这里提供可口的希腊家常菜，有羊肉、烤鱼等。另外，这里的桶装松香味葡萄酒受到很多顾客的欢迎。

To Steki tou Ilia

Eptachalkou 5, Athina

021—03458052

To Steki tou Ilia 是当地一家很受欢迎的餐馆，这里最出名的美味是烤羊排，另外还供应烤牛排、薯片、沙拉等食物。餐厅主要在夜间营业，外面有摆放的桌椅，你可以边看街景，边享用美食

爱琴海餐厅推荐

芒果餐厅

3 Dorieos square, Old TownRhodes, 851 00 Greece

02241—024877

@www.mango.gr

芒果餐厅（Mango Rooms）位于古城的中心，这里提供传统的希腊美食。餐厅的氛围非常友好，夏天你还可以在树荫下用餐。

M–eating

10,Kalogera str.,Mykonos Town

02289—078550

www.m-eating.gr

M–eating 的氛围非常优雅，在这里你可以在外面的露天广场中用餐，也可以坐在宁静的花园中用餐。这里的美食有生鲈鱼片、米克诺斯风味的蘑菇和烤章鱼等米克洛斯地道的美食。

街角餐馆

M.Danezi,Fira

02286—025512

街角餐馆（Corner Restaurant）是圣托里尼一家以提供早餐为主的餐厅，这里气氛温馨，服务热情，有华夫饼、鸡蛋、咖啡、果汁等多种选择。

住宿

雅典住宿地推荐

名称	地址	电话	网址	参考价格
A for Athens	Miaouli 2,Athina	021–03244244	www.aforathens.com	146 欧元
Hotel Amalia Athens	Leoforos Vasilisis Amalias 10,Athina	021–03237300	www.amaliahotelathens.gr	120 欧元
Pan Hotel	Street 11 Mitrop–oleos,Athina	021–03237816	www.panhotel.gr	58 欧元
Economy Hotel Athens	Kleisthenous 5, Athina	021–05220520	www.athenshoteleconomy.com	50 欧元

爱琴海各岛住宿地推荐				
名称	地址	电话	网址	参考价格
Hermes Mykonos Hotel	Mykonos Town, Mikonos	02289-024242	www.hermesmykonoshotel.com	115 欧元
Koukos Traditional Guesthouse	Nikiforou Mandilara 22,Rodos	02241-073022	www.koukosrodos.com	98 欧元
Athena Hotel	27th Leontos Street, Rhodes	02241-022631	www.athenahotel.gr	85 欧元
City Center Hotel Rhodes	Ir. Politechniou, Rhodos	02241-026888	www.citycenterrhodes.gr	50 欧元

购物

雅典购物地推荐			
名称	地址	网址	营业时间
Attica	Panepistimiou 7, Athina	www.atticadps.gr	周一至周五 10:00 ~ 21:00，周六 10:00 ~ 19:00
Greece is for Lovers	Valtetsiou 50,Athina	www.greeceisforlovers.com	周一至周五 10:00 ~ 18:00，周六 11:00 ~ 15:00
City Link	Voukourestiou 1, Athina	www.atticadps.gr	周一至周五 10:00 ~ 21:00，周六 10:00 ~ 19:00，周日休息
The Mall	Andrea Papandreou 35,Marousi	www.themallathens.g	周一至周五 10:00 ~ 21:00，周六 10:00 ~ 20:00
Golden Hall Mall	Leof. Kifisias 37A,Marousi	www.mygoldenhall.gr	周一至周五 10:00 ~ 19:00，周六 10:00 ~ 20:00，周日不营业

娱乐

雅典娱乐地推荐			
名称	地址	电话	网址
Technopolis	Pireos and Voutadon, Athina	021-03461589	www.technopolis-athens.com
Dora Stratou Dance Theatre	Scholiou 8,Athina	021-03244395	www.grdance.org
Palenque	Farantaton 41,Athina	021-07752360	www.palenque.gr

Part 4 南欧地区

无需门票，体验意大利“心”玩法

Part4 南欧地区
意大利

1·遇上庆典别错过·

意大利拥有深厚的文化底蕴，各城市的节庆活动更是丰富多彩，来到这里千万不可错过历史遗迹遍地的罗马、艺术之都的佛罗伦萨和水上之城的威尼斯风情。

意大利各地民俗节庆活动			
名称	时间	举办地点	简介
罗马时装周	1 月和 7 月	罗马	虽不在四大时装周中，但意大利绚烂的艺术赋予了时装周独特的个性。往往在四大时装周上看不到的独特设计，会出现在罗马时装周上，让人眼前一亮
威尼斯狂欢节	基本在 2 月份举行，每年会有出入	威尼斯	当今世界上历史最久、规模最大的狂欢节之一，届时人们会穿着华丽的复古服装，带上各式各样的面具现身在街上游行，热闹非凡

续表

名称	时间	举办地点	简介
古代足球赛	6 月 24 日	佛罗伦萨	每年夏天，佛罗伦萨的人们都会身着古装，上演古代足球赛，完全是佛罗伦萨本地人的娱乐
八月节	8 月 15 日	罗马	据说最早可以追溯到两千年前的古罗马时期，从这时开始，8 月就成了人们休闲放松的好时节。而在八月节举办的盛大的八月节舞会，更是遍布大街小巷，从广场到乡村，无处不在
威尼斯国际电影节	8 月下旬至 9 月初	利多岛	在威尼斯的利多岛上举行国际电影盛会，每年都吸引全世界的影星、电影工作者和记者前来，魅力不输好莱坞的奥斯卡金像奖
佛罗伦萨艺术双年展	10 月	佛罗伦萨	是世界各地艺术家们都非常支持的双年展。双年展展出了很多有趣的作品，如查尔斯王子的画等
罗马电影节	11 月	罗马	每年 11 月的罗马电影节，群星熠熠，给渐冷的罗马带来无数谈资。它虽年轻，却有着自己的韵味，强调文化和参与性的电影节，是真正为了罗马人自己而举办的，就连评委，也都来自普通的电影爱好者而非专业人士

2·免费游客中心助你玩·

在罗马全城有 11 个免费领取资料的游客信息中心，在著名景点附近都可以找到，并可以为游客提供免费地图、租车、住宿、餐饮等咨询服务。在 Termini 火车站内也设有服务窗口，而威尼斯有 2 个游客中心，一个在威尼斯火车站出口的右边，另一个在圣马可教堂对面的左侧，在这里可以免费领取地图。详情可登录 www.turismoroma.it 查询。

Part4 南欧地区
意大利

3·不要门票怎样能玩 High·

重温《罗马假日》影片美景

西班牙广场： 在著名的西班牙台阶上，巧遇正在吃冰激凌的安妮

步行约 8 分钟

特莱维喷泉： 在此背对着喷泉、从肩上投出一枚硬币，许下心愿

步行约 7 分钟

万神殿： 被称为天使的设计，圆形屋顶既美观又呈现出一种庄严肃穆的气氛

步行 9 分钟

威尼斯广场： 位于罗马市中心，这里汇集了意大利文艺复兴时期各大艺术品

乘地铁 B 线到 Circo Massimo 站下，步行即到

真理之口： 名扬世界，《罗马假日》里乔故意吓公主的场景在此拍摄

罗马

万神殿（**Pantheon**）是奥古斯都时期的经典建筑，被米开朗琪罗称赞为“天使的设计”，这也是唯一至今得以完整保存的罗马帝国时期建筑。当你凝望它，你一定能看出它经历了多少风风雨雨，建这座宫殿最初是为了供奉奥林匹亚山上诸神。现在，万神殿中还有著名的艺术家拉斐尔、温贝特一世等人的陵墓。万神殿的前庭有一个高大的尖顶方碑的喷水池，方碑基座雕有古罗马神话场景，宫殿本身有一个半圆形的穹顶，是由火山灰制成的混凝土浇筑，十分坚固，而顶部的圆洞是整个建筑唯一的光源，整个建筑庄严而有神韵，设计得十分巧妙。

1 · 万神殿 ·

旅游资讯

Piazza della Rotonda,00186 Roma

乘坐公交46、62、64、170、492路到Largo Argentina下可到

周一至周六08:30～19:30，周日09:00～19:00，节假日09:00～13:00

Part4 南欧地区 意大利

2 •特莱维喷泉•

旅游资讯

Via delle Muratte 9,00187 Roma

乘坐公交53、62、85、C3、N4、N5路 在Corso-Minghetti站下车后，步行约300米可到

特莱维喷泉（**Fontana di Trevi**）是罗马知名度最高的喷泉，它是左右完全对称的建筑，中央是一尊海神像，由两匹骏马拉着奔驰，一只狂野，一只温驯，象征大海的无常。特莱维喷泉又叫“幸福喷泉”，人们相信它有让人“重回罗马”的神奇力量，能够给人们带来幸福，因此很多人都会特意来这里许下美好的愿望。

不要门票也能 High

特莱维喷泉是来到罗马一定要去的地方，你可以背对着喷泉，从肩上抛三枚硬币到喷泉的水里，许下你的三个愿望，最后一个一定是要重回罗马，据说在喷泉的水前许愿是很灵验的。通往特莱维喷泉的路比较窄，不容易辨认，最好提早动身，而且人往往很多，不要在这里待太久。

Part4 南欧地区 意大利

3 •西班牙广场•

旅游资讯

Piazza di Spagna, 1 Roma

乘坐地铁A线至Spagna站下车可到

西班牙广场（**Piazza di Spagna**）正面是著名的西班牙台阶，这里曾是《罗马假日》的拍摄地，奥黛丽·赫本在此悠闲吃着冰激凌的一幕令很多人都难以忘怀，现在依然是一派悠闲明快的气氛。台阶前是小船喷泉，是贝尔尼尼父子的作品。附近的咖啡馆也很有历史，许多文学巨匠如拜伦、雪莱等都曾在此寻找灵感。

不要门票也能 High

到了西班牙广场，一定要在台阶上吃个冰激凌，体验一下当年赫本的那种闲适心情。另外，小船喷泉也是一个天才的创作，这里地势并不适合建造喷泉，但是贝尔尼尼父子建造的这个小船喷泉既解决了喷水问题，小船造型又与整个广场完美融合，令人拍案叫绝。

威尼斯广场（**Palazzo Venezia**）位于罗马市中心，车水马龙，这个长方形的广场周围有不少著名的建筑，如广场的正面绰号叫“结婚蛋糕”“打字机”的新古典主义建筑——维克多·埃曼纽尔二世纪念堂；广场左侧是威尼斯宫，这是一座文艺复兴时期的哥特式建筑，在威尼斯共和国繁荣时期，这里曾经是威尼斯大使馆的所在地。

旅游资讯

Piazza Venezia, 00186 Roma

乘坐公交车 30、62、70、810 路 在 Piazza Venezia 站下车可到

周二至周日 09:00～18:30

不要门票也能 High

威尼斯广场号称罗马最漂亮的广场，真的是名不虚传。这里既有标志性的纪念碑，也有哥特式的宫殿，高大恢宏，让人震撼。这里还有青铜雕像，有喷泉，有飞狮，简直可以满足你对古罗马的所有幻想。

Part4 南欧地区 意大利 5 ·纳沃纳广场·

纳沃纳广场（**Piazza Navona**）是罗马最美丽的广场之一。广场上有三个大的喷泉，分别是中部的四河喷泉、北侧的海神喷泉和南侧的摩尔人喷泉。除此之外，广场上还有众多的小摊、街头艺人，整个广场显得热闹而悠闲，富有生活和艺术气息。

旅游资讯

Piazza Navona, 00186 Roma

乘坐公交车 40、64、70 路至 Senato 站下车可到

Part4 南欧地区
意大利

6 君士坦丁凯旋门

旅游资讯

Piazza del Colosseo,00186 Roma

乘坐地铁B线在Colosseum站下车可到

09:00至日落前1小时

君士坦丁凯旋门（**Arco di Constantino**）位于斗兽场西侧，建于4世纪初，是为了纪念米尔桥战争胜利而建，它是古罗马凯旋门中最著名、保存最完好的一座。凯旋门有3个拱门，中间的最为高大，法国巴黎的凯旋门就是以它为蓝本设计的。柱子和拱门上还雕刻着栩栩如生的图案，十分精巧。

Part4 南欧地区
意大利

7 图拉真广场

旅游资讯

Foro Traiano, Via dei Fori Imperiali, Roma

乘坐地铁B线在Colosseo站下车，然后步行可到

09:30～19:00，周一休息

图拉真广场（**Foro di Traiano**）建于2世纪初，是罗马最大的广场。广场整体建筑参照了东方建筑特点，不仅讲究轴线对称，还作多层纵深布局。广场旁边就是著名的图拉真柱，柱子表面雕刻的是达齐亚战争的场面，雕刻精美，气势恢宏。广场北侧的图拉真市场，相传是图拉真大帝为讨市民欢心所设，曾是古罗马的购物中心。

真理之口（**Bocca della verita**）在科斯梅丁圣玛丽娅教堂里面，是一块雕刻着海神头像的圆盘，有鼻有眼，张着一张大嘴。据说把手放在它的嘴里，如果说谎，手就会被咬掉。在《罗马假日》中，就是它让可爱的公主变得惊慌失措。也是这一经典场景让真理之口为世界所知，许多游人都会到这里来试一试，现在它的“口”已经被摸得发亮了。

Piazza della Bocca della Verit à ,Roma

乘地铁B线到Circo Massimo站下，步行即到

09:00～18:00

罗马周边

·罗马→梵蒂冈

一座城一个国，它因小巧、精致而闻名，却有着世界上最大的教堂和博物馆。它是天主教徒的神祇，是全世界旅游爱好者争相要去的地方。排队去看世界上最小的国家，到拥有丰富的博物馆探秘，看华丽精美的教堂，感受它的魅力，它的独一无二，或许应是你最不可错过的事情。

前往梵蒂冈

从罗马火车站（Roma Termini）乘公交车40、64路到梵蒂冈站（Stato della Citta del Vatican）；或乘坐地铁A线到Ottaviano站，出站沿Via Ottaviano大街前行500米即到。

Part4 南欧地区
意大利

1
•圣彼得广场•

旅游资讯

Piazza San Pietro

乘坐地铁 A 线到达 Ottaviano 站，然后沿 Via Ottaviano 走约 10 分钟可到

4～9 月 08:00～17:45；10 月至次年 3 月 08:00～16:45

圣彼得广场（**Piazza San Pietro**）是罗马教廷举行大型宗教活动的地方，这是一个巨大的椭圆形广场，集中了各个时代的精华，广场上几百根圆柱排列出令人震撼的视觉效果。这个广场还是神圣的象征，正面是圣彼得教堂，象征着基督的身体，两侧圆形的长廊代表基督的手臂，整个广场象征着基督张开双臂拥抱各地来的信徒。

Part4 南欧地区
意大利

2
•圣彼得大教堂•

旅游资讯

Piazza di San Pietro in Vincoli,4/a,00184 Roma

乘坐地铁 A 线至 Ottaviano 站到梵蒂冈，然后步行可到

使用电梯 7 欧元，使用楼梯 4 欧元

4～9 月 07:00～19:00；10 月至次年 3 月 07:00～18:00

圣彼得大教堂（**Basilica di San Pietro**）位于梵蒂冈的中心，是世界上第一大圆顶教堂，它也是罗马天主教徒的朝圣地和梵蒂冈罗马教皇的教廷。它的圆顶是由米开朗琪罗设计，你可以通过楼梯或乘电梯登上圆顶眺望罗马全城的景色，在圆顶内部，有环形的平台可以让你欣赏内壁上的大型镶嵌画。教堂内还有米开朗琪罗的《哀悼基督》的雕像等。

威尼斯

圣马可广场（**Piazza San Marco**）又叫威尼斯中心广场，一直以来都是威尼斯政治、宗教和传统节日的公共活动中心。圣马可广场周围有许多著名的建筑，还有美丽别致的精品店、风格优雅的咖啡馆。作为威尼斯的地标，这里受到摄影师的格外青睐，曾被拿破仑誉为“全欧洲最高雅的客厅”。

不要门票也能 High

当你穿过威尼斯曲曲折折的水巷进入广场时，你立刻会有豁然开朗的感觉。在蔚蓝的天空下，宽阔的广场，宏伟的建筑，美丽的白鸽，一切都像是在美丽的童话世界里，你的心也会变得沉静下来。

圣马可大教堂（**Basilica San Marco**）矗立于圣马可广场上，曾是中世纪欧洲最大的教堂，是威尼斯建筑艺术的经典之作，同时也是一座收藏丰富艺术品的宝库。整个教堂采用拜占庭式建筑风格，结合了东西方建筑精华，内部装饰了很多拜占庭风格的马赛克装饰画、浮雕和花形图案。藏品中的金色铜马身体与真马同大，神形毕具，惟妙惟肖。

Part4 南欧地区 意大利

01 •圣马可广场•

旅游资讯

Piazza San Marco, Venezia

乘坐1号水上巴士在Vallaresso站（广场西）、S.Zaccaria站（广场东）下船可到

圣马可大教堂免费，内部金色围屏1.5欧元、珍宝展2欧元、登顶3欧元

@ www.associazionepiazzasanmarco.it

Part4 南欧地区 意大利

02 •圣马可大教堂•

旅游资讯

Piazza San Marco, 30124 Venezia

乘坐水上巴士到Piazza San Marco、San Zaccaria、Vall-aresso站下可到

平日09:45～17:00，周日及节假日14:00～16:00

Part4 南欧地区 意大利

3 ·叹息桥·

旅游资讯

Piazza San Marco, 1 Venezia

乘坐水上公交 82 路到 San Zaccaria 站下可到

@ www.palazzoducale.visitmuve.it

叹息桥（**Bridge of Sighs**）造型是早期巴洛克式风格，桥呈房屋状，封闭得很严实，只有向运河的一侧有两个小窗。这里是古代由法院向监狱押送死囚的必经之路，相传被判处死刑的囚犯从法庭走向监狱时，只能透过小窗看见外面，从此失去了自由，不由自主地发出叹息之声，桥由此而得名。

不要门票也能 High

叹息桥除了这个广为人知的典故，还传说曾有一名死囚在这里看见之前的恋人在桥的另一端与新欢亲吻，引得他深深叹息，从此叹息桥也成为了恋人们见证爱情的地方。据说恋人们在这里拥抱接吻就可以相守一生。

Part4 南欧地区 意大利

4 ·里亚托桥·

旅游资讯

Porto Rialto,30100 Venezia

乘坐水上巴士 1、82 路到 Rialto 下可到

@ www.comune.venezia.it

里亚托桥（**Ponte Rialto**）是威尼斯最著名的桥，莎士比亚的名剧《威尼斯商人》就是以这里为背景。这座桥全部用白色大理石筑成，是威尼斯的象征。桥上中部建有厅阁，横跨在大运河上。两侧店铺林立，在这里既可从桥上眺望运河，又可在两侧的商店购物，因此游人很多，非常热闹。

安康圣母教堂（**Chiesa di Santa Maria della Salute**）是典型的威尼斯巴洛克风格建筑。17 世纪，黑死病肆虐威尼斯，政府决定兴建此教堂献给圣母玛利亚。它由著名设计师巴达萨雷·隆格纳设计，正式落成于 1687 年。教堂外形独特，主体为顶着巨大圆顶的八角教堂，周围环绕着六座礼拜堂。圣器室内有提香所绘的天花板壁画和威尼斯画派代表人物丁托列托创作的壁画《迦纳的婚礼》。

旅游资讯

Dorsoduro 1,20123 Venezia

乘水上巴士 1 号在 Salute 站下可到

免费，参观圣器室 1.5 欧元

09:00 ～ 12:00，15:00 ～ 18:00

威尼斯周边

·威尼斯→穆拉诺岛

穆拉诺岛（**Murano**）又称“玻璃岛”，位于意大利威尼斯湖中。穆拉诺岛以制造色彩斑斓的穆拉诺玻璃器皿而闻名于世，在这里你可以欣赏到玻璃师吹制玻璃的表演。岛上的玻璃艺术博物馆，收藏各式各样的玻璃制品，晶莹剔透。岛上街边、河边随处都是卖玻璃制品的商店，店里琳琅满目的玻璃制品肯定让你目不暇接。这里的玻璃镇纸是备受人们喜爱的礼品和收藏品，并且携带方便，可以适当购买一些作为纪念品。

前往穆拉诺岛

乘坐水上巴士 3、4 号线在 Faro 站下船可到（注意在站台看好回程时间）。

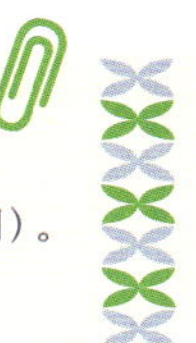

·威尼斯→布拉诺岛

布拉诺岛（**Burano**）有一个美丽的别名——彩色岛。之所以有这个名字，是因为这里的居民把他们小巧玲珑的房子刷得色彩斑斓，这些多彩的房子连成一片，就像是彩虹一样美丽，清澈的小河回回转转，色彩明快的小船静静地停在河边，再加上蓝天、白云、大海，整个小岛给人一种明亮轻快的感觉。岛上出产的手工蕾丝也同穆拉诺岛上的玻璃一样，是远近闻名的特色手工艺品，这也让布拉诺拥有了柔软华丽的情怀，并获得了一个更诗意的名字——“蕾丝岛”。

前往布拉诺岛

乘坐水上巴士 12、14 号到 Burano 站下可到。

佛罗伦萨

Part4 南欧地区

意大利

1 ·圣母百花大教堂·

旅游资讯

Piazza del Duomo, Firenze

乘坐公交 A14、23、71 路到 Roma—Cleria Bologna 站下车可到

教堂免费；圆顶 10 欧元

10:00 ~ 17:00

圣母百花大教堂（**Cattedrale di Santa Maria del Fiore**）在历史上有着独特的地位，它是文艺复兴的第一个标志性建筑，被誉为文艺复兴的“报春花”。除此之外，它还被称为世界上最美的教堂，教堂用白、红、绿三色花岗岩贴面，精心将文艺复兴时的古典、优雅、自由诠释得淋漓尽致。让人赞叹的还有主教堂的穹顶，比罗马万神殿的还要大，却没用任何支撑结构，只用砖块完成，堪称建筑史上的一个奇迹。

市政厅广场（**Piazza della Signoria**）又名领主广场，是佛罗伦萨的行政中心。因为它周围精美的建筑而被认为是意大利最美的广场之一，广场的东南角是韦奇奥宫（Palazzo Vecchio），又叫旧宫；“海神喷泉”是游人最多的地方，喷泉中是当地人称为“大白雕”（Biancone）的巨大白色海神像，喷泉水池四周有许多形态各异的青铜雕像，如海神波塞冬像、帕修斯和半人马等，可谓雕塑珍品的大云集。米开朗基罗的《大卫》像曾立在这里，后为保护雕像将真迹移走，现在广场所立为原比例复制品。

Part4 南欧地区 意大利

2

·市政厅广场·

旅游资讯

Piazza della Signoria, Firenze

乘坐公交 C2 路到 Condotta 站，向南步行 5 分钟可到

广场免费；韦奇奥宫 5.7 欧元

米开朗基罗广场（**Piazzale Michelangelo**）位于佛罗伦萨市区阿诺河的南岸，因广场上有米开朗基罗的代表作——大卫雕像（复制品）而闻名遐迩。由于米开朗基罗广场地处高地上，从这里可以眺望整个佛罗伦萨的市景，市政广场、阿诺河、圣母百花大教堂的圆屋顶等在这里看去都能发现别样的美丽。

Part4 南欧地区 意大利

3

·米开朗基罗广场·

旅游资讯

Piazzale Michelangelo, 50125 Firenze

乘坐公交车 12、13 路在 Piazzale Michelangelo 站下车可到

Part4 南欧地区
意大利

4 ·老桥·

旅游资讯

Ponte Vecchio, Firenze

乘坐公交车 C3 或者 D 路至 Ponte Vecchio 站下可到

老桥（**Ponte Vecchio**）是跨越阿尔诺河上的一座最古老的桥梁。这座饱经沧桑的老桥建于古罗马时期，设计者是乔托的弟子戈蒂，它像一条“空中走廊”把乌菲兹美术馆和皮蒂宫连成一体。这里最初是木桥，后来被洪水冲走，现在这座造型典雅的三拱廊桥是在原有桥墩上重建而成，桥面过道两侧坐落着三层错落有致的楼房，桥面中段两侧则留有约 20 米宽的空间作为观景台，这一巧妙的设计使得整个大桥显得奔放而和谐。

Part4 南欧地区
意大利

5 ·皮蒂宫·

旅游资讯

Piazza de Pitti, Firenze

乘坐公交车 C3、D 路在 Pitti 站下车可到

皮蒂宫（**Palazzo Pitti**）位于阿诺河畔，是一座佛罗伦萨文艺复兴时代的宫殿，外观朴素坚实，由当时佛罗伦萨最大的两银行家之一的卢卡·皮蒂所建，因而得名。皮蒂宫后被美第奇家族买下作为私人住宅，并通过世代累积，逐渐储藏了大量的艺术品和珍贵的珠宝，现在已开辟为博物馆。藏品中的名画有拉斐尔的《椅中圣母》《披纱女子像》《朱利奥二世》，提香的《玛达蕾娜》以及波提切利等著名艺术家的作品。

佛罗伦萨周边

·佛罗伦萨→比萨

比萨 (Pisa) 位于佛罗伦萨西北方向，曾是一座海滨城市。比萨历史悠久，留下了许多物质和精神财富，如罗曼建筑的代表作品比萨大教堂连同旁边更有名的比萨斜塔是世界文化遗产；这里是伽利略的家乡，费米也曾在此求学，正是它的历史和建筑艺术使其成为著名的旅游城市。

前往比萨

从佛罗伦萨前往比萨的交通十分方便，乘坐火车前往比萨最方便，从佛罗伦萨火车站乘 FBA9758 列车前往，仅需 48 分钟，单程票价 15 欧元，具体详情可登录 www.icrail.com 查询。

Part4 南欧地区 意大利

1 ·比萨斜塔·

旅游资讯

Piazza del Duomo, 56126 Pisa

比萨火车站出来直走大概 20 分钟可到

登塔 18 欧元

12 月至次年 1 月 10:00 ~ 16:30，11 月、2 月 09:30 ~ 17:30，3 月 09:00 ~ 17:30，4 月、5 月、9 月 08:30 ~ 20:30，6 ~ 8 月 08:30 ~ 23:00，10 月 09:00 ~ 19:00

www.opapisa.it

比萨斜塔（leaning Tower）始建于 1173 年，是比萨城的标志。其以独特的钟楼，成为世界著名的景观。塔的外墙为乳白色大理石砌成，形成罗马式建筑风格。斜塔原本为垂直建造，塔高设计为 100 米左右，但是在工程开始后不久便倾斜，直到 1372 年完工还在持续倾斜。在这里还可以回味一下讲伽利略掷铁球的故事，或者拍几张有趣的“推歪”比萨斜塔的照片。

Part4 南欧地区 意大利

2 ·比萨大教堂·

旅游资讯

Piazza del Duomo, Pisa

周一至周六 10:30 ~ 17:00，周日 13:30 ~ 17:00

比萨大教堂（Duomo di Santa Maria Assunta）是意大利罗马式教堂建筑的典型代表，建于 1063 年，由雕塑家布斯凯托·皮萨谨主持设计。教堂平面呈长方的拉丁十字形，纵向有四排 68 根科林斯式圆柱。纵深的中堂与宽阔的耳堂相交处为一椭圆形拱顶所覆盖，中堂用轻巧的列柱支撑着木架结构屋顶。教堂是中世纪建筑艺术的杰作，对 11 ~ 14 世纪的意大利建筑产生了深远的影响。

意大利·旅游资讯

交通

飞机

菲乌米奇诺机场

菲乌米奇诺机场（Rome Fiumicino Airport）距离罗马市中心约30公里，是意大利最大的机场，也是意大利航空的枢纽。机场以国际航班为主，现已开通了与北京和上海之间的直飞航班。机场建设宏大，现代高效，与市中心的公共交通系统相连，十分方便。

菲乌米奇诺机场到市区的交通	
高速直达列车	高速直达列车至市区用时约30分钟，每天06:35～23:35运行，每隔30分钟发车一次。但需要注意，从火车站到机场发出的首班车和末班车时间各为05:50和22:50，从24号站台乘车，票价为11欧元
机场巴士	机场巴士价格便宜一些，但耗时较长，到达市中心耗时约1小时。每半小时都会从3号航站楼Coatch Station发车，到市中心Termini火车站。票价5欧元，网上预订4欧元。运营时间：机场至市中心05:30～22:55，市中心至机场04:40～21:50
出租车	选择合法的出租车（白色车身，带里程计时器），价格为40欧元左右，如果有大件行李，或者在夜晚、节假日乘坐，价格还要高一些

马可波罗国际机场

马可波罗国际机场（Marco Polo Airport，VCE）距威尼斯市中心12公里，国际、国内多趟航班在此起降。但北京没有直达这里的航班，只能中转一下，时间在15小时及以上。

马可波罗国际机场到市区的交通	
机场大巴	ATVO Air Termina：威尼斯罗马广场始发站（终点站）。全程 20 分钟，票价单程 6 欧元，往返 11 欧元。时间 05:00 ~ 21:00，返程 07:50 ~ 00:20，每小时 2 班次。 ATVO Fly Bus：起始站威尼斯内陆火车站 (Venezia Mestre)，车程 17 分钟。票价单程 5 欧元，时间 05:20 ~ 22:17，每小时大致 3 班车，除早晚 2 小时内每小时一班。回程时间 06:06 ~ 00:20，每小时大概会有 2 ~ 3 班车次
公交车	ACTV5 路车：始发站是威尼斯罗马广场，车程 25 分钟。时间 08:10 ~ 21:55，每小时 4 班车，00:40 ~ 04:40 每小时大概 1 ~ 2 班，回程在 01:10 ~ 04:08 班次时间与去程相同。 ACTV15 路车：起始站是威尼斯内陆火车站 (Venezia Mestre)，车程 35 分钟，时间 06:45 ~ 20:15，半小时一班，回程 05:45 ~ 20:15，每半个小时一班
陆上出租车	威尼斯罗马广场到马可波罗机场（或返程）费用大概 30 欧元
水上出租船	从威尼斯主岛到机场，水上出租船是十分便利的选择，但费用相对较高，15 分钟的车程大概需要支付 80 欧元的费用

佛罗伦萨机场

佛罗伦萨有两个机场，其中佩雷托拉机场（Peretola Airport）距离市中心 5 公里左右，这个机场很小，主要经营意大利国内的航线。每天会有机场大巴从佩雷托拉机场到达市区的圣母百花教堂，运营时间为 05：30 ～ 20：00，每半小时一班，20：00 ～ 23：00 每小时一班，票价在 4 欧元左右。

如果你到达的是比萨的伽利略机场，伽利略机场每天都有 2 ～ 3 班列车从这里出发到达佛罗伦萨，用时约 100 分钟，票价约 6 欧元。

火车

罗马

罗马特米尼车站（Stazione Termini）是进出罗马的大门，也是市中心的交通枢纽。车站正前方就是著名的五百人广场，左手边的地铁站、右手边的出租车站及市内公共汽车总站的标志都非常醒目。罗马的铁路交通十分发达，从罗马乘火车到威尼斯 5 小时左右，到佛罗伦萨 2 小时左右，车次很多；到南端的西西里岛则有夕发朝至的夜车。到市区最便捷的方法就是乘坐中央车站的直达列车，通常每小时 1 班，也可以乘坐列车到特拉斯特维莱、奥斯汀塞、土斯克拉那，晚间有通宵巴士开往土斯克拉那站。有些列车只在一些较小的车站停靠，在 Termini 站不停靠，在这些小车站下车也很方便。

威尼斯

威尼斯主火车站（Venezia Santa Lucia）是威尼斯重要的交通枢纽，已开通了到达罗马、米兰、佛罗伦萨等意大利重要城市和瑞士苏黎世、法国巴黎、奥地利维也纳等欧洲主要城市的班线。在威尼斯主火车站，可以乘坐水上出租车、水上巴士前往旅馆或各个景点，到圣马可广场步行只需 20 ～ 30 分钟。

到达威尼斯主火车站，必须要经过一个叫威尼斯梅斯特雷火车站（Venezia-Mestre），因为它是陆地上最后一站，无论你是从罗马过来，还是从佛罗伦萨过来，这里都是首先到达的火车站。火车站有介绍旅馆的旅客指南、火车的信息、银行的外汇兑换处，在距车站 20 ～ 30 分钟路程的圣马可广场也有旅客指南。

佛罗伦萨

新圣母车站是中央火车站，位于主教座堂广场西北方 500 米，运行着本地、国内和国际多条线路，规模庞大。另有 2 个较次要的火车站，坎波·德·玛尔特车站以及 Rifredi 车站也开行国内线路。

在这里可以乘坐意大利目前最快的银箭列车或者红箭列车，前往罗马只要 1.5 小时，全价票 45 欧元；或者乘坐普通火车前往其他地区，票价只要几欧元。佛罗伦萨还是罗马—米兰线的过路站。有许多定点班次往返于罗马（票价 33 欧元，1 小时 30 分钟至 2 小时）、威尼斯（票价 30 欧元，3 小时）等地方。具体详情可登录订票 www.trenitalia.com 查询。

地铁

罗马的地铁有 A、B 两条线路，A 线为橙色，B 线为蓝色，标志是红底白色 M 符号，比较醒目，罗马城内的大部分景点都可以乘坐地铁到达。A 线为西北至东南走向，B 线则为西南至东北走向，两线在中央车站交汇。另外，如果你想要去往郊区，可以乘坐城铁或者国铁前往。

罗马地铁线路信息			
线路	**颜色**	**运行信息**	**重要站点**
A 线	红色	运营时间：周日至下周四 05:30 ~ 23:30，周五至周六 05:30 至次日 01:30 票价：单程 1.5 欧元 (75 分钟内有效)，日票 6 欧元 网址：www.atac.roma.it	梵蒂冈(Ottaviano)、西班牙广场(Spagna)、威内特大道(Barberini)、共和国广场(Repubblica)、拉特拉诺·圣乔凡尼教堂(SGiovanni)
B 线	蓝线		古罗马广场(Colosseo)、 卡拉卡拉浴场(Circo Massimo)

巴士

罗马

罗马的巴士有日班车和夜班车之分，编号上标有字母“N”的巴士为夜间巴士，它的行驶时间为 00:10 ~ 05:30。日班车主要有两种，以颜色相区别：橘红色的巴士与蓝色的旅游巴士。橘红色的市内巴士线路很密集，几乎能够覆盖整个市区，其中 116、117 路电车在古迹密布的市中心行驶，由于电车不排放尾气，因此线路可以非常靠近古代遗迹，橘红色巴士的行驶时间是 05:30 ~ 24:00。而蓝色的是旅游巴士，票价比一般巴士要贵，它的优点是可以直达景点，对于游客来说是很好的选择，团队游客必须乘坐这种巴士。

威尼斯

在威尼斯游玩，乘坐水上巴士是比较经济的一种交通方式，水上巴士可以到达包括威尼斯本岛在内的众多岛屿，其中 1 号线、快速 82 号线等都是颇受旅游者青睐的交通线路。乘坐水上巴士需要先购票，再到码头上的黄色汽艇处乘坐即可。参考票价为单程 7 欧元 / 人，团体票（3 人及以上）根据人数的不同，会有特别的优惠。此外，还有 12、24 小时内可多次乘坐水上巴士的票种，参考票价分别为 18 欧元、20 欧元。

水上出租车

威尼斯水上出租车费用较高，适合带有大件行李或者人数较多时使用。这种水上出租车可以按表计价，也可以按固定路线提前订好价格，起步价一般为 9 欧元左右，如果夜间和节假日行驶要加收费用。水上出租车最多可坐 15 人，在威尼斯火车站和 Rio Novo 等地都有水上出租车的专用码头，或者可以拨打 041—2406711 进行预订，注意，预订也是要收费的。

贡多拉

贡多拉是威尼斯独具特色的水上交通工具，这种船一次可乘坐 5 人，乘坐贡多拉你可以不受干扰地饱览威尼斯的风光，但是价格也相对较高，起步价 41 欧元，游览时间延长加收费用，20:00 以后价格还会更高，注意在乘坐前先谈好价钱。

公交

佛罗伦萨市内的公交很多，而且比较便捷，从城市一头走到另一头只需花不到 1 小时时间。后门上车，中门下车。单次公交票 1.2 欧元，可以在 90 分钟内任意上下。车票记得要提前买好，因为如果上车买票需要 2 欧元，如果发现逃票将处以 30 欧元的罚款，车票可以在香烟摊、报摊等处买到。

自行车

在佛罗伦萨，由于城市不大，而且景点分布比较集中，你可以选择骑自行车游览城市风光。佛罗伦萨城中设立了很多公共车库，这里的自行车从 08:00 ～ 19:00 是免费的，使用完后在城市任何一个公共车库都可以还车。具体详情可登录 www.firenzeparcheggi.it 查询。

美食

罗马餐厅推荐

古希腊咖啡馆

Via dei Condotti, 86 00187 Roma

乘坐公交 117 路在 Spagna 站下车向南步行可到

@www.anticocaffegreco.eu

古希腊咖啡馆（Caffé Greco）是罗马著名的咖啡馆，位于西班牙广场附近的孔多蒂街 84 号，自 1760 年开设至今，曾吸引了司汤达、歌德、乔治 · 戈登 · 拜伦、弗朗茨 · 李斯特和济慈等著名人物光顾这里。

古罗马比萨卷店

Via Genova,32 00184 Roma

乘坐公交 64、70、170、N18 路在 Nazionale– Quattro Fontane 站下车步行可到

@www.anticapizzeriaricciroma.com

古罗马比萨卷店（Antra Pizzeria Ricci Roma）是一家家族经营的老店，成立于 1888 年，该店主要提供多种多样的比萨和其他的罗马经典美食，餐后你还可以尝试他家的自制甜点。

威尼斯餐厅推荐

Omnibus

Riva del Carbon,4171,30124 San Marco,Venezia

041–5237213

@www.ristoranteomnibus.com

Omnibus 是一家提供威尼斯传统菜肴的餐厅，菜品主要是海鲜类，饮料有咖啡和当地葡萄酒，对于素食者或者肠胃不好的顾客会有专门的菜单。该餐厅在大运河沿岸，距离里亚托桥约 200 米，有可容纳 100 个座位的露台，顾客可以在露台上边吃饭边欣赏大运河美景。

Terrazza Danieli

Riva degli Schiavoni,4196,30122 Venezia

041–5226480

@www.danielihotelvenice.com

Terrazza Danieli 最具特色的是饭店的顶楼露天餐厅，5 ~ 9 月中旬餐厅会开放天台上露天的座位。坐在天台上进餐，眼前是热闹的大运河，转头就能看见壮观的圣马可大教堂。餐厅除了以海鲜为主的威尼斯当地美食，也供应传统的民间美食。

佛罗伦萨餐厅推荐

La Buchetta Café

Via dè Benci,3 50122 Firenze

乘坐公交23、C1、C3路在Benci–Osteria De'Benci站下车可到

@www.labuchetta.com

La Buchetta Café 位于15世纪的一座古老建筑里，他家的奶酪、意大利面赢得了世界各地游客的欢迎，还有各种美味的葡萄酒。餐厅气氛温馨，让人有一种宾至如归的感觉。

Il Latini

Via dei Palchetti,6R 50123 Firenze

乘坐公交车6、11路在Vigna Nuova站下车步行可到

@www.illatini.com

Il Latini 是当地很有名气的一家餐厅，菜肴以托斯卡纳传统菜肴为主。而且这个餐厅的一大特色是没有菜单，服务员会亲自为你介绍这里的菜肴，气氛热闹而友好。这里的牛排很受食客喜爱，记得提前预约。

住宿

罗马住宿地推荐

名称	地址	电话	网址	参考价格
UNA Hotel Roma	Via Giovanni Amendola,57,00185 Roma	06-649371	www.unahotelroma.com	208欧元
Augusta Lucilla Palace	Via d'Azeglio, 24, 00184 Roma	06-48939942	www.augustalucillapalace.com	88欧元
Hotel Villa San Lorenzo Maria	Via dei Liguri, 7, 00185 Roma	06-4469988	www.villasanlorenzo.com	60欧元
Hotel Cristoforo Colombo	Via C. Colombo, 710,00144 Roma	06-5921901	www.hotelcolomboroma.it	40欧元

威尼斯住宿地推荐				
名称	地址	电话	网址	参考价格
Hotel Principe 4 Stelle	Lista di Spagna, 146, 30121 Venezia	041-2204000	www.gardenahotels.it	158 欧元
Hotel Plaza	Viale Stazione,36,30171 Mestre,Venezia	041-929388	www.hotelplazavenice.com	128 欧元
Hotel Florida	Calle Priuli Ai Cavalletti, 106/a,30121 Venezia	041-715253	www.hotel-florida.com	98 欧元
Hotel Stella Alpina	Calle Priuli dei Cavalletti,99/D,30121 Venezia	041-5245274	www.hotel-stellaalpina.com	70 欧元

佛罗伦萨住宿地推荐				
名称	地址	电话	网址	参考价格
AC Hotel Firenze	Piazza Alessandro Bonsanti, 5,Firenze	055-3120111	www.marriott.com	125 欧元
Hotel Rivoli	Via della Scala, 33,50123 Firenze	055-27861	www.hotelrivoli.it	120 欧元
Bellevue House Hotel	Via della Scala, 21,50123 Firenze	055-2608932	www.bellevuehouse.it	88 欧元
Hotel Montreal	Via della Scala, 43,50123 Firenze	055-2382331	www.hotelmontreal.com	58 欧元

购物

罗马购物地推荐			
名称	地址	交通	营业时间
Coin	Via Cola di Rienzo, 173,00192 Roma	乘坐地铁 A 线在 S. Giovanni 站下车，然后步行可到	周一至周五 09:30 ~ 20:00，周六 09:30 ~ 20:30，周日 10:00 ~ 20:30

续表

名称	地址	交通	营业时间
Mercato Andrea Doria	Via Tunisi,50 Roma	乘坐公交车 495 路在 Mocenigo 站下车，向东步行约 200 米可到	周一至周六 07:00 ~ 13:00
Patrizia Pieroni	Via del Pellegrino, 172,Roma	乘坐公交车 46、62、64 路在 Corso Vittorio Emanuele-Navona 站下车可到	周一 13:30 ~ 19:30，周二至周六 10:00 ~ 19:30，周日休息

威尼斯购物地推荐

名称	地址	网址	营业时间
Itaca Art Studio di Monica Martin	Sestiere Castello, 5267/a 30122 Calle delle Bande,Venezia	www.itacaartstudio.com	10:30 ~ 19:00
New Murano gallery	Calle Alvise Vivarini,6A 30141 Venezia	www.newmuranogallery.it	周日休息
Ca' Macana	Dorsoduro 3172,calle delle Botteghe Venezia	www.camacana.com	10:00 ~ 18:00
Atelier Marega	San Polo 2940,30125 Venezia	www.marega.it	10:00 ~ 19:30
L'arte a Venezia di Bufo Daniela	Castello 5352 (Zona S. Lio),30122 Venezia	www.larteavenezia.com	09:00 ~ 18:00

佛罗伦萨购物地推荐

名称	地址	交通	营业时间
Via de' Torna-buoni	Via de Tornabuoni, Firenze	乘坐公交 C2 到 Porta Rossa 站下车，西行 200 米可到	全天
La Rinascente	Piazza della Repu-bblica,3-5 50123 Firenze	乘坐公交车 C2 到 Orsan-michele -Nautica 站下车北行 50 米可到	周一至周六 10:00 ~ 21:00，周日 10:30 ~ 20:00
Luisa via roma	Via Roma,19/21r 50123 Firenze	乘坐公交车 6、11 路到 Vecchietti 站下车，东行 50 米可到	周六 10:00 ~ 14:00；周日休息
Peruzzi	Via dell'Anguillara,5r 50122 Firenze	乘坐公交车 23、C1、C3 路到 Verdi 站下车，向西步行 200 米可到	周日休息
Maurizio mori Firenze	Via D è Guicciardini, 59 Firenze	乘坐公交车 C3、D 路到 Pitti 站下车可到	10:00 ~ 19:30

Part 4 南欧地区

无需门票，体验西班牙“心”玩法

Part 4 南欧地区
西班牙

1 · 遇上庆典别错过 ·

西班牙因多元的文化而产生了丰富多彩的节日庆典活动，而西班牙各城在一年四季中更是有着属于自己的节日，来到这里千万不可错过。

西班牙各地民俗节庆活动			
名称	时间	举办地点	简介
狂欢节	3 月	巴塞罗那	每年都会准备一番拉美风情的狂欢。街上各种拉美风情的花车热舞，绚丽多彩的烟花表演，化装成各路角色的狂欢人群涌向小镇
圣伊西德罗	5 月 15 日	马德里	是马德里最盛大的节日之一，圣伊西德罗是马德里的守护神，也是农业劳动者的守护神。人们穿着传统服饰盛装出席，在街上游行、跳舞，来庆祝这一节日的到来
LA PATUM 节	5 月底 6 月初	巴塞罗那	是加泰罗尼亚地区的传统文化，已有几百年历史。每年都会开展一系列的戏剧表演，对人物形象进行阐释

续表

名称	时间	举办地点	简介
弗拉门戈大会	6 月	马德里	是马德里最隆重的音乐剧，每年 6 月，震撼人心的弗拉明戈艺术节吸引了这个领域的一些大牌来演出，对艺术家而言，在马德里的成功就是世界认可的名片
格拉西尔节日	8 月	巴塞罗那	可以观看免费的乐队表演，还有当地的乐队演奏加泰罗尼亚伦巴，大街上都装饰一新。晚上，郊区的人们也组织大众戏剧等活动
不眠之夜	9 月	马德里	每年 9 月，马德里超过 100 个场所将通宵举办各种华丽的音乐会和狂欢活动
圣梅尔塞节	9 月 24 日	巴塞罗那	西班牙三大节日之一，每个露天聚会场所，会举行各种庆祝活动，如加泰罗尼亚特色“叠人塔”

2·免费 Wi–Fi 畅游西班牙·

西班牙现在拥有免费 Wi–Fi 信号的地方越来越多，如麦当劳、星巴克、机场、火车站、汽车站、某些购物中心、酒店以及公交车上都有。一般酒店设有无线网络，但有些需要付费才能使用，还可到当地旅游咨询中心领取免费的 Wi–Fi 地图。

马德里免费 Wi–Fi 地			
名称	地址	电话	开放时间
Nets	Calle Palma 24, Madrid	091–5222017	周一至周六 12:00 至次日 01:00，周日 12:00 ~ 24:00
Work Cente	Calle del Prindipe 1,Madrid	091–3601395	24 小时开放

Part4 南欧地区
西班牙

3 · 免费游客中心助你玩 ·

西班牙各城市游客中心				
名称	地址	电话	网址	开放时间
马德里游客中心	Plaza Mayor, 27, Madrid	091-5881636	www.esmadrid.com	09:30 ~ 20:30
巴塞罗那加泰罗尼亚广场游客中心	Plaça de Catalunya,17-S,Barcelona	093-2853834	www.barcelonaturisme.com	09:30 ~ 20:30，12月26日及1月6日09:00 ~ 15:00

Part4 南欧地区
西班牙

4 · 不要门票怎样能玩 High ·

不花 1 分钱 游览马德里市内美景

马约尔广场：一大早来广场散步，人非常少，这里有集合了行政与文化功能的建筑，还有一些壁画

步行约 5 分钟

太阳门广场：马德里最中心的地方，也是马德里的“零起点吧”标志

步行约 11 分钟

格兰大道：马德里最高档的购物街，除了奢侈品店铺外，一路上的大型建筑也十分吸引人眼球

步行 2 分钟

西班牙广场：在格兰大道的尽头，广场上的堂吉诃德铜像最吸引人

步行约 30 分钟

丽池公园：马德里市内最大的公园，在园中漫步或在湖中划船都十分惬意

零元游西班牙

马德里

太阳门广场（**Puerta del Sol**）在马德里的中心位置，广场有10条呈放射状向外延伸的街道，中央有一座花坛，坛内有一座攀依在莓树上的棕熊青铜塑像，这就是马德里的城徽。最初太阳门广场旁边还有太阳门，因为它面向太阳升起的东方，所以得名。后来太阳门在1570年被拆除。广场半圆直径上有一座古宫殿建筑，它是内政部保安局大楼，而其他楼房的建筑风格都比较单调。

Part4 南欧地区

西班牙

1

·太阳门广场·

旅游资讯

Plaza de la Puerta del Sol,s/n, 28013 Madrid

乘坐地铁1、2、3号线在Puerta del Sol站下车可到

Part4 南欧地区 西班牙

2

•丽池公园•

旅游资讯

Plaza de la Independencia,7,28001 Madrid

乘坐地铁2号线至Retiro站，或9号线至Ibiza站下车可到

4～9月06:00～24:00；10月至次年3月06:00～22:00

丽池公园（**Parque del Buen Retiro**）是马德里最著名的公园，由17世纪菲利普四世下令兴建，园内植物有15000多株。值得一提的是公园中有一座用铁和玻璃建造的玻璃宫，玻璃宫的前面有一小潭，中央还有水花四散但喷的不是很高的喷泉。玻璃宫曾经与委拉斯盖兹宫一起作为皇室成员的娱乐场所，现在两座宫目前都已变成展览馆，每年都有很多游客前来一睹它们的芳容。

Part4 南欧地区 西班牙

3

•马约尔广场•

旅游资讯

Plaza Mayor,s/n,28005 Madrid

乘地铁1、2、3号线在SOL站下车可到

马约尔广场（**Plaza Mayor**）位于马德里最繁华的市中心，长方形包围式的结构，四周被一系列回廊式古老建筑所围绕，9个对外的拱门连接着外面的市区街道。中央竖立着西班牙国王菲利普三世的雕像，正是他指挥修建了这座广场。这里现在是马德里人们休闲娱乐的绝佳场所，千奇百怪的街头艺术汇聚于此，露天餐厅散落在广场周围，是不可错过的游览地之一。

Plaza de España, 28008 Madrid

乘坐地铁3、10号线至Plaza de España站下车可到

西班牙广场（**Piaza de España**）是来到马德里旅游的热门目的地，广场位于格兰大道西端，不远处就是马德里王宫。在广场左侧有马德里塔，塞万提斯纪念碑位于广场中央，而广场右侧则是西班牙大楼。其中最引人注目的是塞万提斯纪念碑，在纪念碑的上方就是塞万提斯像，他右手拿着他的名著《堂·吉诃德》。纪念碑前面的青铜雕像是名著中的主人公堂·吉诃德骑着他的瘦马，以及仆人桑丘骑着毛驴紧随其后。

Plaza de la Independencia, 1,Madrid

乘坐地铁2号线在Retiro站下可到

阿尔卡拉门（**Puerta de Alcalá**）是马德里为人熟知的地标性建筑，是城区仅存的几个古老城门之一。历史上修建这座门花费了9年时间，于1778年完工。阿尔卡拉门为新古典主义风格，用花岗岩建成，整座大门有3个大拱门以及两个小型拱门，每个拱门都用狮子头装饰，这些狮子头由罗伯托·米切尔（Roberto Michel）雕刻，大门的顶端还有一座大型的勇士雕塑装饰。

Part4 南欧地区
西班牙

6 •格兰大道•

旅游资讯

Calle Gran Vía, Madrid

乘坐地铁 1、5 号线至 Gran Vía 站或 3、5 号线至 Callao 站下可到

格兰大道（Gran Via）是一条装饰华丽的高消费阶层购物街，建于 1952 年。在这条街的周边有很多 20 世纪早期欧洲及美洲风格的西班牙传统建筑，这些建筑都有华丽的外观、雄伟壮观的柱廊以及临街的阳台。都会大楼、雪茄博物馆、加里西亚斗牛士小礼拜堂等是街上较著名的建筑物。不要错过看西班牙国家电信总局，它由美国设计师韦克司设计建于 1929 年，是当时马德里第一座摩天大楼。

Part4 南欧地区
西班牙

7 •马德里市政广场•

旅游资讯

Plaza de la Villa, 5,28005 Madrid

乘地铁 1、2、3 号线至 Vodafone Sol 站下车，沿着马约尔街（Calle Mayor）向西大约 300 米可到

马德里市政广场（Plaza de la Villa）是马德里最重要的广场之一，它的面积不算大。在广场中央有菲利佩二世国王的海军大将巴桑的雕像，东侧的卢哈内斯塔楼是市区最古老的民用塔楼，一条狭窄的通道连接了广场南侧的西斯奈罗之家和西侧的马德里市政厅。

巴塞罗那

Part4 南欧地区
西班牙
1
·兰布拉大道·

兰布拉大道（**La Rambla**）是巴塞罗那市中心的一条繁盛的林荫道，是欧洲最著名的林荫大道之一。这条大道也是余秋雨笔下的流浪者大街，云集了来自世界各地的行为艺术家和游客。白天，这里是街头艺术和美食的天堂，午夜钟声敲响之后，这里便成为了巴塞罗那夜生活的游乐场。在这里漫步，一定会让你切身体会到巴塞罗那的多彩与欢乐。

旅游资讯

La Rambla,08002 Barcelona

乘坐地铁3号线到Drassanes、Liceu站下；乘坐14、59、91路公交到La Rambla–Font de Canaletes站下车可到

Part4 南欧地区
西班牙
2
·哥伦布纪念塔·

哥伦布纪念塔（**Monument de Colom**）为万国博览会而建，高塔顶端伫立着意气风发的哥伦布雕像，就是这位深险家为西班牙开启了海上霸权。通过电梯到瞭望台，可以将巴塞罗那港口和兰布拉大道的美景尽收眼底，夕阳西下时，哥伦布纪念碑及周边的景致更为迷人。

旅游资讯

Plaça Portal de la pau,s/n, 08002 Barcelona

乘坐地铁3号线到Drassanes站下车可到

登塔3欧元

3月1日至9月30日08:30～20:30，10月1日至次年2月28日08:30～19:30，其他时间闭馆

•巴塞罗那大教堂•

旅游资讯

Pla de la Seu,s/n,08002 Barcelona

乘坐公交车 17、45、N8、V17 路到 Via Laietana–Pl.Ramon Berenguer 站下可到

@ www.catedralbcn.org

巴塞罗那大教堂（Barcelona Cathedral）是巴塞罗那最富有标志性的建筑之一。教堂兴建于13～15世纪，主体以哥特式风格为主，细长的线条是其主要特色，圆顶和内部结构则显示出新哥特风格。乘坐教堂穹顶边的电梯可以到达教堂顶端，可以俯瞰巴塞罗那老城风光。

•魔幻喷泉•

旅游资讯

Placa de Carles Buigas,Barcelona

乘坐地铁 1、3 号线在 Placa d'Espanya 站下车可到

魔幻喷泉（Font Magica）位于西班牙广场上，以国家宫为背景，是巴塞罗那夜间最值得一看的景观之一。这座喷泉是1929年巴塞罗那世博会工程中的一个项目，世博会结束后，由于要迎接巴塞罗那奥运会的召开，巴塞罗那开始对整个城市进行翻修，其中就有一项是对魔幻喷泉进行翻新的工作。无论冬夏，每个夜晚来临时，巨大梦幻的喷泉表演秀场面令人震撼。

•国家宫•

旅游资讯

Palau NacionalParc de Montjuïc,s/n,08038 Barcelona

乘坐地铁 1 号线到 Ciuta del la Vila Olimpics 站或乘坐地铁 3 号线到 Pl.Espanya 站下可到

周二至周六 10:00～20:00，周日和公共假期 10:00～14:00，每周一休息

@ www.mnac.cat

国家宫（Palau Nacional）建于1929年世界博览会前，国家宫庄严雄伟，有4座钟楼和中央圆穹，分上下两层。这座宫殿有一间金碧辉煌的正厅，一度是达官贵人社交活动的场所，现在是加泰罗尼亚国家艺术博物馆。晚上，大厦前的"神奇喷泉（Fuente Magica）"随音乐舞动，变幻出无限的光与影。

西班牙·旅游资讯

交通

飞机

巴拉哈斯机场

巴拉哈斯机场（Madrid–Barajas Airport，MAD）距离市中心约12公里，有4座航站楼，每座航站楼之间都有特快巴士连接。它是西班牙国内最大的出入境通道，也是伊比利亚半岛和南欧最大的机场。目前，世界各国的大城市均有到达马德里的航班，从中国前往马德里也可在巴黎、阿姆斯特丹、慕尼黑或法兰克福等地转机。

巴拉哈斯机场到市区的交通	
机场快线大巴	经过所有的航站楼，每12～35分钟1班，票价5欧元，直达市中心，然后可步行抵达太阳门广场和阿托查火车站
火车	到达市区可选择近郊火车C–1线，每30分钟一班，只停靠4号航站楼，票价2.5欧元
地铁	每个航站楼都可以乘坐地铁抵达市中心，行程约45分钟，票价5欧元，运营时间为06:00至次日02:00
出租车	到达市区约25～30分钟，票价为30欧元

巴塞罗那–埃尔普拉特机场

巴塞罗那–埃尔普拉特机场（Aeropuerto de Barcelona–El Prat，BCN）是西班牙第二大国际机场，以提供西班牙国内，以及欧洲、北非的国际航线为主。该机场有2个航站楼，T1为新修建的国际航站楼，T2为廉价航空或包机服务所用的航站楼。目前，中国没有飞往巴塞罗那的航班，可在伦敦、伊斯坦布尔、莫斯科、维也纳等地中转。

巴塞罗那－埃尔普拉特机场到市区的交通	
机场巴士	白天每 10 分钟一班，在 T1、T2 号航站楼和加泰罗尼亚广场之间有多站停靠。单程票价为 5.3 欧元
机场轻轨	在机场和市区每天都有轻轨往返，平均每 30 分钟一班，单程约 20 分钟，各班次主要在 06:00 ~ 23:00 运行
地铁	每 30 分钟一班，可达桑兹车站 (Sants Estacio) 和格拉西亚大道，单程票价 2 欧元，如果购买 10 次票，可在 75 分钟内自由换乘地铁、公交车，票价 9.8 欧元。单程票无法换乘，车票可在机场内（除 T1 航站楼）或者香烟贩卖处购买。运营时间 05:42 ~ 23:38
公交车	公交车 46 路每 30 分钟一班往返于机场和市区，运行时间 05:30 ~ 12:45，票价 1.4 欧元；夜班公交车 N17 路每 20 分钟一班往返于加泰罗尼亚广场，票价 1.4 欧元，运营时间 23:10 至次日 04:40
出租车	约 30 分钟到达市区，车费 30 ~ 40 欧元

火车

马德里场

阿托查火车站：是马德里最大的火车站、重要的交通枢纽。主要通往西班牙西部和南部的各大城市。马德里－巴塞罗那段的 AVE 高铁全部从此火车站发车，每天 05:50 ~ 0:15 平均每小时发一班车，单程约 3 小时，单程票价 120 欧元起。

查马丁火车站：是位于马德里市区北部的另一座火车站，这里停靠的是连通西班牙北部的列车以及大部分往返巴黎、苏黎世、米兰等地的国际列车。马德里－巴黎段的火车每天平均发车 4 ~ 6 班，单程需 5 ~ 7 小时不等，单程票价 160 欧元起。

马德里到国内外各大城市的列车信息	
路线	**备注**
马德里—塞维利亚	AVE 高速铁路，整点和半点发车，约 2.5 小时，普通票约 65 ~ 70 欧元
马德里—马拉加	有 Talgo 200 高速列车运行
马德里—巴黎	车次 00407，19:00 出发，次日 08:27 到达
马德里—巴塞罗那	AVE 高速铁路，整点和半点发车，约 2 小时 40 分钟可达，普通票约 100 ~ 120 欧元
马德里—格拉纳达	09214 次列车，07:40 出发，12:16 到达；09234 次，17:05 出发，21:37 到达；普通票约 60 欧元
马德里—阿兰胡埃斯	有草莓列车连接，每年的 4 ~ 10 月运行

巴塞罗那

巴塞罗那是马德里－巴塞罗那铁路和沿地中海海岸线建造的铁路的交汇点，可以乘火车前往巴黎等欧洲其他国家城市。市内共有7个火车站，其中比较重要的是桑兹车站（Sants Estacio）和佛朗莎车站（Estacio de Frnca）。

桑兹车站：大多数国际列车、远距离列车和近郊列车都是在这里出发和到达的。欧洲高速铁路列车AVE在这里停靠，车站外每天还有开往西班牙国内和境外的长途巴士。地铁3号线、5号线，公交巴士27、30、32、43、44、78、109路都可到达此站。

🏠 Pl.Paisos Catalans,s/n,08014 Barcelona

@ www.renfe.es

佛朗莎车站：是往返法国的主要火车站，部分国内线列车亦会停靠此站，前往塔拉戈纳、赫罗纳等地的火车在此乘坐，乘坐地铁4号线到Barceloneta站下车后步行5分钟即可到达。

🏠 Av.Marquès del′ Argentera,s/n,08003 Barcelona

@ www.renfe.es

长途汽车

马德里

马德里有8个规模庞大的国际和城市间长途汽车站。去某一个目的地的长途汽车从哪个车站出发，这些信息可以在游客中心找到。马德里南站位于阿托查火车站南部，乘地铁6号线至Méndez Álvaro 站下车即到。这里有前往阿兰胡埃斯的近郊线路的汽车，也有前往巴塞罗那、格拉纳达等地的长途汽车。此外，前往法国、葡萄牙、摩洛哥等国的国际长途汽车也在这里发车；美洲大道汽车站主要运营开往西班牙北部城市的长途汽车，如圣塞巴斯蒂安、毕尔巴鄂、巴塞罗那等地。

巴塞罗那

巴塞罗那长途汽车北站（Terminal D'Autobusos Nord）除了运营西班牙国内的长途汽车外，还有去往法国等国家的国际列车；乘坐地铁1、3、4号线可到达该车站。具体详情可登录www.barcelonanord.com查询。

轨道交通

马德里

地铁（Metro de Madrid）是马德里最好、最便宜且便捷的交通之一。共有 12 条常规线路以及一条 R 线，按照不同颜色区分。地铁的自动售票机全部为西班牙语和英语的双语售票系统，易于操作。地铁运营时间 06：00 至次日 01：30。

马德里目前有 4 条轻轨（Metro Ligero）线即 ML1、ML2、ML3、ML4，用以补充地铁无法覆盖到的城郊区域，因为马德里当局规定轻轨限速为每小时 70 公里，所以轻轨速度与地铁相比较慢。4 条轻轨线中，ML1 与地铁线路连通较为密切，单程票和 10 次票采用相同的收费系统，可以互相通用；ML2、ML3 的单程票价为 2 欧元，10 次票为 12.2 欧元；ML4 的单程票价为 1.3 欧元，10 次票价为 8.5 欧元。

巴塞罗那

巴塞罗那目前有 11 条地铁线路，以数字命名，按照不同颜色区分开来，覆盖了城市的大部分地区。在所有地铁站的主要入口处，都可以在墙上发现一张地铁图，查询具体站点和线路，同时也可以向售票处的服务人员索要免费的迷你地铁图，以便随身携带查阅。巴塞罗那的地铁单程票无论距离远近，一律为 2 欧元，因为有些地铁站无人售票，只有自动售票机，所以最好在购票前自备零钱。

巴塞罗那的轻轨对游客来说是观赏城市风光最有效的交通方式。全市轻轨共有 6 条线路，分别是覆盖城市西部，被称为 Trambaix 的 T1、T2、T3 线，以及位于市中心，被称为 Trambesos 的 T4、T5、T6 线。Trambaix 和 Trambesos 各自所属的三条线路互相连通，大部分站点运营时间为 05：00 ～ 24：00。

近郊火车

近郊火车（Cercanias）包含以“C”字头命名的多条线路，主要是从马德里市区的火车站向外辐射，通往马德里行政大区周边的小镇，乘客多为本地人。对于游客来说，基本只会用到连通机场和市区的 C-1 线。近郊火车的收费标准按照乘客行程所跨越的地理区域划分，所以行程越长收费越高，具体为2区以内1.6欧元，3区以内1.75欧元，4 区 2.5 欧元，5 区 3.3 欧元，6 区 3.95 欧元，7 区 5.3 欧元。

公交车

马德里

马德里有 200 多条线路的公交车均为国营，车身多采用西班牙国旗的红色或黄色，车头的电子屏会显示所属公交线路和要开往的终点站。需要注意的是，在公交车候车亭的路线图并不会标出某条公交车途径的所有站点，只会标出一些邻近的大站，所以如果不确定在哪里下车的话最好咨询一下司机或其他乘客。运营时间为06:00 ~ 24:00。

巴塞罗那

巴塞罗那超过 80 条的公交线路覆盖城市的大部分地区，对于轨道交通无法到达的区域是一个很好的补充。公交车的车票可与地铁、轻轨的车票通用，采用相同的票价系统。运营时间一般为 04:30 ~ 23:00。如果选择在夜间出行，在市中心的主要区域还可

以乘坐夜间巴士（Autobus nocturno），夜间巴士均会在加泰罗尼亚广场停靠，一般会从 20:40 至次日 06:00 运行。

观光巴士

在马德里，从每天 10:00 到日落时分，可以乘坐名为 Go Madrid 的双层观光巴士出行。观光巴士分为蓝色车身的现代马德里（Modern Madrid）线以及红色车身的古典马德里（Historical Madrid）线，前者途经马德里的现代化市区和商业中心，后者则会让乘客欣赏到太阳门广场、马德里王宫等古老建筑。

观光巴士全程约 75 分钟，每 20 分钟发一班车。车票分为 1 天 17.5 欧元和 2 天 22 欧元两种，持票乘客可以选择在任意站点上下车，并在票面所属天数内无限次乘车。车票可在部分旅行社、宾馆或观光巴士上直接购买，巴士起点位于普拉多博物馆和丽兹酒店之间 Felipe IV 大道上。

自行车

马德里

在马德里也可选择骑自行车游览。老城中心的几条街已经转变成混合交通方式，步行者和骑自行车的人比机动车优先。沿河还有新的自行车道，能够连接主要的公园。

巴塞罗那

在巴塞罗那的海滨或市中心骑行也是一种不错的观光方式，巴塞罗那有多家自行车租赁公司，在市区拥有各自的提车点，均提供基本的单人车、折叠车等车型，部分公司还提供双人自行车。一辆普通的单人车租车均价为 4 小时 10 欧元起，包含头盔和车锁。

美食

马德里餐厅推荐

La Barraca Restaurant

Calle de la Reina,29,28004 Madrid

091-5327154

@www.labarraca.es

La Barraca Restaurant 是马德里比较有名的海鲜饭餐馆，餐厅的装修比较古朴，吸引人的是墙上挂满了漂亮而精致的盘子。不过这家店有个奇怪的规矩就是海鲜饭是按份卖的，至少两个人才可以点餐。主要推荐他们家各式各样的海鲜饭，非常美味。

Casa Ciriaco

Calle Mayor,84,28013 Madrid

091-5480620

Casa Ciriaco 一直保持着创业之初的样貌，装修风格典雅，以西班牙家常菜为主。推荐这里用特制的调味汁煮的鸡肉，也有套餐可以选择。

巴塞罗那餐厅推荐

El Xampanyet

Carrer de Montcada,22,Barcelona

093-3197003

乘坐地铁 4 号线到 Jaume 站下可到

周二至周六 12:00 ~ 16:00，19:00 ~ 23:30；周日 12:00 ~ 16:00

“Xampanyet“是西班牙当地的一种气泡酒，类似香槟。这间小酒馆就是以这种酒的名称命名的，迄今为止已有 70 多年历史，这间家族经营的小酒馆总是很拥挤，即便是站着，客人们也都很满足地享用着这里的招牌酒 Xampanyet 和一碟碟下酒菜。每盘下酒菜（Tapas）的菜量都不大，店内没有菜单，想吃什么去吧台那里点。店里不接受订位，想要品尝店里的各种酒和 Tapas，只能早早来等开门了。

松鹤楼

Carrer de Muntaner,66,08011 Barcelona

093-4538303

乘坐地铁 1、2 号线至 Universitat 站下车可到

周一至周日 12:30 ~ 16:00，19:30 ~ 23:00，周日晚上休息

松鹤楼（Restaurante SON-HAO）是一对台湾夫妇经营的小餐馆，是大家一致认为的最正宗的中餐厅，菜色也非常新鲜。还可以根据你的口味提出要求，例如不添加味精之类的小要求。而且这家餐厅的菜单是中文的，推荐他们家的红烧狮子头、香酥排骨、辣虾等。

住宿

马德里住宿地推荐				
名称	地址	电话	网址	参考价格
InterContinental Madrid	Paseo de la Castellana, 49,28046 Madrid	091–7007300	www.ihg.com	170 欧元
Vincci Capitol Hotel	Calle Gran Vía,41, 28013 Madrid	091–5218391	www.vinccicapitol.com	125 欧元
AC Hotel Cuzco	Paseo de la Castellana, 133,28046 Madrid	091–5560600	www.marriott.com	92 欧元
Hotel NH Madrid Las Tablas	Av.de Burgos, 131, 28050 Madrid	091–7186999	www.nh-hoteles.es	65 欧元

巴塞罗那住宿地推荐				
名称	地址	电话	网址	参考价格
Hotel España	Carrer de Sant Pau,9–11,08001 Barcelona	093–5500000	www.hotelespanya.com	230 欧元
Hotel Catalonia Sagrada Familia	Calle Aragón,569 bis,08026 Barcelona	093–2458905	www.cataloniasagradafamilia.com	130 欧元
Hostal Lausanne	Av.Portal del Angel, 24,08002 Barcelona	093–3021139	www.hostalresidencialausanne.com	73 欧元
Acacia Premium Suite Barcelona	Carrer del Comte d'Urgell,194,08036 Barcelona	093–4540737	www.acaciasuite.com	58 欧元

购物

马德里购物地推荐			
名称	地址	网址	营业时间
皇家马德里专卖店	C. Gran Vía,31 Madrid	www.realmadrid.com	周一至周六 10:00 ~ 21:00，周日 11:00 ~ 20:00
Diedro	Calle de Sagasta, 17,28004 Madrid	www.diedro.com	周一至周六 10:00 ~ 22:00，周日 12:00 ~ 22:00
El Flamenco Vive	Calle Conde de Lemos,7,28013 Madrid	www.elflamencovive.com	周一至周六 10:00 ~ 14:00、17:00 ~ 21:00
Oysho	Calle de las Carretas, 27,28012 Madrid	www.oysho.com	周一至周六 10:00 ~ 20:30
Casa del Libro	Gran Vía,29,28013 Madrid	www.casadellibro.com	周一至周六 09:30 ~ 21:30；周日 11:00 ~ 21:00
Camper	Calle de Serrano, 24,28002 Madrid	www.camper.com	周一至周六 08:00 ~ 20:30

巴塞罗那购物地推荐			
名称	地址	交通	营业时间
Corte Inglés	Plaça de Catalunya, 14,08002 Barcelona	乘坐公交车 58、N4、N5 路在 Pl. de Catalunya 站下车可到	09:00 ~ 22:00
Zara	Carrer de Pelai,58,08001 Barcelona	乘坐公交车 N9、N12、N15 路在 La Rambla–Font de Canaletes 站下车可到	周一至周六 10:00 ~ 21:30
Loewe	Passeig de Gràcia, 35,08008 Barcelona	乘坐公交车 7、22、24 路在 Pg de Gr à cia–Gran Via 站下车可到	周一至周六 10:00 ~ 20:30
Lefties	Carrer de Pelai,2,08001 Barcelona	乘坐公交车 H14 路在 Pla de Palau–Av. Marqu è s de l'Argentera 站下车可到	周一至周六 10:00 ~ 21:30

零元游西班牙周边

· 西班牙→葡萄牙

葡萄牙（**Portngal**）邻近大西洋，位于欧亚大陆之尽头，延续了古老的欧洲帝国风情。或许只有在这里温适的气候中，在静谧的海港边，在浓烈的葡萄酒香味中，在有些拥挤的街道中，你才会猛然感受到或许它才是真正的欧洲，这就是葡萄牙所带来的新奇感受。饮一杯酒，吃一盘海鲜，在纯净的大海、蓝色的天空，享受着伊比利亚半岛的悠闲。

前往葡萄牙

从西班牙前往葡萄牙的交通十分便利，可选择乘火车、飞机或是长途汽车。从马德里机场乘飞机前往里斯本机场只需 1 小时 15 分钟，非常便捷；火车和长途汽车比较慢，耗费时间，具体详情可登录 www.renfe.es（火车）、www.skyscanner.com（飞机）和 www.alsa.es（长途汽车）查询。

尖石宫（Casa dos Bicos）是一座历史建筑，样式与众不同，沧桑的外形与表面非常现代的尖锥状装饰显得有点格格不入。1755 年里斯本大地震导致尖石宫大面积损毁，只有最下面的两层逃过劫难。20 世纪 80 年代，尖石宫得到修复和部分重建。上面的建筑是按照原先的版图进行了重建，三层重现了文艺复新式凉廊和曼努埃尔式窗户。尖石宫内部并不会时常向公众开放，它只会在举办一些特别的活动时才会对外开放。不过，它最大的特点就在于它的外形，游客在外部游览这座颇具特点的建筑还是值得的。

Part4 南欧地区
西班牙周边

1

·尖石宫·

旅游资讯

Rua dos Bacalhoeiros, 1100–135 Lisboa

乘坐公交车 25E、28、210、706、781 路在 Terreiro Paço 站下可到

“四二五”大桥是欧洲第一长的吊桥，它是里斯本城市的象征，也是葡萄牙的骄傲。它拥有美丽的红色外形，整体与美国旧金山的金门大桥几乎是姊妹般相似。当地有这么一句话，到了里斯本不去“四二五”大桥就不算去过里斯本。这座始建于 1962 年 11 月的大桥，为钢结构斜拉式悬索大桥，桥面分上下两层，上层为公路桥，原为双向四车道，后改成为五车道，现有六车道。下层为铁路桥，长期未使用，直到 1999 年 7 月才通火车。

Part4 南欧地区
西班牙周边

2

·“四二五”大桥·

旅游资讯

Ponte 25 de Abril, Lisboa

乘坐 72 路公交车在 Doca De Alcântara 站下可到

Part4 南欧地区 西班牙周边

3 ·贝伦文化中心·

旅游资讯

undação Centro Cultural de Belém, Praça do Império, 1449-003 Lisboa

乘坐15路电车到Centro Cultural de Belém站，从Belém-Jerónimos站步行过去也不远

周一至周五08:00～20:00，周六和节假日10:00～18:00，周日和圣诞节休息

贝伦文化中心（Centro Cultural de Belém）位于贝伦塔和大发现纪念塔之间的路北侧，帝国广场西侧。它是葡萄牙最大的文化传播中心，由一组立方几何图形构成的现代建筑，与周围的历史建筑呈现出鲜明有趣的对比，集展览、会议、演出等多种功能于一体。贝拉尔多收藏博物馆设立于此，展品包括了毕加索、达利、杜善、马格利特和安迪·沃霍尔等各大艺术家的作品，还有很多欧洲及葡萄牙本土的著名艺术家和新锐艺术家作品。

Part4 南欧地区 西班牙周边

4 ·自由大道·

旅游资讯

Avenida da Liberdade, 1250-096 Lisboa

乘坐地铁Azul线在Avenida站下可到

自由大道（Av.da Liberdade）是里斯本最繁华的街道，被称为里斯本的“香榭丽舍大道”。大街两旁是著名的商店、银行、航空公司、电影院、纪念品商店、餐馆和咖啡屋等。这里是体现城市现代化的缩影，在这里购物、吃饭是来里斯本必做的功课，随处可见的餐厅供应着葡萄牙的特色菜以及各类海鲜。这里的每家商店和餐厅，总是门庭若市、人流如潮。自由大街连接着重建者广场和庞巴尔侯爵广场（Praca Marques dePombal），大道尽头则是里斯本最大的绿地爱德华七世公园。

爱德华七世公园（**Parque Eduardo VII**）是市区最大的绿地。依山丘而建，整个高地满铺大理石，山顶有一个大理石喷泉，还有半段残墙和几方古朴的石柱，这是雕塑家 Cutileiro 的一组大型雕塑作品，雕塑的内容是阳元，主题是为了纪念 1974 年那一场由军人发动的革命运动。1903 年，英皇爱德华七世出访葡萄牙，这是他登上王位后的第一次出国访问，此公园的命名和修建就是为了纪念这次出访。站在这个高地上，视野特别开阔。公园西北为 Estufa Fria 植物园，有若干热带植物玻璃房、红鹤池和各种棕榈树。

旅游资讯

Parque Eduardo VII, 1070–051 Lisboa

乘地铁 Azul 线在 Parque 站下可到

Part 5 东欧地区

无需门票，体验俄罗斯"心"玩法

1·旅游信息咨询中心助你玩·

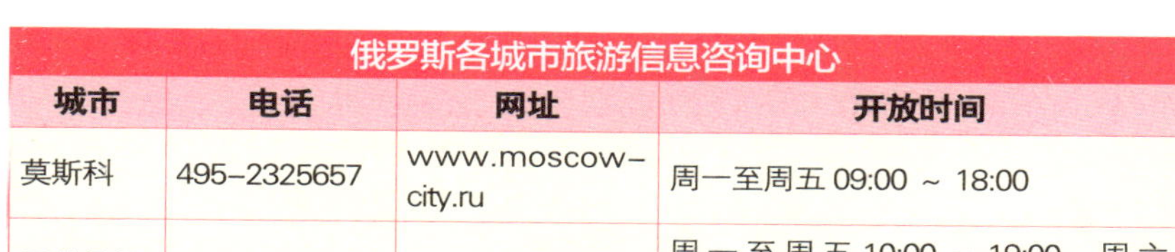

俄罗斯各城市旅游信息咨询中心			
城市	电话	网址	开放时间
莫斯科	495-2325657	www.moscow-city.ru	周一至周五 09:00 ~ 18:00
圣彼得堡	812-3102822	www.ispb.info	周一至周五 10:00 ~ 19:00，周六 12:00 ~ 18:00

2·遇上庆典别错过·

俄罗斯各城市每月都有很多不同的节日庆典，其中包括全俄罗斯普天同庆的国家节日，也会有莫斯科、圣彼得堡等自己城市的一些非官方的庆典，或许是因为莫斯科是首都，不管是什么样的节日，总是有很多人

前来参加，每次都是异常的热闹，在这一天所有来参加庆典的人都会把自己打扮得非常漂亮。而圣彼得堡独特节庆期间也会举行各种大大小小庆典活动，有的甚至还会通宵，整个城市沉浸在一片欢快、喜悦的氛围中。

俄罗斯各地民俗节庆活动			
名称	时间	举办地点	简介
东正教圣诞节	1月7日	各个教堂，大街小巷	这个圣诞节是专属于所有信仰东正教的俄罗斯人，每到这一天，莫斯科大大小小的教堂都会举行各种宗教活动和民俗活动
胜利日	5月9日	红场广场	莫斯科每年的胜利日当天都会分为三大主题来庆祝：老兵庆祝、阅兵仪式、狂欢庆典，这一天对于俄罗斯人来说，是印象最深刻，最值得期待的一天
圣彼得堡博物馆之夜	5月18日	圣彼得堡全市	圣彼得堡有博物馆城之称，每年的5月17日晚上至18日的凌晨，圣彼得堡将会有80多家博物馆进行通宵开放，届时会有很多的年轻男女出来游玩
圣彼得堡建立日	5月27日	涅瓦大街	这一天是圣彼得堡的“生日”，每年这一天涅瓦大街上都会举行盛大的游行，游行结束后还会有很多大大小小的庆典活动
诗歌节	6月6日	普希金广场	这一节日是为了纪念俄罗斯伟大的诗人普希金，这一天全国各地都在用各自不同的方式举行纪念活动
圣彼得堡白昼夜	6月21日	—	圣彼得堡是世界上少数有着“白夜”的城市，白昼夜相当于圣彼得堡的夏至日，在这一天，圣彼得堡将会出现23小时的白昼，就连剩下的1个小时天边也会挂着余晖
红帆节	6月23日	涅瓦河	红帆节是圣彼得堡的特有节日，为庆祝高中生的毕业而设立，这一天涅瓦河上会出现很多红色的帆船，晚上还会有很多各种表演

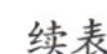

续表

名称	时间	举办地点	简介
俄罗斯国际军乐节	8～9月	红场	俄罗斯国际军乐节是世界三大军乐节之一，莫斯科城市每年都会邀请俄罗斯和各国的军乐团举行演出游行，活动持续1周
城市日	每年9月的第一个双休日	红场	莫斯科城市日是为纪念莫斯科城市的建立，由俄罗斯政府规定的，每年的这天，莫斯科城市内就会举行数千场丰富多彩的庆祝活动，无数的人们聚到一起为莫斯科庆祝“生日”
十月革命节	11月7日	红场	每到这一天莫斯科红场就会人潮如流，很多群众团体会组织游行，庆祝活动，有的平常百姓还会在家里举办节日宴席

3 · 不要门票怎样能玩 High ·

不花 1 分钱 游览莫斯科景点线路

红场：俄罗斯标志性建筑和历史的见证，被俄罗斯人称为“莫斯科的心脏”

沿着红场步行约 3 分钟

列宁墓：位于红场西侧，是莫斯科标志性地点，在这参观不得拍照

步行约 10 分钟

亚历山大花园：是莫斯科人休息游玩最喜欢去的场所之一，喷泉、雕塑随处可见

步行约 5 分钟

无名烈士墓：就在亚历山大花园内，墓前的火炬一直燃烧，意义非凡

零元游俄罗斯

莫斯科

1 ·红场·

红场（**Красная площадь**）是莫斯科市中心最著名、最古老的广场，被俄罗斯人民称作是“莫斯科的心脏”，也是俄罗斯人们的骄傲。红场南面是同样蜚声国际的圣瓦西里大教堂，西面是克里姆林宫，东面为古姆国立百货商店，而北面是非常典雅

旅游资讯

Московский городской центр

495–6235527（列宁墓）

乘坐地铁3号线至革命广场站（Площадь Революции）下车，向西南方步行2分钟即可

10:00 ~ 13:00，周一、周五不开放（列宁墓）

@ www.lenin.ru（列宁墓）

的红砖建筑俄罗斯国家历史博物馆，博物馆背向红场的一侧，矗立着《莫斯科保卫战》功勋元帅朱可夫元帅骑像，而列宁墓就位于靠克里姆林宫宫墙一面的中部，墓上为检阅台，两旁为观礼台，附近有士兵站岗。

列宁墓（Мавзолей Ленина）是由红色的花岗石与黑色的大理石所建成。墓中的水晶棺内安放着列宁的遗体，脸和手都由特制的灯光照着，清晰而安详。瞻仰完列宁后，还可去后面参观克里姆林宫城墙下的名人墓（некро поль），那里除了埋葬着布尔什维克的各位领袖以及朱可夫等一代名将外，高尔基、加加林和约翰·里德也都埋葬于此。

Part5 东欧地区

俄罗斯

2

·普希金广场·

普希金广场（**Пушкинская площадь**）旧称苦行广场，因旧时广场上建有苦行修道院而得此名。有人说：“如果红场是莫斯科的心脏，那么普希金广场就是莫斯科的灵魂。”广场上耸立着 4 米多高的普希金青铜纪念像，1937 年俄国为纪念普希金逝世 100 周年，苦行广场被当时苏联政府改名为普希金广场。普希金广场上有一个小花园，花园中有花岗石台阶、红色大理石喷泉、饰灯等，景色十分优美。

旅游资讯

Пушкинская площадь,Москва

乘坐地铁 2 号线至特维尔站（Тверская）下车

亚历山大公园（**Александровский сад**）是一个长方形公园，它是由三个不同的园林组成，这里是莫斯科人们休息游玩最喜欢去的场所之一。这座公园是由 Osip Bove 在拿破仑战争之后，修复被毁坏的城市之时设计建造的。现在修建的马涅什地下商场和广场与花园浑然一体，喷泉、雕塑随处都可看到。

无名烈士墓（**Могила неизвестного солдата**）建成于 1962 年，伟大卫国战争胜利纪念日的前夕。正面朝北、东西走向的深红色大理石陵墓上，它的墓前有一颗凹凸的五角星状的火炬，火炬中央喷出的火焰从建成时一直燃烧至今，从未熄灭过，它象征着烈士的精神永远光照人间，其历史意义非常之重大。陵墓稍靠西侧陈设着钢盔和军旗的青铜雕塑，这些雕塑造型简洁明快，蕴意肃穆深长。

旅游资讯

Рядом с Московского Кремля

乘坐地铁红线至列宁图书馆站（Библиотека имени Ленина）或搭乘地铁浅蓝线至亚历山大花园站（Александровский Сад）下车，再步行约 15 分钟可到

@ www.igraemsvadbu.com

不要门票也能 High

1. 在无名烈士墓的西侧排列着 12 座长方形的花岗岩标志物，这些标志物上被逐一刻着在卫国战争中的 12 座英雄城市，也是非常有参观意义。

2. 每隔 1 小时就会有一次的换岗仪式对于来参观无名烈士墓的人来讲，可以算是最富有意义、最难以忘怀了，整个换岗仪式非常庄重。

Part5 东欧地区
俄罗斯

4

•救世主大教堂•

旅游资讯

Улица Волх-онка, 15, Москва

495–6371276

乘坐地铁1号线至克鲁泡特金站（Кропоткинская）下车

10:00 ~ 17:00

@ www.xxc.ru

救世主大教堂（**Храм Христа Спасителя**）是世界上最高的东正教教堂，也是最大的东正教教堂之一。救世主大教堂是在 1812 年 12 月 25 日由沙皇亚历山大一世下令修建的，经历 50 年才建造完成，其目的是为了感谢救世主基督“将俄罗斯从失败中拯救出来，使她避免蒙羞”，并纪念在战争中牺牲的俄罗斯人民。进入到救世主大教堂，会感觉有一种严肃而高雅的气氛弥漫而来，让人不自觉地会有一种发自内心的虔诚，不禁生发出一种敬畏之感。

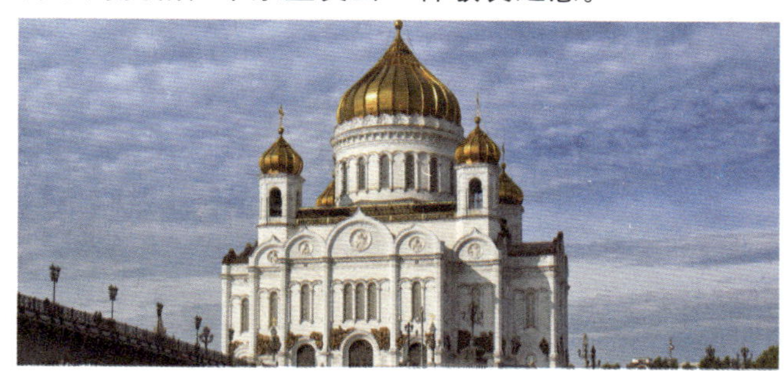

Part5 东欧地区
俄罗斯

5

•喀山大教堂•

旅游资讯

Рождественка, 20/10,Москва

495–6982701

乘坐地铁3号线至革命广场站（Площ-адьРеволюции）下车

09:00 ~ 18:00

@ www.kazanski–sobor.ru

喀山大教堂（**Казанский собор**）是莫斯科最重要的东正教教堂之一，建于 1612 年，为纪念击退波兰军队而建造，1936 年苏联政府下令拆毁，目前的建筑是 1993 年仿照原来的教堂所建造。教堂的墙面红、白、绿三色相间，配上金色圆顶十分抢眼。

圣彼得堡

青铜骑士像（**Медный всадник**）又名彼得大帝青铜像，建于 1782 年 8 月 7 日，是俄罗斯最早的一座雕像，也是圣彼得堡的象征。青铜骑士像由著名雕塑家法尔科内创作，是叶卡捷琳娜女皇为纪念彼得大帝而下令建造的，雕刻工作经历了 12 年之久，其底座更是花费了长达 5 个月时间才运来的一整块 40 吨重的花岗岩，基座上刻有“叶卡捷林娜二世纪念彼得大帝一世于 1782 年 8 月”。

Part5 东欧地区 俄罗斯

1 ·青铜骑士像·

旅游资讯

Сенатская площадь,Санкт-Петербург

乘坐地铁 5 号线至海军部站（Адмиралтейская），再向西步行约 10 分钟可到

不要门票也能 High

青铜骑士像位于圣彼得堡的十二月党人广场上，在广场上可以随意地拍摄各种不同风格的教堂，如果拍摄累了，还可以舒服地躺在草坪上休息。

Part5 东欧地区 俄罗斯

2 ·夏园·

旅游资讯

Набережная Кутузова,2,Санкт-Петербург

乘坐地铁3号线至商业中心站（Гостиный Двор）**下车，出站后经右侧地下通道过马路，往北直行过桥，右边就是**

5～9月10:00～22:00，10月至次年5月10:00～20:00

@ **www.saint-petersburg.com**

夏园（**Летний сад**）是1704年由彼得大帝下令建造，为俄罗斯最早布局规整的漂亮花园，也是圣彼得堡的第一座花园，现为圣彼得堡最漂亮的地方之一。在夏园的正门入口处有一个巨大的池塘，夏季和秋季会放养美丽的天鹅；池塘后方的林荫道两旁排列着众多的雕像，虽然只是幸存雕像的复制品，但依旧和美丽的夏园相衬托。

Part5 东欧地区 俄罗斯

3 ·圣彼得堡艺术广场·

旅游资讯

Инженерная ул,Санкт-Петер-бург

乘坐地铁2号线至涅瓦大街站（Невский проспект），**向北步行约10分钟可到**

圣彼得堡艺术广场（**Санкт-Петербург Искусство Плаза**）是1957年由意大利建筑师罗西·卡罗（Carlo Rossi）设计建造。在广场的中央矗立着一尊普希金的雕像，在广场周围，用文字、美术、音乐等形式，烘托出非常浓厚的艺术氛围，广场也因此而得名。广场对面是米哈伊洛夫城堡，右边是俄罗斯民俗博物馆，右后方则是圣彼得堡爱乐交响乐团大厅。

冬宫桥（**Дворцовый Мост**）连通着圣彼得堡本土中心地区与瓦西里岛，是圣彼得堡最复杂的一座桥梁，它的设计既迎合了城市中心的老式建筑群，又保持了城市的文化象征。每到涅瓦河通航的季节，冬宫桥在夜间会被缓缓地“绽放”开来，场景非常迷人，因此冬宫桥的开桥成为了圣彼得堡一道美丽的奇观，也是这座城市的标志之一。

旅游资讯

Санкт-Пете-рбург, Дворцовый мост

乘坐地铁5号线至海军部站（Адмиралтейская）**或2号线至涅瓦大街站**（Невский проспект）**下车**

圣彼得堡战神广场（**Мар-сово поле**）又名马尔索沃教场，是圣彼得堡最古老最美丽的广场之一，也是市中心一处闹中取静的宽阔空间。广场的规模是逐渐形成的，建筑工程的高峰是在19世纪20年代。20世纪时的阅兵式在这里举行，用以纪念俄罗斯1917年的革命以及在随后的内战中牺牲的人们，有一簇永恒之火作为阅兵式的一部分在广场中央点燃，并供人参观。

旅游资讯

территория Марсово Поле, 3,город Санкт-Петербург,Россия

812–3150275

乘坐5号线至海军部站（Адмиралтейская）**下车，出站后向北步行约10分钟即到**

俄罗斯·旅游资讯

交通

飞机

谢列梅捷沃国际机场

谢列梅捷沃国际机场（Sheremetyevo International Airport，SVO）位于莫斯科西北部 28 公里处，是俄罗斯最大、最著名的机场。这里有俄罗斯境内来往世界各地的航班，也是中国前往俄罗斯降落最频繁的机场。

谢列梅捷沃国际机场到市区的交通	
机场快线	乘坐便捷的机场快线可到达市内的特维尔哨卡广场，运行时间 05:30 至次日 00:30，每半小时 1 班，全程约 35 分钟，单程票价为 470 卢布
地铁	从机场出来后可以乘坐地铁到市区，机场附近有 2 个地铁站，分别为河运地铁站（Rechnoy Vokzal）和滑翔机地铁站（Planernaya）
公交车	在机场的河运地铁站 (Rechnoy Vokzal) 乘坐 851 路、949 路，在滑翔机地铁站 (Planernaya) 乘坐 817 路、948 路，在列宁大道地铁站 (Leninsky Prospekt) 乘坐夜班公交 H1 路等公交车可到达市区，每 20 分钟一班，票价 30 卢布
出租车	一走出机场就会看见出租车司机拉客。如果是多人旅行，且行李较多，乘坐出租车前往市区比较划算。有些出租车司机可能会要价高一些，可以在上车前和他讲好价格

普尔科沃机场

普尔科沃机场（Pulkovo Airport）位于圣彼得堡市区南部 17 公里处。机场有 2 个航站楼，1 号航站楼主要是国内航班、一些国际包机和廉航航班，2 号航站楼为国际航班。两座航站楼之间距离较远，可乘坐免费穿梭巴士往返两个航站站间，行车时间约 15 分钟。目前从国内北京乘坐海南航空和西伯利亚航空可直飞圣彼得堡，如果从其他城市出发，需转机。

普尔科沃机场到市区的交通	
机场巴士	这里有很多固定线路的巴士往返于机场和各站点间，价格 16 ~ 22 卢布
公交车	在 1 号航站楼前面有一个公共汽车站，可在这里乘坐 39、39A、K39 等路公交车前往市区，其中 K39 路可到起义广场；从 2 号航站楼可以乘坐 K3、K13、K113 路公交车，其中 K13、K113 路以莫斯科站为终点，K3 路经过莫斯科车站，以干草广场为终点站。抵达莫斯科车站约 15 分钟，费用 12 ~ 15 卢布
出租车	从机场出来坐出租车到市中心价格为 730 ~ 1000 卢布，但停在机场停车场的出租车统一要价是 1800 卢布，可以在上车之前和司机讲价，一般情况下可以讲到 1400 卢布左右

莫斯科各火车站信息			
名称	电话	交通	主要前往地区
白俄罗斯火车站	495-2516093/2660300	地铁 Belorus-skaya 站下	发往斯摩棱斯克、明斯克、加里宁格勒的列车，也有前往白俄罗斯布雷斯特、维尔纽斯、华沙、柏林和其他中北欧城市的火车班次
萨维奥洛夫火车站	495-9738482	地铁 Savyolov-skaya 站下	只有市郊往返列车，开往北部郊区等地
里加火车站	495-2660596	地铁 Rizhskaya 站下	比较小，只有开往里加和拉脱维亚其他城市的列车
库尔斯克火车站	495-9162003	地铁 Kursk-aya 或 Chkalov-skaya 站下	东南支线开往弗拉基米尔和下诺夫哥罗德；大多数列车开往南方，经过图拉、奥缪尔、库尔斯克以及乌克兰东部直到黑海，包括阿德勒、索契、克里木半岛以及高加索
帕韦列茨车站	495-9162003	地铁 Pavelet-skaya 站下	开往沃罗涅什、阿斯特拉韩以及其他南部地区
基辅火车站	495-2401115	地铁 Kievskaya 站下	开往基辅以及其他乌克兰中南部城市，以及南欧其他城市，例如布达佩斯、萨格勒布以及索菲亚
列宁格勒火车站	495-2629143	地铁 Komsom-olskaya 站下	开往诺夫哥罗德、普斯科夫、圣彼得堡、彼得罗扎沃茨克、摩尔曼斯克、塔林和赫尔辛基
雅罗斯拉夫尔火车站	495-9215914	地铁 Komso-molskaya 站下	开往 Rostov Veliki、谢尔盖耶夫颇沙德、雅罗斯拉夫尔等地，主要作为跨越西伯利亚铁路的线路，开往西伯利亚、俄属远东地区、蒙古和中国
喀山火车站	495-2646556	地铁 Komso-molskaya 站下	开往下诺夫哥罗德、喀山、哈萨克斯坦、乌里扬诺夫斯克 (Ulyanovsk) 和乌兹别克斯坦

圣彼得堡各火车站信息			
站名	网址 / 电话	交通	主要前往地区
莫斯科火车站	www.moskovsky-vokzal.ru	地铁 Pl Vosstaniya 站下	莫斯科、西伯利亚、克里米亚和高加索
芬兰火车站	812-7687687	地铁 Pl Lenina 站下	赫尔辛基、列宾诺（荷兰湾的一个小地方）方面的近郊电车也从这里出发和到达
拉多加火车站	812-7685304	地铁 Ladozhskaya 站下	赫尔辛基、摩尔曼斯克、彼得罗扎克茨克
维捷布斯克火车站	www.orgp.ru	地铁 Pushkinskaya 站下	波罗的海诸国、东欧、乌克兰以及白俄罗斯
波罗的海火车站	812-7682859	地铁 Baltiyskaya 站下	近郊电车在这里出发和到达

从圣彼得堡出发的主要列车信息				
火车站	火车列次	出发地→到达地	发车时间	抵达时间
莫斯科车站	001	圣彼得堡→莫斯科	23:55	次日 07:55
	053	圣彼得堡→莫斯科（大型快车）	23:47	次日 08:30
	165	圣彼得堡→莫斯科（周一、周三、周五）	07:08	11:40
	079	圣彼得堡→伏尔加格勒	19:01	第三日 06:35
维捷布斯克车站	053	圣彼得堡→基辅	21:11	次日 20:15
	051	圣彼得堡→明斯克	19:09	次日 09:17
	038	圣彼得堡→里加	21:46	次日 09:55
拉多加车站	022	圣彼得堡→摩尔曼斯克	17:50	次日 22:04
	658	圣彼得堡→彼得罗扎沃茨克	22:13	次日 06:50
	034	圣彼得堡→赫尔辛基（列宾号）	07:28	12:28

莫斯科

莫斯科的长途汽车，可运行于莫斯科及其周边城市中。从莫斯科可以乘坐班车开往波兰、德国、奥地利、比利时、丹麦、瑞典、意大利、法国以及其他一些欧洲国家。这些长途汽车，行速快，拥挤，价格和火车的二等车厢差不多。莫斯科中央长途汽车站（Moscow Central Bus Terminal）是莫斯科的主要车站，邻近

Shchyolkovsky 地铁站。想要预订长途汽车票，可以到长途汽车站预订，不过等候买票的人很多，特别是周末会非常拥挤。如果是乘坐没有运行时间表、车满员即发车的长途汽车，一般是不能预订车票的。

圣彼得堡

从圣彼得堡可乘坐长途汽车到达国内及周边主要城市，每天都有往返于圣彼得堡和芬兰首都赫尔辛基的长途客车，乘坐方便快捷。圣彼得堡长途客运汽车公司开通了到达芬兰、白俄罗斯、立陶宛、爱沙尼亚和拉脱维亚等国的国际长途客运班线，及开往莫斯科等国内各主要城市的班线。

圣彼得堡长途汽车站相关信息

名称	交通	网址／运营时间	主要前往地区
圣彼得堡市汽车站	乘地铁紫线至 Обводный Канал 站，出站后沿河边右手方向步行约 200 米即可到达	www.avokzal.ru	维堡、诺夫哥罗德、普斯科夫、北部地区以及爱沙尼亚的塔林
北方汽车站	乘地铁红线至 Девяткино 站，出站对面就是	06:30 ~ 22:00	普利奥焦尔斯克、维堡、普利莫尔斯克
圣彼得堡豪华特快夜班巴士	—	www.luxexpress.eu	爱沙尼亚、拉脱维亚、立陶宛、白俄罗斯和乌克兰

地铁

莫斯科

地铁是莫斯科最简单、快捷的交通工具。莫斯科地铁一直被公认为是世界上最漂亮的地铁，地铁站的建筑造型各异、华丽典雅，享有“地下的艺术殿堂”之美称。在莫斯科所有的地铁站中，有几个可以说是不能错过的：基辅站（5 号线）、和平大街站（5 号线）、文化公园站（5 号线）、革命广场站（3 号线）、马雅可夫斯基站（2 号线）、白俄罗斯地铁站（5 号线）等。地铁由市中心放射延伸，呈辐射状和环状。巨大的地下交通网连接着莫斯科的各个主要公共场所，大多数标志性建筑都有地铁站。走在莫斯科街头，你会看到一个个醒目的红色“M”标记，这就是遍及全城的地铁站。地铁营运时间为 05:30 至次日 01:00。

圣彼得堡

圣彼得堡共有 5 条地铁线路运营，效率非常高。地铁在白天运营时 2 ~ 3 分钟一班，晚上 5 分钟一班，上下班高峰时 20 秒就有一列车进站。地铁车站还设有电子钟，显示地铁两列车进站、离站间隔的时间。在地铁站内，候车站台的对面墙上（铁轨内侧墙上）有一个浮雕箭头，箭头指向为列车前进的方向，箭身被分成好多段，每段都按序代表一个车站，上面写有车站名，箭尾的一段则是本车站。离终点站越近，段数也就越少。圣彼得堡地铁官方网站：metro.spb.ru。

公交车

莫斯科

莫斯科的公交车分为普通巴士、小巴、有轨电车和无轨电车，巴士的标志为“A”，小巴的标志为“M”，有轨电车标志为“TM”，无轨电车标志为“TB”，这几个都各自有自己的标志加号码，但路线可能完全不同，需要在乘坐时加以区分。相对于地铁来说，莫斯科的公交系统又慢又堵，但乘坐公交车穿梭于大街小巷，可以亲近莫斯科本地人的生活，欣赏沿途优美的风景。

圣彼得堡

圣彼得堡市内的公交线路指示明确，凡在同一条道路上行驶的车辆，它们的站牌是组合在一起的。如果在前面要转向前一条道路行驶的，站牌则分开置放。因此，只要看一个站牌，就能知道这组线路车辆都能到达下一个站点。

美食

莫斯科餐厅推荐

谢尔盖餐馆

Камергерский переулок,3а

795—2295793

乘坐地铁 2 号线至剧院站（Театральная）下车

谢尔盖餐馆（Сергей Рестораны）位于卡梅尔格尔胡同，在莫斯科艺术剧院新馆附近。餐馆里面挂着许多艺术剧院的照片，环境优雅。这里主要以俄罗斯菜肴为主，酒的品种也很丰富。这里备有英语菜单，便于外国游客就餐。夏天时还在外面设有餐位，在此就餐只点饮料和甜点也可以。

Мясницкая ул 14 Басманный
495—6234503
@ www.cafemumu.ru

Moo—Moo 是莫斯科一家相当普及的经济型餐馆，遍布莫斯科各区，以奶牛为其 logo，对旅行者来说相当容易辨认。餐厅为半自助式，食物和菜肴摆在开放式餐桌上，进去后拿一托盘即可开始点餐，不通俄语的旅行者也可以轻松应对。点餐顺序为色拉、汤、主菜、配菜、甜点和饮料酒水，一些较大的 Mu—Mu 还有烤肉供应，推荐烤鸡肉。取完食物后到收银处结账即可。

圣彼得堡餐厅推荐

小阁楼

Невский проспект,Санкт-Петербург
812—3632332
乘坐地铁 3 号线至商业中心街站（Гостиный Двор）下，出站后沿涅瓦大街往东走 300 米，对面即是
@ www.teremok.ru

小阁楼（一号店）（Теремок）属于圣彼得堡的特色快餐店，在圣彼得堡的分店高达 60 多家，旗下还有 50 多家咖啡厅。小阁楼快餐店主营俄罗斯薄饼，里面加入了各种各样调味的东西，类似于中国的薄饼，在这里你还可以尝到各式各样的俄罗斯菜肴，如果想填饱肚子又想品尝俄罗斯风味，这里是不错的选择。

Кафе Пышечная

Невский проспект,Санкт-Петербург
从涅瓦大街上乘坐公交车至 Большая Конюшенная ул. 站，下车从右边路口往里走就是

Кафе Пышечная 是一家咖啡馆，始于 1958 年，从苏联时期一直营业至今，“Пышечная”是指俄罗斯的一种油炸圈，类似甜甜圈，价格便宜又好吃，因此这家店也是卖油炸圈的小铺。咖啡馆分两个厅，每个厅都会挤满人，很多来圣彼得堡的游客都会来此品尝，绝对正宗苏联味。

住宿

莫斯科住宿地推荐				
名称	地址	电话	网址	参考价格
Lotte Hotel Moscow	Новинский бульвар, д.8,ср.2., Москва	495–7451000	www.lottehotel.ru	17000 卢布
Sovetsky	г.Москва, Ленинградский проспект, д.32/2	495–2306500	www.sovietsky.ru	2380 卢布
Moscow Home–Hostel	2 - й Неопалимовский переулок, д.1/12,1 подъезд	495–7782445	www.whizzz hotels.com	2130 卢布
Hotel Baikal	Сельскохозяйственнаяулица,15/1	499–189752	www.baikalmoscow.ru	1800 卢布

圣彼得堡住宿地推荐				
名称	地址	电话	网址	参考价格
克林希亚酒店（Гостиница Коринтия Санкт-Петербург）	Санкт-Петербург Невский проспект 57,Санкт-Петербург	812–3802001	www.nevsky palace.ru	21000 卢布
翡翠大酒店（Гранд Отель Эмеральд）	Россия,г.Санкт-Петербург,Суворовский пр.,18,Санкт-Петербург	812–7405000	www.grandhotelemerald.ru	14000 卢布
彼得宫宾馆（Петро Палас Отель）	14 Санкт-Петербург небольшая Енг-стрит	812–5713006	www.petro palacehotel.com	9800 卢布
地铁之旅招待所（Хостел "Метро–Тур"）	ул. Благодатная, 47,Санкт-Петербург	812–3896451	www.hostel metro.spb.ru	3800 卢布

购物

莫斯科购物地推荐			
名称	地址	交通	营业时间
古姆国立百货商店	Красная площ адь, 3, Москва	乘坐地铁至 Охотный Ряд 站下车，步行前往	09:30 ~ 20:00

续表

名称	地址	交通	营业时间
促姆购物中心	ул. Петровка, 2, Москва	乘坐地铁1号线到猎人商铺站(Охотный ряд)、卢比扬卡站(Лубянка)	周一至周六10:00～22:00；周日11:00～22:00
马涅什广场地下商场	Мани Ши площади Подземный,Москва	乘坐地铁1号线至红场站（красная площадь）下车	09:00～18:00
L' Etual	Тверской Пассаж, ул.Тверская,18,к.1 Москва	乘坐地铁9号线至契诃夫站（Чеховская），再步行5分钟即可到达	10:00～22:00

圣彼得堡购物地推荐			
名称	地址	交通	网址
Galeria	Лиговский пр.,30А,Санкт-Петербург	乘地铁1号线至起义广场站（Площадь восстания）下车	www.galeria-spb.ru
叶利谢耶夫食品商场	Невский проспект 56 No,Санкт-Петербург	乘地铁2号线至涅瓦大街站（Невский проспект）或马雅可夫斯基站（Маяковский）都可到	www.kupetzeliseevs.ru
涅夫斯基-80	Невский проспект 80 No,Санкт-Петербург	乘坐地铁3号线在马雅可夫斯基站(Маяковская)下或乘坐地铁4号线在陀思妥耶夫斯基站（Достоевская)下	—

圣彼得堡娱乐地推荐				
名称	地址	交通	网址	开放时间
马林斯基剧院	Театральная площадь,1,Санкт-Петербург	乘地铁2号线至干草广场站（Сенная площать）下车可到	www.mariinsky.ru	10:00～19:00
圣彼得堡爱乐交响乐园大厅	Навас стрит 30-я,Санкт-Петербург	乘地铁3号线在马雅科夫斯卡亚站（Мая Кофс Кая）下车可到	www.philharmonia.spb.ru	11:00～15:00，16:00～19:30
米哈伊洛夫剧院	пл.Искусств,1, Санкт-Петербург	乘地铁3号线在商业中心站（Гостиный Двор）下车可到	www.mikhailovsky.ru	10:00～21:00

零元游俄罗斯周边

·俄罗斯→白俄罗斯

白俄罗斯（Belarus）是偏居一隅的东欧国家，是人们眼中的“神秘国度”。来到白俄罗斯，在城市漫步，看那被树木覆盖、有着大片草地与湛蓝天空的城市，在干净的空气中呼吸，与友好的当地人打个招呼，你会感受到不一样的城市风情。这里没有拥挤、没有污浊，有的只是最真诚的微笑，最干净的风景。

前往白俄罗斯

从俄罗斯前往白俄罗斯的交通方式很多，十分方便。从俄罗斯的机场乘飞机可抵达明斯克机场；从俄罗斯的莫斯科、圣彼得堡均可乘火车前往明斯克；而长途汽车也十分方便快捷，莫斯科每天都有前往明斯克的长途汽车，车程约3.5小时，而圣彼得堡每日也有车发出，车程约16小时。

胜利广场（**Victory Square**）建于1947年，长225米，宽175米，是白俄罗斯举行重大纪念活动的主要场所。广场有高40米的卫国战争阵亡烈士纪念碑，底部4个面都镶嵌着大型金属浮雕群，主要表现白俄罗斯军民英勇抗敌的战斗历程。顶部为象征英雄城市的五星勋章。碑前有象征着烈士不朽精神的长明火。两侧的石碑上还刻有苏联12个英雄城市名称。广场地下有宽敞的人行信道，信道的中央大厅内有一个直径达2米的琥珀花环，花环内还配有照明装置。

Part5 东欧地区 俄罗斯周边

1

·胜利广场·

旅游资讯

praspiekt Niezalie–znasci, Minsk

乘坐地铁在胜利广场（Victory Square）站下车

圣灵主教大教堂（**Cathedral Of The Holy Ghost**）始建于1633年，是明斯克东正教重要的活动中心。这座拥有白色墙壁的巴洛克建筑，同时也是明斯克较有价值的教堂。教堂内部有很多豪华的圣障和宗教画像，其中最有名的是明斯克圣母像。20世纪50年代上半叶，人们对教堂内部进行了一次较大规模的维修，经维修后，教堂变得更为引人注目，是来明斯克不可错过的一大景点。

Part5 东欧地区 俄罗斯周边

2

·圣灵主教大教堂·

旅游资讯

Cyril and Meth–odius Street 3, Minsk

乘坐地铁在涅米格（Nemiga）站下车

Part5 东欧地区 俄罗斯周边

3 泪岛

旅游资讯

Island of Tears, Minsk

乘坐地铁 M2 线在涅米格（Nemiga）站出站即到

泪岛（**Остров слёз**）是明斯克市内特洛伊茨老城城外，斯维斯罗奇河边的一座小岛，是为了纪念在苏联入侵阿富汗战争中丧生的800多名白俄罗斯官兵而建造的建筑群。岛中央矗立着阵亡将士的纪念塔碑，在兴建该纪念碑时，那些痛失儿子的母亲们将这座岛称作是"悲痛和眼泪的岛"，后来"泪岛"便成为了这个河心岛的名字。这里除了悲伤的过去外，可谓是一处风景优美的散步佳地，尤其是到了夏天在这里游览散步，别提多惬意了。此外，冬天时这里还有滑冰的地方。

Part5 东欧地区 俄罗斯周边

4 米尔城堡

旅游资讯

Čyrvonaarmiejskaja vulica 2,Mir

从明斯克沿 P1、M1 自驾前往

米尔城堡（**Mir Castle Complex**）四周为四方形，在每一个拐角都建有塔楼，其建筑融合了各时期的建筑文化，包括哥特式文化、巴洛克式文化及文艺复兴式文化，是中欧城堡建筑中的杰出典范。如今人们来到米尔城堡可以看到城堡四周绿意盎然的公园和人工湖围绕，砖红色的古城堡与自然美景相融合，成为游客必游的观光胜地。米尔城堡作为伯里兹建筑史上的伟大杰作，在2000年被列为世界文化遗产。

·俄罗斯→乌克兰

乌克兰（**Ukraine**）有着辽阔的森林、漂亮的城市、悠久的宗教历史和激动人心的欧洲杯。俄式、欧式文化在这个国家交融汇合，赋予了它不一样的色彩。放慢旅行的脚步，在乌克兰的阳光、河流、森林、城市中悠然行走，你或许会发现生活的另一面。

前往乌克兰

从俄罗斯的莫斯科可乘快速列车到达乌克兰，车程需 8.5 小时；而从圣彼得堡乘列车前往的话，车程需 23 小时。

金门（**Golden Gate**）建于 11 世纪，是古代基辅的正门，作为防御之用。在修建基辅金门时，人们发现门扇和门楼上的教堂圆顶因装饰有镀金的铜箔，在阳光的照射下十分耀眼，金门也因此而得名。在金门旁边可以看到基辅大公弗拉基米尔一世的雕像，他是蒙古国入侵之前最有作为的基辅罗斯君主，对基辅的各方面影响很大。

旅游资讯

Shevchenkivs'kyi district, Kiev

乘坐地铁 M3 号线至金门站下车即可

周二 10:00～17:00，周三至周日 10:00～18:00

Part5 东欧地区
俄罗斯周边

2 ·独立广场·

旅游资讯

Independence Square City Centre, Kiev

乘坐地铁 M2 号线在独立广场站下车

独立广场（Maidan Nezalezhnosti）位于基辅市中心的露天广场地带，是基辅重要的广场之一，广场周围的建筑风格一致，极具特色。来到广场可以看到很多的雕塑和喷泉，有名的三兄妹雕塑就在这里，传说他们是基辅的奠基人。广场中央由赫雷下蒂克街贯通，而国立柴可夫斯基音乐学院也在广场附近。此外，广场还有一个和平柱，在和平柱顶端有一个被和平鸽所围绕的地球仪，地球仪不断地旋转，象征着世界和平。

Part5 东欧地区
俄罗斯周边

3 ·安德烈教堂·

旅游资讯

Andriivs'kyi descent,Kiev

乘地铁 M2 号线在合约广场(Kontraktova Square）站下车

10:00 ~ 19:00

安德烈教堂（St Andrews Church）是一座东正教教堂，位于陡峭的圣安德烈山山顶，俯瞰着古老的波迪尔街区。这座教堂由著名的建筑家拉斯特雷利设计，属于巴洛克式建筑风格，其绿色金丝顶蓝墙使教堂看起来非常华美，而教堂的内部经过修葺以后，变得极为华丽精致。安德烈教堂虽然规模不是很大，但教堂的细节部分设计得非常周到，建筑的整体给人一种和谐的感觉。现在，圣安德烈教堂已成为乌克兰四大建筑地标之一。

圣弗拉基米尔大教堂（St Volodymyr's Cathedral）是为纪念基辅大公弗拉基米尔而建，现在是乌克兰东正教教会基辅大主教领下的大教堂。其外墙为引人注目的鹅黄色，部分材料由基辅洞窟修道院提供，因而其建筑意义非凡。每当金色的阳光照耀教堂时，那鹅黄与天蓝的色彩相互辉映，十分美丽。

Part5 东欧地区
俄罗斯周边

4 ·圣弗拉基米尔大教堂·

旅游资讯

Tarasa Shevchenka Blvd.,20,Kyiv

乘坐地铁 M1 号线到大学站（University）下，穿过舍甫琴科大道，然后向下坡方向走约 100 米即到

06:00～19:30

乌克兰国家艺术博物馆（National Art Museum of Ukraine）最初是基辅古董和艺术博物馆，馆内收藏有来自乌克兰各地艺术家的作品，其中包括中世纪的素描、哥萨克时期的军队素描以及教堂领导者的素描，还有很多历史悠久的油画、色彩鲜艳的水彩画。这些珍贵的艺术收藏品是乌克兰人民的骄傲，由于近几年博物馆的知名度提高，因而有越来越多的海外游客慕名前来。

Part5 东欧地区
俄罗斯周边

5 ·乌克兰国家艺术博物馆·

旅游资讯

Mykhaila Hrushe-vskoho Street,6,Kiev

乘坐地铁 M1 号线在 Khreshchatyk 站下可到

周二至周日 10:00～18:00

Part⑥ 欧洲·旅行信息

证件

办理护照要趁早

办理护照其实并不难，只需要到相应的办理地点，照相、填表后就可以等待一本崭新的护照到手了，可以选择持回执自己领取或是邮寄等方式领取。目前办理护照可以在自己户口所在地的出入境大厅办理，也可以在工作地的出入境大厅办理（多数需要在当地有1年以上的社保缴费记录或纳税证明）。

·护照办理流程·

自己提前照相或是在办理地点照相均可，但很多出入境大厅会要求在其指定的照相地点照相才予以办理护照，照相费用为30元左右。

在出入境官网下载或在出入境大厅领取《中国公民出入境证件申请表》按要求填写即可，有不明白或不确定的地方可以参考柜台下的样表，或询问工作人员。如果打算以邮寄的方式领取护照，需要在申请表上勾选，并填写地址。

在出入境大厅柜台缴费，初次办理护照费用200元，缴费后会给收据及回执。

申请提交后，10～15个工作日，护照即可领取。如果选择邮寄领取，则一般需要延长3天左右的邮寄时间。如果长时间没有收到护照，则可以凭回执编码致电咨询。若让他人代领，需持回执、缴费单、托付人身份证件、你自己的身份证件复印件去领取。

签证办理并不难

护照办理好后就可以着手办理签证了，欧洲多数国家都签署了申根协议，申请一个国家的申根签证就可以免签前往其他申根国家，十分方便。但是，英国、爱尔兰、俄罗斯等国家还是需要单独办理该国签证才能前往。另外需要注意的是，申根签证分为单次入境和多次入境等类型，如果申请的是单次入境签证，则需要在路线规划上极其小心，因为单次入境申根签证，只能进入同一个国家一次，也就是说，在路线规划中不能走重复的国家。

·欧洲签证类型·

欧洲热门国家签证情况一览表

国家	英国	比利时	法国	西班牙	意大利	奥地利	瑞士	德国	俄罗斯	爱沙尼亚	丹麦	瑞典	芬兰
签证类型	本国签证	申根签证							本国签证	申根签证			

·申根签证申请步骤·

各国申根签证的申请步骤大致相同，不同的就是涉及是否面签的环节。如果你的护照有过美国、加拿大等国家使用过签证的记录，在申请申根国家签证的时候多数情况不再需要面试。另外，部分国家会对签证申请人进行电话问询，需要留意。

1. 了解签证信息

登录签证申请国驻华使领馆网站，浏览有关签证申请信息、所需材料及办理的步骤。

2. 准备申请材料

签证申请表格、邀请信格式、签证费以及各种类型签证所需材料可在各国驻华大使馆签证申请中心网站查询和下载。

3. 递交申请材料

将准备好的各项材料一并送往签证中心，需要在线支付签证费的国家在递交资料的时候要将收据一起送往签证中心，在递交材料后，签证中心会给你一个回执，上面标明所申请的签证种类、费用和领取时间等信息。

4. 签证面试

除了递交相关材料，有些国家还会要求申请者进行面试。在面试时签证官会问一些与旅行相关的简单小问题，一般为以下几个方面：1. 出行目的；2. 出资方经济实力，财产证明等。除了回答问题，在面试前的等待环节也有一些需要注意的地方，比如按顺序排队，不大声喧哗，将手机调为静音等。这些小细节都能给签证官留下好印象，加大自己获得签证的几率。

5. 领回护照

在使馆或签证中心拿到的回执上会标明需要前往领取护照的时间，部分国家也可以选择邮寄回护照。在领回护照后就能得知自己是否顺利获得签证，对于大部分申根国家来说，只要按要求提供完整资料，申请签证的通过率还是很高的。

·欧洲非申根国签证申请步骤·

本书中涉及的需要办理该国签证的国家有英国与俄罗斯，下面就英国和俄罗斯申请签证的步骤做出简要说明。英国签证的申请需要本人前往签证中心进行生物信息采样，即指纹采集。现在通过获得授权的旅行社，就可用申根签证申请表一次性同时申请申根签证和英国签证。并且英国签证中心现在提供护照退还服务，也就是能够在递交资料后，将护照取回，去申请申根签证，这样能有效节省办理签证时间。

俄罗斯现在对具有资质的中国旅行社的组团游客实行免签制度，个人游客仍需办理旅游签证，不过手续及所需资料都较为简单。但必须填写电子签证申请表。

俄罗斯签证申请步骤

俄罗斯签证申请表需要用英文或俄语在线填写，可选择中文提示语言，填写过程为回答各项问题即可，需要牢记电子版签证申请表的识别号码，并在填写完毕后将其打印出来。

1. 了解办签证信息

登录英国驻华使馆网站，浏览有关签证申请信息及所需材料及办理的步骤。也可以在英国驻华大使馆签证中心网站 visa.kdmid.ru/PetitionChoice.aspx 在线填写签证申请表。

2. 准备申请材料

办理俄罗斯旅游签证，所需材料较为简单：

* 有效护照及护照主页复印件
* 1 张照片（3.5 厘米 x4.5 厘米）
* 签证申请表（应回答表内所有的问题）
* 俄罗斯旅行社签发的确认接待外国旅游者的邀请函原件及其复印件
* 俄罗斯旅行社签发的酒店订单原件及其复印件
* 往返机票的复印件

3. 递交申请材料

申请人应本人送取签证，或提供公证过的委托书由委托人送取签证。俄罗斯签证可在送签递交资料的时候交费。费用如下表。

签证费用			
类型	普通签证（5个工作日）	加急签证（3个工作日）	特急签证（1个工作日）
一次签证	50美元/309人民币	80美元/495人民币	120美元/743人民币
两次签证	100美元/619人民币	130美元/805人民币	170美元/1052人民币
多次签证	150美元/928人民币	180美元/1114人民币	220美元/1361人民币

4. 领回护照

在使馆或签证中心给出的回执上会标明需要前往领取护照的时间，在领回护照后就能得知自己是否顺利获得签证，对于大部分申请俄罗斯签证的游客来说，只要按要求提供完整资料，申请签证的通过率还是很高的。

·欧洲签证申请所需材料汇总·

由于办理签证需要较多资料，很多游客对此十分头痛。虽然各国签证中心对申请签证所需资料要求不尽相同，但其实总结起来签证所需资料只有三个部分：1. 身份证件（身份证、户口本、护照、照片等）；2. 资产证明（银行存款、对账单、车本、房本等）；3. 在职证明（中外文在职及准假证明、公司营业执照等）。其他涉及的资料都是在旅行准备中必然产生的，只需要顺手保存并打印出来就可以了，如申请表、机票订单、酒店订单、保险订单等。

欧洲签证申请所需材料		
分类	材料	材料详解
身份证明	护照	1. 护照原件，有效期6个月以上护照及护照首页复印件一份，（旧版护照最后一页签名处用中文亲笔签名，使馆不接受签名签错地方的护照）
		2. 持新换发护照者，务必同时提供之前所有的旧护照原件或换发证明原件，旧护照如丢失者，请提供当地派出所开的护照丢失证明
		3. 预留足够护照空白页，每张签证需占据2张左右护照空白页，如做多国签证请注意
	照片	彩色照片（白底，规格35mm x 45mm）
	身份证	新版身份证正反面复印件，旧版身份证用A4复印正面
	户口本	户口本逐页复印件，户口本上婚姻、学历、工作信息有变更的话变更页也需要复印，如申请人和配偶的户口不在同一本上，请同时提供配偶的户口本复印件

续表

分类	材料	材料详解
申请表	签证申请表	填写详细真实的申请表，务必有亲笔签名。每个项目都要填写，如没有，则需要填写没有或无
经济证明	银行对账单	申请者本人最近6个月的银行对账单原件，或最近6个月活期存折复印件。对账单上面必须显示持有者姓名和卡号，并加盖银行公章。对账单或存折余额最好不少于20000元人民币。 如：计划10月1日出国，则近6个月的对账单应为从3月至9月的（一般在所有资料准备齐全后最后去银行打印对账单，多数银行不收费，部分银行收费20元左右）
	存款证明原件	冻结至回国后6个月的存款证明原件，最好每人5万元人民币左右
	工资单	工资单、工资卡对账单复印件
	车产、房产	自己名下或配偶（需提供结婚证复印件）名下或直系亲属名下的车产复印件和房产证明复印件
在职证明	中英文在职证明	在职证明上需要写出的内容：公司名称、地址、详细联系方式、申请人职务、在公司入职时间、月收入、出行时间（具体到年月即可，最好比实际出行时间宽松）、境外停留时间、出行目的、付费方是谁、表示在境外遵守法律、旅游结束后会回公司继续工作等信息，加盖公司公章和负责人（最好是法人代表）签字
	营业执照或组织机构代码复印件	提供所在公司《营业执照副本》复印件，如事业单位等无营业执照副本的，则提供《组织机构代码副本》（体现每年的年检章）复印件。复印件上加盖公司公章，公章名称务必和证照上的单位名称相符
	退休证	退休人员提供退休证复印件
	无业证明	无业人员提供所在地派出所或居委会开具的无业证明加盖红章、付费方资产证明
	未成年人和学生	1. 学生证复印件、学校准假证明原件（用学校信头纸提供，并需要有班主任的签名及联系电话，并加盖学校公章）、父母结婚证、在职证明、父母经济证明 2. 未成年人如跟随父母一同前往还需多需提供一份三方亲属关系公证（带英文译文），未成年人如跟随单亲前往在此基础上需多提供一份委托公证（带英文译文）
旅行计划	行程安排	一份简单的行程安排，显示计划旅行时间、前往的城市与停留天数，最好比实际时间多一两天
	机票订单	显示姓名、往返航班号、起落时间等信息即可，不需要出票和盖章等
	酒店订单	显示计划前往城市所预订的酒店地址电话及入住天数等信息
	保险订单	购买申根国家区域适用的医疗保险订单

·欧洲热门国家驻华大使馆·

欧洲热门国家驻华大使馆网站信息表

国家	网址	网站二维码	国家	网址	网站二维码
英国	www.gov.uk/government/world/china.zh		瑞士	www.eda.admin.ch/eda/zh/home/reps/asia/vchn/embbei.html	
比利时	www.vfs-be-cn.com/china/		德国	www.china.diplo.de/Vertretung/china/zh/Startseite.htm	
法国	www.ambafrance-cn.org		俄罗斯	www.russia.org.cn/chn	
西班牙	www.spainvisa-china.com		挪威	www.norway.org.cn/Embassy/1	
意大利	www.ambpechino.esteri.it		丹麦	kina.um.dk/zh-cn	
希腊	www.grpressbeijing.com		瑞典	www.swedenabroad.com/zh-CN	
奥地利	www.bmeia.gv.at/cn/botschaft/peking/metanavigation/startseite.html		芬兰	www.finland.cn/public/default.aspx?culture=zh-CN&contentlan=20	

国际青年证记得要常带

国际青年证（IYIC，The International Youth Travel Card）允许未满26岁的青年人申请。持有此证，可以在世界各地享有各种旅游优惠服务，如住宿、购物、机票、船票、车票、租车、娱乐场所及博物馆游览等，还可以获得意外的电话支援服务。

·青年证办理流程·

办理国际青年证需要准备的材料有：护照或身份证（身份证正反面均复印），一寸彩色证件照一张。办理费用100元人民币，有效期为1年。国际青年证可在www.isic.cc网上申请，也可以到SIC办公室办理。

住青旅就要青年旅舍卡

青年旅舍会员卡是国际青年旅舍联盟会员的身份证明，全球通用，是旅行者入住青年旅舍的凭证。拥有青年旅舍会员卡，便可以享受国内外国际青年旅舍住宿价格的优惠，同时还可预订国外青年旅舍。所以出国前办张此会员卡，让自己的旅行更为方便。

·青年旅舍卡办理流程·

你可通过以下几种方式申请青年旅舍会员卡：可在www.yhachina.com网上申请；亲自到广州市天河区体育西路103号维多利广场A塔3606室的际青年旅舍中国总部申请；还可以到各青年旅舍或当地的YHA国际会员卡代理商处申请，办妥手续后，就可以取卡。

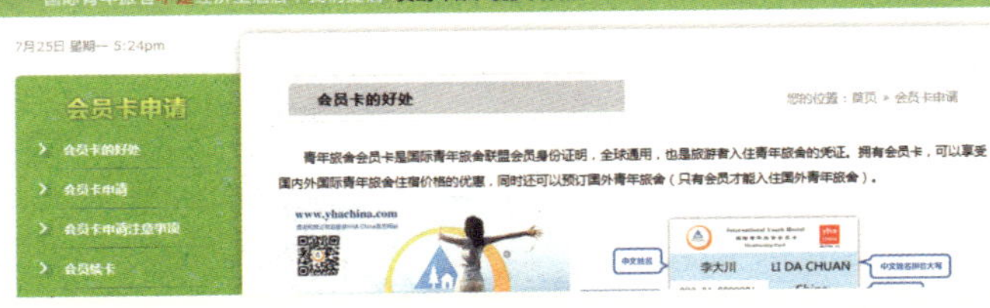

行程计划

欧洲的最佳旅游季节

欧洲一年四季都适合旅游，而不同的国家因地理位置的差异，而最佳旅游季节有所不同。

欧洲的最佳旅游季节

区域	代表国家	最佳季节	特点
西欧	英国、法国、爱尔兰、比利时、荷兰、卢森堡	春季和秋季	气温适中、雨量少，避开了旅游高峰
		冬季	滑雪等户外运动爱好者的最佳出行时间
北欧	冰岛、挪威、丹麦、瑞典、芬兰	夏季	既能避暑，又能欣赏亚寒带的独特风光
中欧	德国、瑞士、奥地利、匈牙利、捷克、斯洛伐克、波兰	春季和秋季	天气适中，不太冷也不过热，避开了旅游高峰
南欧	西班牙、葡萄牙、意大利、梵蒂冈、希腊等	夏季和秋季	这段时间来看海最好，在城市里游玩人很多，海边适合度假；在山区游玩也非常不错
东欧	俄罗斯、乌克兰、白俄罗斯等	秋季	7～8月适合泡温泉，10月最适合在大自然中与动植物亲近

做出预算有分寸

旅行在外，办理证件、住宿、吃饭、交通、娱乐等都需要钱。欧洲的物价和消费水平比国内要高很多。如果想要在欧洲畅快地游玩，7天时间基本要准备1～3万元人民币，提前了解在欧洲的各项支出的基本费用，做出适当的理财计划，将为整个行程增加几分安心。

欧洲行程花费须知	
项目	详情（元／人民币）
用餐	在欧洲各国游玩，用餐分 3 个等级，快餐店约 30 ～ 80 元／餐，小餐馆约 150 ～ 80 元／餐，星级餐厅约 1000 元／餐
住宿	在四星级酒店 1400 元／晚，三星级酒店 280 ～ 650 元／晚，家庭旅馆或是便捷酒店约 280 元／晚
交通	乘坐地铁、轻轨 10 ～ 30 元／次，公交车、有轨电车约 5 元／次，出租车约 20 元起步
景点门票	一天看 2 个博物馆、1 个城堡需花费 200 元

关于货币

兑换货币要了解

欧盟国家中的 19 个国家使用的货币是欧元，欧元由欧洲中央银行和各欧元区国家的中央银行组成的欧洲中央银行系统负责管理。而英国使用英镑，俄罗斯使用的是卢布，那么在哪里兑换货币，又该如何兑换，下面就一一介绍下。

·兑换欧元·

现金

在欧洲旅游，携带欧元十分方便。但是中国公民出入境每人每次携带的人民币限额为 2 万元或者是等值的外币，否则就要向外汇管理部门申请“携带证”。最好兑换一些小面额的欧元，乘坐公交车一般都需要零钱。

国内兑换货币

国内的很多银行都可以兑换欧元，例如中国银行、工商银行、建设银行、农业银行都能办理此项业务。首推中国银行，而且尽量找大的中国银行支行兑换，比如省分行营业部或市营业部。到中国银行兑换欧元，需要携带身份证。此外，招商银行和交通银行的双币信用卡可以直接用来消费欧元，可以换等额人民币。

国外兑换货币

在欧洲各国的银行、机场、车站、酒店、邮局等地均可兑换货币，现在很多货币兑换店都可以使用人民币兑换欧元，只是汇率高低不同。机场和车站的汇率不是很划算，但是相对来说比较方便。

・兑换英镑・

现金

在英国，面值在 20 英镑以下的钞票比较常见和流通，小商店一般不太愿意收 50 英镑以上的钞票。而且零钱对于付小费、乘坐巴士等非常方便，所以最好兑换一些小面额的英镑纸币。

在国内兑换英镑

在国内兑换英镑，很多银行都可以兑换，在前往银行之前可以打电话给相应的银行客服询问相关信息。可以去中国银行兑换，只要带上身份证即可。如果用现金比较多的话，可以在国内兑换好英镑，带到英国，或者做成汇票，方便携带。在英国用人民币兑换英镑的成本比国内要高，不划算。

在国外兑换英镑

若在英国兑换货币，可以在银行、机场、车站、酒店、邮局、中资银行的网点等地兑换。现在很多货币兑换店都可以使用人民币兑换英镑，只是汇率有高有低。机场和车站的汇率不是很划算，但比较方便，大多 24 小时都可以兑换。汇率相对比较好的是 Travelex、邮局、马克斯思班塞公司（Marks & Spencer）等，其中 Travelex 的 Online Order 比直接在柜台兑换更合算。

・兑换卢布・

现金

俄罗斯除了主要城市之外，大多城镇都不能刷卡，是一个使用现金比较多的国家。你可以携带一些美元或欧元现金，然后再带一张带有银联标识的借记卡或信用卡到俄罗斯，可以在 ATM 机上用银联卡取现，也可以用支票兑换现金。在兑换现金时，可以多换一些 50 卢布、100 卢布、500 卢布等小面值的卢布。

在国内兑换卢布

现在国内的各大银行都不能兑换卢布，只能先将人民币兑换美元或欧元，然后到了俄罗斯再兑换卢布。用美元或欧元兑换卢布有两个好处，一是美元、欧元的汇率比较稳定，二是如果带了人民币去俄罗斯，很多地方不一定能兑换卢布。兑换美元（欧元）可以去中国银行兑换，不过需要提前 1 ～ 3 天预约。

在国外兑换卢布

乘飞机到达俄罗斯之后，一般机场

就有兑换货币的地方，你可以先用美元（欧元）兑换少量的卢布。美元（欧元）兑换卢布的兑换点比较多，在银行、商店、火车站、汽车站、银行、兑换亭（Обмен Валют）等地都能兑换，有些兑换亭是24小时营业的。莫斯科有的地方有自动换汇机，不过在放美元（欧元）的时候只能一张一张的放，而且自动换汇机不能使用500欧元大钞。

预订 机票与酒店

去欧洲旅行，飞机票是一个必须要考虑的问题。在办理好护照、签证，确定好自己的目的地、出发时间后就可以预订机票了。就前往欧洲的机票价格而言，一般淡季比旺季便宜，提前预订比临时购买便宜，往返票比单程票便宜，转机比直飞便宜。虽是如此，但是要转机花的时间较长，而且到一些非申根国家还要过境签证，比较麻烦。因此买机票想要既避免转机又想比较便宜，就要提早预订、货比三家。如果行程已经确定好，那买往返票就更合算了。若是转机的话一定要事先留出2个小时以上的转机时间，以免误机或衔接不上。

选择航空公司

中国与欧洲通航的航班很多，有转机也有直飞的，提供这些航班的航空公司有中国国际航空（CA）、南方航空公司（CZ）、东方航空公司（MU）以及欧洲各国的国家航空公司等。了解航空公司之后就要了解自己的出发地和目的地之间的通常航线，以及一些大概的票价，然后在订票的时候就有衡量的标准了。你可以通过机票搜索软件（ITA Airfare Search Software）进行查询。

对比航班价格

在预订之前，一定要想好提前多久预订。一般来说，拿到便宜机票的最佳时间是提前4个月以上。如果在飞机临出发一个月还有不少余票，那航空公司就可能来个优惠销售（Promotion）或再次折价，那此时也会买到比较便宜的机票。

很多人都想不通过代理，自己去买票，那样比较放心，不会被骗。自己订票可以到售票窗口，也可以到各大航空公司的网站预订。一般来说，到售票窗口购买是很少有折扣的，而到各大航空公司的网站预订是比较划算的。到航空公司的网站购票，可以先在网上查一下票价的大概范围，然后再到相应的航空公司网站查询、预订。

主要航空公司及网址	
航空公司	网址
中国国际航空公司	www.airchina.com.cn
中国东方航空公司	www.ceair.com
中国南方航空公司	www.csair.cn

代理网站

除了在航空公司的官网购买机票外，还可以在一些旅游网站、机票代理网站，以及专门出售特价机票的网站或中介预订。推荐的网站有携程网、艺龙网、京飞网、纵横天地旅行网、去哪儿网等。在这些网站，需要时常查看，有时甚至能买到 2 ~ 3 折的机票。

部分预订机票代理网站	
名称	网址
携程网	www.ctrip.com
艺龙网	flight.elong.com
京飞网	www.chuguow.com
纵横天地旅行网	www.itour.com.cn
去哪儿	www.qunar.com

购买欧洲境内机票

如果你在欧洲的行程已经确定好了，就可以预订所到目的地国家境内的机票了。购买欧洲境内的机票一般提前 15 天左右就能买到合理价格的机票，有时提前 21 天也会有特别便宜的机票。在订票时可以咨询机场税、燃油费、保险、行李托运等问题，问好之后再决定是否预订。

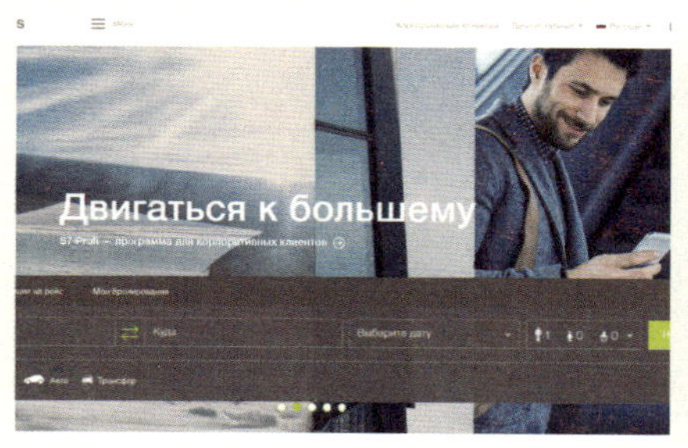

常用欧洲航空公司网站	
航空公司名称	网址
英国航空（British Airways）	www.britishairways.com
西伯利亚航空（S7 Airlines）	www.s7.ru
斯堪的纳维亚航空公司（Scandinavian Airlines）	www.flysas.com
法国航空（Airfrance Airlines）	www.france-airlines.com
荷兰皇家航空（Royaldutch Airlines）	www.klm.com/travel/gb_en/index_default
阿伦航空（Aer Arann）	www.aerarann.com
波罗的海航空（Air Baltic）	www.airbaltic.com/en/index
柏林航空（Air Berlin）	www.airberlin.com/prepage.php
芬兰航空（Air Finland）	www.airfinland.fi
苏格兰航空（Air Scotland）	www.aircharterscotland.com
西南航空（Air Southwest）	www.southwest.com
阿尔卑斯鹰航空（Alpi Eagles）	www.thefullwiki.org/alpi_eagles

常用的住宿预订网站

去欧洲旅行，最好预订好住宿地。提前预订住宿，不但能让自己在到达欧洲之后，不用慌乱地找住的地方，还能享受一些折扣。特别是在欧洲的旅游旺季，房价上涨很厉害，房源紧张，去了再找房间的话很难找到，就算找到了也很贵。因此提前预订是最好的办法。有的住宿地还提供到机场接顾客的服务，这样又可省去从机场坐车到市区的麻烦。在网上预订酒店，还能享受至少40%的折扣。如果交通方便，可以选择远离市中心的住宿地，这样住宿的费用会节省很多。

常用的住宿预订网站

网址名称	网址	特色
全球背包客旅舍	www.chinese.hostel-world.com	有中文界面，可以预订俄罗斯各地旅舍，更可获得背包客旅店的最优价格和特惠
最后一分钟	www.lastminutetravel.com	酒店预订，有折扣，并可查到航班、假日、餐馆、剧院和出行的优惠信息
缤客网	www.booking.com	有中文网站，对国内游客来说使用起来非常方便，但它可选择的住宿地相对来说比较少
全球酒店预订	www.expedia.com.hk	在线对比、预订酒店，享受特优价格
安可达	www.agoda.com	有酒店评论、详细描述、地图及高质量照片
城市旅游	www.travelocity.com	可查到各地廉价酒店、度假村及其他多种类型的住宿设施

购买出行保险

在境外旅游的旅客，建议买一份境外旅游保险，目前的境外旅游保险涵盖范围已经不是单纯的意外伤害，还包括了医疗补偿、旅游者随身财产、个人钱财、旅程延误、旅游证件遗失、行李延误等。其中，境外旅游险可以提供最重要的保障是境外旅游救援保险。在投保时应当根据家庭的需求来选择合适的境外旅游保险。

选择哪家保险公司

国内有不少可靠的保险公司，旅客办理保险的手续很简单，可以直接到相关的旅行社办理所有的保险手续，或直接到机场投保，也可以直接到保险公司购买。平安人寿保险、中国人寿保险、太平洋保险、泰康保险等都是值得信赖的保险公司。投保的时候要根据自己的情况选择境外旅游险种。

常用保险公司

网站名	网址
平安人寿保险	www.life.pingan.com
中国人寿保险	www.e — chinalife.com
太平洋保险	www.ecpic.com.cn
泰康人寿保险	www.taikang.com

入境欧洲

当航班将要抵达欧洲国家时候，空乘服务人员会发放入境卡，需要游客填写，欧洲各国入境卡内容不尽相同，且多为当地语言，填写时需要注意。下飞机后前往入境检查处接受检查，可能接受询问后盖入境章，提取行李后就可以出海关，前往下榻酒店。

填写入境卡

在飞机快要到达欧洲目的地国家时，工作人员会发给乘客一份入境卡，部分国家不需要填写入境卡。入境卡多为英文，并有德语、西班牙语或法语等标注，如果不会填写，可以请工作人员帮忙。多数入境卡的部分表格，是需要由海关工作人员填写的，要注意区分。在填写时，注意要使用英文或当地语言填写。在填写后准备好护照、签证、来回机票等资料以备下飞机后检查使用。

填写入境卡															
	西欧						南欧			中欧		北欧		东欧	
国家	英国	比利时	法国	荷兰	西班牙	希腊	意大利	奥地利	瑞士	德国	丹麦	瑞典	芬兰	爱沙尼亚	俄罗斯
是否需填写入境卡	是	否	是	否									是	否	是

前往移民局柜台

下飞机后跟着"Arrivals"标志牌走，就能找到入境检查处（Immigration Control）。一般有3个通道，分别是当地居民的通道、欧盟会员国公民通道（E.U.）、持有其他护照公民的通道（Other Passports，non-EU），一般国内的游客前往欧洲国家都需排在持有其他护照公民的通道。

盖入境章

在检查时，递给工作人员，护照、入境卡等资料，海关工作人员会问你一些问题，如为什么来、打算待多久、住在哪里等，只要照实回答就可以了。检查无误后，入境检察员会在你的护照上盖章标明入境日期。

领取托运行李

入境检查完毕之后，就可以去行李提取处领取托运的行李（Baggage Rechaim）了。你可以通过行李提取区的电子显示屏上显示的航班编号，找到相应的行李转盘，拿到自己的行李。

出海关

在海关，如无需要申报的物品，请走绿色通道；如有申报物品或有不知是否应予申报的物品，请走红色通道。海关工作人员会对绿色通道内的乘客抽查，如果发现携带有需申报物品，会进行重罚，甚至有可能被遣返回国。在接受检查时递上护照和海关申报表接受检查。出海关后，才算正式到达欧洲，开始自己的欧洲之旅。

从欧洲离境

办理离境手续

和入境手续相比，离境手续要简单得多。不过，建议你提前 2 ～ 3 个小时前往机场，这样时间上比较充裕，不会手忙脚乱。到达机场后，先找到你所搭乘航班的服务台，在那里换登机牌。换登机牌时，护照上的出境卡会由机场人员撕去。领到登机牌和座位号后，工作人员会告知你从几号登机口登机。通常，登机在飞机起飞前 45 分钟开始，起飞前 15 分钟关闭机舱门。

到达机场

在飞机起飞前的 30 分钟至 2 小时内，到达机场，最好在起飞时间前 2 小时到达。

换登机牌

拿着机票、护照到指定柜台（一般候机厅进门就可见航班信息大屏幕，上有对应航班的柜台编号）交给工作人员，换取登机牌，此时可以提出座位安排要求。

退税手续

持退税单在海关盖章后办理退税手续，有时海关会要求出示所购物品，最好在行李托运前办理退税。

托运行李、安全检查

大件行李要托运，通常有免费托运行李要求；如果超重超大需要额外付费。

需要提供护照、登机牌等证件，手机电脑等电子产品需要取出单独过安检，随身的手提包里不能有水、肉类制品等。

登机

在指定的登机口登机，乘坐时间较长，可以将自己平时休闲用的物品放在手提包。

退税不能忘

如果你在一些商场或标有免税（Tax-free）的零售店里购物，便可以在离境前的一个月内，凭离境机票、本人护照、所购物品票据，到退税办理机构办理相关手续，之后就能在 3 ～ 7 个月内获得所购物品的退税税款。非欧盟国家的游客所购买的物品如果不在当地使用，并于 3 个月之内携带离境，便享有免税优惠。

选择退税可在商店内或是在机场。如果在商店看到有"Tax free shopping"蓝色标识，说明在这个商店内，你可以享受到专业的退税服务。不过为了防止碰到一些假冒的情况，最好在进去时向店员索要退税支票（Tax Free Cheque）或者让店员出示退税卡（此卡将指导店员协助你完成退税手续）。在退税时，应该在退税支票上正确填写自己的姓名、国家、住址和护照号码。姓名和国家两项必须用西方语言（如英语、德语等）填写。

如果想在机场退税，那么离境时还要到行李托运处的海关办理有关手续。在机场办理商品退税时，先要在航空公司柜台办理登机手续，领取登机牌，然后便可到出发厅的海关，向海关出示所购可退税物品后就可以要求海关在你的退税支票上盖章，然后就可以办理退税了。欧洲各国机场的退税点很多，不同的机场退税点会有不同，在出行之前需了解清楚各国各大机场的退税点。

适应欧洲时间

欧洲大部分国家位于中时区、东一区及东二区，而俄罗斯跨越了 9 个时区。欧洲各国很多国家都采用夏令时（除冰岛以外），因此，东一区的国家原本与中国相差 7 个小时，在夏令时则与中国相差 6 个小时。如中国是 12:00 时，非夏令时期间东一区国家是 5:00，夏令时期间的东一区国家则是 6:00。

夏令时的时间是从每年 3 月的最后一个周末开始，到 10 月的最后一个周末结束。

应急知识

物品丢失

护照遗失

如果护照遗失，就要向当地的警察局报案。警察会把丢失的证件号码一一记录，然后给你一个报案号码的小卡片，以表示你的护照遗失。护照遗失，可前往当地中国驻该国大使馆补办。补办护照，提交我国驻外使领馆签发的中华人民共和国旅行证；户口簿、身份证原件和相应复印件；在办理证件所在的公安局出入境管理处与遗失地我国驻外使领馆核实后补发。

行李遗失

如果在旅行的途中丢失行李，要及时寻找。如果在飞机上或者巴士上行李遗失，就赶快找工作人员帮忙，看是否是别人拿错了行李，如果行李真正遗失，就要对行李进行遗失登记。在登记遗失行李表时，要详细地写清楚行李箱中的物品和价格，如 3 天没有找到行李，则可以向航空公司或者巴士公司要求理赔。

信用卡遗失

信用卡遗失就要立即打电话至发卡银行的 24 小时服务中心，办理挂失与停用，也可以与当地信用卡公司的办事处或合作银行取得联系。联系方式可以从电话本上查询或者向酒店的人员咨询。办理手续时需要卡号和有效期限，不要忘了把联系方式也一并记下。

旅行支票遗失

旅行支票遗失后，一定要给旅行支票发行公司海外服务中心打电话挂失止付，到时就可以得到新的旅行支票。购买旅行支票后，要先在上方签名处签名，因为接收旅行支票的人会验证下方签名处的签名是否与上方签名处的签名笔迹出自一人。

机票丢失

丢失机票，一般分为以下两种情况：一种是如果能确认丢失机票的详细情况，则可以重新签发；二是购买待用机票，并且在一定时段内没有不正当使用丢失的机票，如果情况属实，则可以申请退款。如果不知道机票的详细情况，可以亲自和购买机票的中国公司驻外办事处联系，查询详情。

身体不适

在外旅行，舟车劳顿加上水土不服，很容易发生急性肠胃炎、感冒等情况，夏天还容易中暑。在面对欧洲各国的众多美食时，一定要有所节制，特别是一些生冷油腻的食物，尽量少吃，以免导致肠胃不舒服，同时还要备一些感冒药、胃药、消暑药、晕车药等。有某些疾病史的游客可以在国内买足了药带去，并带上医生的诊断书（英文），以便于遇到突发情况时，当地医生可以快速地做出判断。如果出现较为严重的身体不适，可求助于旅馆的工作人员，尽量安排医生或者到就近的医院就医。如果在旅行的路途不舒服，应让身边的人叫救护车或者前往就近的医院。

附录

欧洲各国紧急电话

欧洲各国紧急电话		
字母顺序	国家名（以首字母排序）	紧急电话
A	爱尔兰	警察、急救、火警 999
	爱沙尼亚	警察、急救、火警 112
	安道尔	警察 110、急救 116、火警 118
	奥地利	警察 133、急救 144、火警 122
B	白俄罗斯	警察 102、急救 103、火警 101
	保加利亚	警察 166、急救 150、火警 160
	比利时	警察 101、急救、火警 100

续表

字母顺序	国家名（以首字母排序）	紧急电话
B	冰岛	警察、急救、火警 112
	波兰	警察 0048–997、急救 0048–999、火警 0048–998
D	丹麦	警察 133、急救 144、火警 122
	德国	警察 110、急救、火警 112
E	俄罗斯	警察 102、急救 103、火警 101
F	法国	警察 17、急救 15、火警 18
	梵蒂冈	参考意大利
	芬兰	警察、急救、火警 112
H	荷兰	警察、急救、火警 112
J	捷克	警察 158、急救 155、火警 150
L	拉脱维亚	警察、急救、火警、交通事故 112、救护车 113
	立陶宛	警察 102、急救、103、火警 101，统一急救 112
	列支敦士登	警察 117、急救 144、火警 118
	卢森堡	警察 113、急救、火警 112
	罗马尼亚	警察、急救、火警 112
M	马耳他	警察、急救、火警 112
	摩尔多瓦	警察 902、急救 903、火警 901、查号 1188
	摩纳哥	警察 14、急救 141、火警 18
N	挪威	警察 112、急救 113、火警 110
P	葡萄牙	警察、急救 112、火警 119、问讯 118
R	瑞典	紧急报警、急救、火警 112，非紧急 11414
	瑞士	警察 117、急救 144、火警 118、空中救援 1414
S	圣马力诺	警察、火警 115、急救 118、紧急求助 113
	斯洛伐克	警察 158、急救、火警、交通事故 112/155
W	乌克兰	警察 102、急救 103、火警 101、查号 109

续表

字母顺序	国家名（以首字母排序）	紧急电话
X	西班牙	警察 091、急救 112、火警 080
	希腊	警察 100、急救 1016、救护车 166、火警 199
	匈牙利	警察 107、急救 104、火警 105，紧急求助 112
Y	意大利	警察 113、急救 118、火警 115
	英国	警察、急救、火警 999

中国驻欧洲主要国家使领馆

中国驻欧洲主要国家使领馆信息				
使领馆名称	地址	电话	办公时间	网址
中国驻英国大使馆	49 Portland Place, London	020-72994049	周一至周五 09:00～12:00，14:00～17:00	www.fmprc.gov.cn
中国驻曼彻斯特总领事馆	Denison House, 71 Denison Road, Rusholme, Manchester	0044-161-2247443（办公时间）	013-13371790	edinburgh_chineseconsulate@mfa.gov.cn
中国驻德国大使馆	Märkisches Ufer 54,10179 Berlin	030-27588-0	周一至周五 08:30～12:30，13:30～17:00	www.china-botschaft.de
中国驻法兰克福总领事馆	Stresemannallee 19-23,60596 Frankfurt am Main	069-75085545	周一至周五 08:30～12:30，13:30～17:00	frankfurt.china-consulate.or
中国驻法国大使馆	The Embassy of the People's Republic of China in the Republic of France (Chancellary) 11, avenue George V-75008 Paris - France	33-1-49521950	周一至周五 09:00～12:00，14:30～18:00	www.amb-chine.fr

续表

使领馆名称	地址	电话	办公时间	网址
中国驻荷兰大使馆	Willem Lodewijklaan 10 2517 JT ,The Hague The Netherlands	0031(0)70—3065083	周一至周五 09:00～12:00	nl.china—embassy.org/chn/
中国驻意大利大使馆	Via Bruxelles,56,00198 Roma	0696—524200	周一至周四 09:30～12:30	it.chineseembassy.org/chn/
中国驻佛罗伦萨总领事馆	Via Dei Della Robbia89—50132 Firenze	0039—055573889	周一至周五 09:00～19:00	firenze.chineseconsulate.org
中国驻西班牙大使馆	C/ JOSEFA VALC RCEL, 40,1 PLANTA, 28027, MADRID, ESPA A	3491—7414728 34—699089086（紧急救助）	—	es.chineseembassy.org
中国驻巴塞罗那总领事馆	Av.Tibidabo,No.34 Barcelona España	0034—932547070	周一至周四 09:30～13:30	barcelona.china—consulate.org
中国驻希腊大使馆	10—12,Dimokratias, P. Psychico,15452 Athens	210—6723282	—	gr.china—embassy.org/chn
中国驻瑞士大使馆	Lombachweg 23,3006 Bern	031—3514593	—	www.china—embassy.ch/chn/
中国驻丹麦大使馆	Øregårds Allé 25,2900 Hellerup	45—39460889	周一至周五 09:00～12: 00	dk.china—embassy.org/chn/
中国驻瑞典大使馆	Lidovägen 8,115 25 Stockholm,Sweden	0046—57936429	周一至周五 09:00～11:30	www.chinaembassy.se/chn/
中国驻芬兰大使馆	Vanha kelkkamäki 11 Kulosaari 00570 Helsinki Finland	咨询：358—9 2289—0129 紧急领事保护：3 58 40 8677838	周一至周五 09:00～11:30	www.chinaembassy—fi.org/chn
中国驻挪威大使馆	Holmenveien 5, Vinderen,Oslo	0047—22490570, 紧急领事保护：0047—93066621	周一至周五 09:00～11:30	www.chinese—embassy.no/chn

欧洲 主要国家驻中国使领馆

欧洲主要国家驻中国使领馆信息

国家	名称	地址	网址	电话
英国	英国驻华大使馆	北京市朝阳区建国门外光华路 11 号（邮编 100600）	www.gov.uk/government/world/china.zh	010–51924000
	英国驻广州总领事馆	广州市珠江新城珠江西路 5 号广州国际金融中心 22 层（邮编 510098）		020–83143000
	英国驻重庆总领事馆领事处	重庆市渝中区邹容路 68 号大都会商厦 28 楼（邮编 400010）		023–63691400
	英国驻上海总领事馆领事处	上海市北京西路 968 号，嘉地中心 17 楼英国中心 1702（邮编 200041）		021–32792000
俄罗斯	俄罗斯驻华大使馆签证处	北京市东直门北中街 4 号（邮编 100600）	www.russia.org.cn/chn	010–65321381
	俄罗斯联邦驻沈阳总领事馆	沈阳市和平区南十三纬路 31 号（邮编 110003）	www.rcsy.org	024–23223927
	俄罗斯联邦驻上海总领事馆	上海市黄浦路 20 号（邮编 200080）	www.rusconshanghai.org.cn	021–63248383
	俄罗斯联邦驻广州总领事馆	广州市珠江新城临江大道 3 号发展中心 26 楼 A 单元（邮编 510623）	rfcg.org.cn	020–85185001
	俄罗斯联邦驻香港总领事馆	香港湾仔港湾道 30 号新鸿基中心 21 楼 2106–2123 室	www.russia.com.hk	852–28777188

续表

国家	名称	地址	网址	电话
法国	法国驻华大使馆	北京市朝阳区天泽路 60 号（邮编 100600）	www.ambafrance-cn.org	010-85312000
	法国驻上海总领事馆	上海市中山西路 1055 号 SOHO 中山广场 A 座 18 楼	www.ambafrance-cn.org	021-60106300
	法国驻广州总领事馆	广州市环市东路 339 号广东国际大酒店主楼 810 室（邮编 510098）	www.ambafrance-cn.org	020-28292000
	法国驻成都总领事馆	成都市总府路 2 号，时代广场 30 楼 3009、3010、3003A（邮编 610016）	www.ambafrance-cn.org	028-66666060
	法国驻武汉总领事馆	武汉市建设大道 568 号武汉国际贸易商业中心 1701-1708 室（邮编 430022）	www.ambafrance-cn.org	027-65797900
	法国驻沈阳总领事馆	沈阳市和平区南十三纬路 34 号（邮编 110003）	www.ambafrance-cn.org	024-23190000
	法国驻港澳总领事馆	香港岛金钟夏悫道 18 号海富中心第二座 25-26 楼	www.consulfrance-hongkong.org	852-37529900
德国	德国驻华大使馆	北京朝阳区东直门外大街 17 号（邮编 100600）	www.china.diplo.de/Vertretung/china/zh	010-85329000

续表

国家	名称	地址	网址	电话
德国	德国驻成都总领事馆	成都市人民南路4段19号威斯顿联邦大厦25层（邮编610041）	www.china.diplo.de/Vertretung/china/zh	028-85280800
	德国驻广州总领事馆	广州市天河区天河路208号粤海天河城大厦14楼（邮编510620）		020-83130000
	德国驻上海总领事馆	上海市永福路181号（邮编200031）		021-34010106
	德国驻沈阳总领事馆	沈阳市和平区青年大街286号华润大厦21层（邮编110004）		024-83899100
	德国驻香港总领馆	香港岛金钟道95号统一中心21楼		852-21058777
意大利	意大利驻华大使馆	北京市朝阳区三里屯东二街2号（邮编100600）	www.ambpechino.esteri.it	010-58646387
	意大利驻上海总领事馆	上海市长乐路989号世纪商贸广场19楼（邮编200031）	www.consshanghai.esteri.it/Consolato_Shanghai	021-65965900
	意大利驻广州总领事馆	广州市天河区珠江新城华夏路8号合景国际金融广场14楼03单元	—	020-38396225
	意大利驻重庆总领事馆	重庆市渝中区民族路188号环球金融中心	www.conschongqing.esteri.it/Consolato_Chongqing	023-63822511

续表

国家	名称	地址	网址	电话
瑞士	瑞士驻华大使馆	北京市朝阳区三里屯东五街3号（邮编100600）	www.eda.admin.ch/countries/china/zh/home.html	010–85328888
	瑞士驻上海总领事馆	上海市仙霞路319号远东国际广场A栋22楼（邮编200051）		021–62700519
	瑞士驻广州总领事馆	广州市天河区天河路228号，雅兰大厦27楼（邮编510620）		020–38330450
希腊	希腊驻华大使馆领事馆	北京朝阳区光华路19号（邮编100600）	www.grpressbeijing.com	010–85325493
	希腊驻上海总领事馆	上海市四川北路1350号，中信广场2201和2207号套房（邮编200080）		021–66982790
	希腊驻广州总领事馆	广州市临河中路海航大厦8号2105室		020–85501114
	希腊驻香港总领事馆	香港湾仔格洛斯特路39号夏悫大厦1208号房间		852–27741682
西班牙	北京西班牙签证申请中心	北京市朝阳区工体北路13号院1号楼702室（海隆石油写字楼／世茂百货北面）	www.spainvisa–china.com	010–84059481
	上海西班牙签证申请中心	上海市徐家汇路555号广发银行大厦3楼（邮编200023）		021–33661349
	广州西班牙签证申请中心	广州市天河区体育西路189号城建大厦2楼219室（邮编510620）		020–38734001

续表

国家	名称	地址	网址	电话
奥地利	北京奥地利签证申请中心	北京市朝阳区工体北路13号院1号楼502室（邮编100027）	www.bmeia.gv.at/cn/botschaft/peking/metanavigation/startseite.html	010–84004065
	上海奥地利签证申请中心	上海市徐家汇路555号广东发展银行大厦3层（邮编200023）		021–33661347
	广州奥地利签证申请中心	广州市天河区广州大道中988号圣丰广场2楼05–06室（邮编510620）		020–38628623
瑞典	瑞典驻中国大使馆	北京市朝阳区三里屯东直门外大街3号（邮编100600）	www.swedenabroad.com/beijing.cn	010–65329790
	瑞典驻上海总领事馆	上海市淮海中路381号中环广场1530–1541（邮编200020）	www.swedenabroad.com/shanghai	021–53599610
	瑞典驻香港总领事馆	香港湾仔告士打道56号东亚银行港湾中心25楼2501室	www.swedenabroad.com/hongkong	852–25211212
芬兰	芬兰驻华大使馆	北京市朝阳区光华路1号，嘉里中心南楼26层（邮编100020）	www.finland.cn/public/default.aspx	010–85198300
	芬兰驻上海总领事馆	上海市南京西路1168号中信泰富广场25楼2501–2505室		021–52929900
	芬兰驻香港及澳门总领事馆	香港中环街雪厂16号西洋会所大厦10楼		852–25255385

续表

国家	名称	地址	网址	电话
丹麦	丹麦王国驻中国大使馆	北京市朝阳区三里屯东五街1号（邮编100600）	kina.um.dk/zh-cn	010-85329900
	丹麦王国驻重庆总领事馆	重庆市渝中区邹容68号，大都会商厦31楼1号（邮编400010）		023-63726600
	丹麦王国驻广州总领事馆	广州市流花路，中国大酒店商业大厦1578室（邮编510015）		020-28297300
	丹麦王国驻上海总领事馆	上海市长宁区延安西路2201号，上海国际贸易中心31层（邮编200336）		021-80250600
比利时	北京签证申请中心	北京市朝阳区工体北路13号院，1号楼703室（海隆石油大厦）（邮编100027）	www.vfs-be-cn.com/china	010-84059629
	上海签证申请中心	上海市黄浦区徐家汇路555号广东发展银行大厦3楼（邮编200023）		021-51859782
	广州签证申请中心	广州市天河区体育西路189号城建大厦2楼217室（邮编510620）		020-38797382

威尼斯狂欢节